도덕교육의 6가지 모형

도덕교육의 6가지 모형

허쉬 · 밀러 · 필딩 지음
강두호 옮김

역락

옮긴이의 글

이 책은 미국의 허쉬(Richard H. Hersh) 등이 쓴 *Models of Moral Education : An Appraisal*(New York : Longman Inc., 1980)을 번역한 것이다. 책의 내용은 제목이 암시하는 것처럼 도덕교육에서 활용되어온 여러 모형의 이론적 틀과 실제적 기법 그리고 그 강점 내지 한계점 등에 관한 설명들로 구성되어 있다. 도덕 과목을 담당하는 교육자, 임용시험을 준비 중인 예비교사는 물론 도덕교육에 관심 있는 독자라면 누구나 읽어볼 만하다.

책은 원래 세 명의 공동 저자들의 작품이다. 대표 저자인 허쉬는 미국의 도덕교육 전문가로서 하버드대학 교수 시절에 동 대학 부설 도덕교육센터의 책임자로 있었다. 공동 저자의 한 사람인 밀러(John P. Miller)는 캐나다 토론토대학 교수로서 오랫동안 전인교육에 관심을 기울여 왔으며, 또 다른 공동 저자인 필딩(Glen D. Fielding)은 미국 웨스턴오리건 대학 교수이다.

저자들이 다루는 도덕교육의 모형들이란 도덕교육에 있어서 '이론적 근거 정립, 고려, 가치 명료화, 가치 분석, 인지적 도덕 발달, 사회 행위'에 각각 초점을 맞춘 6가지의 접근법을 의미한다. 이 밖의 다른 모형들도 물론 있겠지만, 저자들은 여기서 소개되는 6가지의 모형들을 지금까지 교육 현장에서 가장 널리 사용되어 왔을 뿐만 아니라 교육자들이 비교적 용이하게 다룰 수 있는 것들로 믿고 있다. 아울러 그들은 도덕교육이 궁극적으로 지향하는 바에 비추어볼 때 이들 모형에서 어느 한 가지에 집중하기보다 서로 배합하고 보충하여 활용하기를 바라고 있다.

도덕교육에 관한 이 책의 입장은 기본적으로 서구, 특히 영미의 실용적이고 합리적인 전통을 견지한다. 본문 첫째 장의 시작을 장식하는 슬로틴의 사례에서 알 수 있듯이, 이 책은 도덕적 인간을 매우 뛰어나고 별난 나머지 아무나 쉽게 접근하기 어려운 유형의 인간으로 전제하고 있지 않다. 말하자면 도덕이 별난 사람들의 별난 이야기가 아니라 누구에게나 해당되는, 자신의 삶을 돌아보면서 스스로에게 유익하고 다른 이들에게도 유해하지 않은 삶을 추구하는 모든 사람에게 해당되는 이야기인 셈이다. 또 둘째 장에서도 어느 정도 시사되어 있지만, 도덕적 복잡성이 종교의 힘이나 사회화 식의 길들이기로 간단하게 해결될 성질의 것이 아니므로 도덕교육에 대하여 종전처럼 신앙·전통·감정 등에 의지하기보다 인간의 이성을 신뢰하고 그에 기초하여 지적이고 합리적으로 접근해야 함을 중시하고 있다.

옮긴이의 눈으로 보기에 책의 초판이 나온 이후 흘러간 세월이 결코 짧지 않음에도 불구하고, 책의 내용이 던지는 메시지는 지금 우리네 학교 현장에서 여전히 상당한 설득력을 갖는다. 이는 도덕적인 사람을 만들어내는 작업이 긴 세월을 요할 뿐 아니라 각 모형들 또한 오랜 시간을 거치며 검증된 프로그램이라는 점 때문이라고 생각된다. 당위에 대하여 근거를 대며 접근하기, 다른 사람들을 고려하기, 가치를 스스로 선택하여 굳혀 나가기, 도덕 문제를 차근차근 분석하여 해결하기, 도덕 판단의 수준을 높이기, 행동을 통하여 사회를 변화시키기 등이야말로 도덕적인 사람으로 되어가는 데 절실히 필요한 것들이 아니겠는가?

번역을 마치고 난 뒤 옮긴이의 입장에서 일말의 궁금증이 남아 있음은 사실이다. 이를테면, 여러 모형들이 우리의 사회 문화적 배경이나 교육 현장의 분위기와 얼마나 잘 조화될 수 있을까? 어떻게 하면 각 모형이 갖는 장점을 최대한 살리고 그 약점을 최소로 줄여 교육의 효과를 극대화시키는 지혜를 발휘할 수 있을까? 최근에 강조되는 추세를 보이는 인격교육 혹은 덕교육 운동과는 서로 어떻게 도움을 주고받을 수 있을까? 등등.

다만 도덕교육의 주체로서 우리는 도덕성의 인지·정의·행동의 측면을 하나로 멋지게 통합시켜 낼 수 있는 요술쟁이 접근법을 마련하기가 결코 쉽지 않다는 점을 익히 알고 있다. 자라나는 미완성의 학생들을 완성된 도덕적 인간으로 형성시키는 일에는 열정과 끈기의 노력이 필요할 것이다. 이 같은 점에서 바라보면 한편으로 비록 두껍지 않지만 적지 않은 함의를 담고 있는 이 책을 통해서 우리가 도덕적 인간의 형성을 위해 어떤 슬기로움을 얻을 수 있겠다는 생각이 든다. 아무쪼록 이 책이 도덕·윤리의 교수법을 전공하는 대학인들뿐만 아니라 이 시대 우리 사회의 도덕교육에 관심 있는 모든 지성인들에게 도움이 되어 주길 염원해 본다.

끝으로 지면을 통하여 감사하고 싶은 사람들이 있다. 학문적으로 동행하는 한국도덕윤리과교육학회 및 한국윤리학회의 여러 회원님들, 학교 도덕 수업에서의 즐거운 또는 힘겨운 모습들을 생생히 전해주는 현장 선생님들, 그리고 나의 둥지 전북대학교 윤리교육과의 동료 교수님들이다. 사랑하는 가족들 역시 빼놓을 수 없다. 내색 없이 조용하게 가정에 헌신하는 아내 정진, 로욜라 언덕에서 경제학과 종교학을 전공하며 미래를 꿈꿔온 장남 구현, 군 복무를 마치고 다시 사제 준비 과정에로 복귀하여 열심인 차남 구종에게 항상 고맙다. 어려운 여건에서도 흔쾌히 출판을 맡아주신 도서출판 역락의 이대현 대표이사님 및 관계자 분들께도 깊은 감사의 마음을 표한다.

2013년의 이른 봄
덕진캠퍼스 진수당 연구실에서
강두호

머리말

사람들은 학교가 더욱 더 도덕교육에 관여하게 될 것을 요구하고 있다. 1975~1976년에 실시된 교육에 관한 갤럽 여론조사에서 응답자의 3분의 2 이상은 학교가 학생들의 도덕 발달에 대해서 책임을 나누어 져야 한다고 말한 바 있다. 도덕교육에 대하여 이처럼 증대된 관심의 뿌리를 찾는 일이 어렵지만, 1954년 브라운 대 토페카 교육위원회에 관한 미 대법원의 판결(흑인 Oliver Brown이 Board of Education of Topeka를 상대로 낸 소송에서 미국 대법원은 흑인 학생들과 백인 학생들을 분리시킨 공립학교 설립 관련 법률들을 위헌이라고 판결하였다. -역자 주)은 그 출발점이 될 수 있을 것 같다. 인종 차별 문제를 놓고 도덕에 대하여 공개적인 토론의 전조를 이룬 이 무렵 이래로 시민권 운동, 빈곤과의 전쟁, 베트남 전쟁, 여성 운동, 워터게이트 사건, 임신중절 문제, 법인 뇌물 사건, 마약 사용, 생태 문제, 동성애, 장애인의 권리 등은 우리로 하여금 국가적인 공공 환경에서 도덕적 선택을 감수하도록 강요해 왔다. 보다 근래에 가이아나의 조운스타운에서 일어난 구백 명의 자살 내지 집단 살인 사건(1978년 11월 18일 남미 가이아나의 북서쪽 마을에서 Jim Jones가 이끄는 종교 조직 Peoples Temple 소속 900여 명의 신도들이 독극물로 죽은 사건이다. -역자 주)은 개인의 권리와 사회적 책임 간에 균형을 맞추는 일의 딜레마-일종의 인간 발달 및 제도적 삶에서 중심적인 의미를 갖는 딜레마-를 격렬하게 하였다.

도덕은 또한 텔레비전이나 영화 제작물들이 심각한 도덕 문제들을 제기하면서 일종의 '미디어 사건'이 되고 있다. '뿌리'라든지 '홀로코스트' 같은 제작물들은 텔레비전 시청률 기록을 갈아치운 적이 있다. 이 같은 폭로 내용들이 인간의 삶에 필요한바 도덕적 차원에 대한 대중의 인식을 크게 증대시켜 놓은 셈이다. 그런데 인식만으로는 충분하지 않다. 도덕 문제들은 여전히 해결되지 않은 채로 남아있으며, 대중은 학교에 대하여 미래 세대들로 하여금 보다 적절한 대답을 준비하도록 요구하고 있는 것처럼 보인다. 그럼에도 불구하고 이런 노력에 있어서 학교가 어떤 역할을 해야 하는가가 분명치 않은 게 현실이다. 학교의 역할이라는 특성에 관한 공공의 논의는 여전히 혼란스러운 상태이다.

전문적인 교육자들은 오늘도 도덕교육에 대하여 여러 가지 수단과 목적들을 제안하고 있다. 수많은 이론이나 모형들이 철학자, 교육과정 전문가, 심리학자들에 의해 개발되고 있는 것이다. 그런데 종종 그렇듯이 도덕교육에 대한 각 접근법의 창시자들이나 추종자들은 마치 자신의 특수한 모형이 도덕교육이라는 과업에 충분한 것처럼 스스로의 관점을 신봉한다. 공개 토론회라든가 전문적 문헌에서 이루어지는 논쟁들은 흔히 도덕교육 문제에 관해서 어딘가에 '정답'이 있다는 그 신념을 다시 단언하는 경향이 있다. 그렇지만 도덕 발달이라는 복잡성이야말로 우리로 하여금 오늘날 손에 넣을 수 있는 모형들 가운데 그 어떤 한 가지 교육적 모형도 충분하지 않다고 믿게 한다. 이 책을 쓰는 우리의 주된 목표는 도덕교육에 대하여 다른 모형들을 배제한 채 하나의 모형에 의존하기보다는, 도덕교육을 여러 이론들과 모형들의 결합으로서 바라볼 필요가 있다는 점에 관해 논증하는 데 있다.

우리는 이 같은 논증을 위하여 도덕교육에 관한 여섯 개의 서로 다른 모형들-이론적 근거 정립, 고려, 가치 명료화, 가치 분석, 인지적 도덕 발달, 사회 행위-을 선택하였다. 물론 여타의 모형들도 있지만, 이 특별한 여섯 개의 모형들은 가장 널리 쓰이는 이론들의 표본이 되고 있으며 또한 가장 광범하게 보급되어 가장 쉽게 손에 넣을 수 있는 모형들과 관련된 자료들을 담고 있다. 이 책의 주요한 전제 사항이 있다면, 교육자들의 경우 학교에서의 도덕교육이라는 도전을 정당하게 취급하기 위해서는 이런 모형들의 강점을 결합해야 할 정도로 도덕 및 도덕 발달이 복잡성을 갖는다는 점이다. 이 책의 첫 장과 마지막 장은 이 점을 강조하고 있다.

도덕교육은 이처럼 복잡한 노력이기 때문에, 우리는 지적 및 도덕적으로 지지를 얻기 위해서 많은 사람들에게 의존해야만 했다. 그들 중 몇몇은 특별히 언급해 둘 만하다. 도서의 형태를 지닌 모형들에 관한 편집상의 개념은 1976년 OISE(Ontario Institute for Studies in Education)의 도덕교육 프로젝트와 함께한 우리의 업무에서 비롯하였다. 벡(Clive Beck), 셜리번(Edmund Sullivan), 아이젠버그(John Eisenberg), 보이드(Dwight Boyd) 등은 동 프로젝트와 관련된 교수진으로서 도덕교육의 그 어떤 단일 모형도 프로젝트 과업에 충분하지 않다는 인식을 고수하도록 도와주었다. 콜버그(Lawrence Kohlberg)는 친히 그리고 자신의 저작물들을 통하여 이론과 실천의 결합을 위한 탐색을 설계하였다. 리코나(Tom Lickona)는 우리로 하여금 교사들이 이런 업무들에 관해 말할 필요가 있는 바에 대해서 존중하여 경청하도록 격려하였다.

끝으로 베이커(Alison Baker), 밀러(Jean Miller), 헝(Marianne Hung)의 충실한 지원과 인내가 없었다면 우리는 이 원고를 완성할 수 없었을 것이다. 글린(Irene Glynn)에게도 특별한 감사의 마음을 전한다.

감사의 말

우리는 다음 분들의 경우 이 책에서 이용된 설명 자료들을 번각하도록 친절하게 허락해 주신 데 대하여 감사를 표하고 싶다.

제3장에서의 인용문과 가치 갈등 분석 및 제한된 결정 내리기에서의 실례들에 대하여 : Donald W. Oliver & James P. Shaver, *Teaching Public Issues in the High School*, Logan, Utah : Utah State University Press, 1974(초판 Houghton Mifflin, 1966). 저자의 허가를 얻어 번각함.

제3장에서의 인용문과 명칭 일반화에서의 문제 사례의 복사에 대하여 : James P. Shaver & William Strong, *Facing Value Decisions : Rationale-Building for Teachers*, Belmont, California : Wadsworth Publishing Company, Inc., 1976. 발행인의 허가를 얻어 번각함.

제4장에서의 인용문과 라이프라인 프로그램 내 실례들에 대하여 : Peter McPhail, J. R. Ungoed-Thomas, and Hilary Chapman, *Learning to Care*, London : The Schools Council and Longman Group Limited, 1975. 발행인의 허가를 얻어 번각함.

제5장에서의 인용문과 실제 및 <그림 1>에서의 실례들에 대하여 : Louis E. Raths, Merrill Harmin, and Sidney Simon, *Values and Teaching*, Columbus, Ohio : Charles E. Merrill Publishing Company, 1978. 발행인의 허가를 얻어 번각함.

특히 제5장의 실제 부분의 실례들에서 각색한 데 대하여 : Sidney B. Simon, Leland W. Howe, and Howard Kirschenbaum, *Values Clarification : A Handbook of Practical Strategies for Teachers and Students*, New York : Hart

Publishing Company, 1978. 모든 권리가 유보되어 있으며, A&W Publishers 의 허가를 얻어 번각함.

제6장에서의 인용문 및 실례들에 대하여 : Lawrence Metcalf (ed.), *Values Education : Rationale, Strategies, and Procedures*, Washington, D.C. : National Council for the Social Studies, 1971. 저자 및 발행인의 허가를 얻어 번각함.

제8장에서의 인용문과 <그림 2> 및 <표 3>에 대하여 : Fred M. Newmann (ed.), *Education for Citizen Action*, Berkeley : McCutchan Publishing Corporation, 1975. 발행인의 허가를 얻어 번각함.

제8장에서의 인용문과 <표 4> 및 <그림 3>에 대하여 : Fred M. Newmann, Thomas Bertocci, and Ruthanne M. Landness, *Skills in Citizen Action : An English-Social Studies Program for Secondary Schools,* Skokie, Illinois : National Textbook Company, 1977. 발행인의 허가를 얻어 번각함.

연구 논문의 발췌에 대하여 : Jerome Bruner, "The Process of Education Revisited", *Phi Delta Kappan*(September, 1971). 발행인 Phi Delta Kappan (Bloomington, Indiana)의 허가를 얻어 번각함.

차례

도덕교육에서의 논점들

과학철학자 브로노프스키(Jacob Bronowski)는 「풍요로운 시대의 도덕」이라는 제목이 붙은 한 에세이에서 루이스 슬로틴(Louis Slotin)에 관한 이야기를 들려준다.[1] 슬로틴의 이야기는[2] 도덕교육의 모든 모형들이 밝혀보고자 하는바 도덕성에 대하여, 그 일반적인 해부 내용을 극적인 형태로 드러내고 있다.

슬로틴은 로스알라모스(Los Alamos)에[3] 있는 실험실에서 원자폭탄의 개발에 협력하여 작업하는 핵물리학자였다. 1946년에 그는 실험실에서 플루토늄[4] 조각들을 모으는 작업이 요구되는 실험을 수행하고 있었다. 그는 조금씩 움직이면서 한 조각을 다른 조각 쪽으로 이동시키고 있었는데, 이것은 플루토늄의 총 질량이 연쇄반응을 일으킬 만큼 충분히 크다는 점을 확증하기 위한 작업이었다. 그는 이런 일들을 하는 전문가들이 그렇게 하듯이 드라이버를 가지고 작업하고 있었다. 그런데 드라이버가 미끄러졌고, 플루토늄의 조각들이 하나의 파편이 되면서 동시에 필요 이상으로 가까이에 있게 되었다. 곧바로, 모든 이가 지켜보던 실험 기계들은 중성자들이 급증하고 있음을 기록하였는데, 이는 연쇄반응이 시작되었다는 신호였다. 방사능이 그 방을 채우고 있었다.

브로노프스키의 보고에 따르면, "슬로틴은 즉시 움직였다." "그는 플루토늄의 조각들을 맨손으로 잡아떼어 놓았다. 이것은 사실상 자살행위였는데, 왜냐하면 그 같은 행위는 그로 하여금 최대한 방사능에 노출되도록 하였기 때문이다. 그런 연후에 그는 일곱 명의 동료 연구원들에 대하여, 각자의 방사능에 대한 노출 정도를 정할 수 있게 하기 위해 사고 당시에 자신이 정확히 어느 위치에 있었는지를 기록해 두라고 침착하게 요구하였다."

이상의 조치를 취하고 의료 기관에도 긴급 상황을 알린 다음, 슬로틴은 자신의 동료들에게 사과하였다. 그리고 정확하게 진실로서 드러나게 될 일, 즉 자신은 죽게 되지만 동료들은 회복되리라고 말하였다.

슬로틴의 반응에 있어서 우리는 도덕성이 영웅적인 부분을 이루는바 대개 무엇으로 구성되어 있는지에 대하여 알 수 있다. 먼저 우리는 다른 사람들을 중요하게 여기는 단호한 감각 능력, 개인의 생명과 복리를 보존하려는 조건 없는 관심을 본다. 또한 우리는 상황을 공평하고 정확하게 판단하는 훌륭하게 단련된 능력, 정련된 체계적 사고 능력을 본다. 끝으로 우리는 행동으로 옮기는 용기를 목격한다. 슬로틴은 그저 연민을 느끼고 효율적으로 생각한 데 그친 것이 아니라 플루토늄을 분리해 냈다.

슬로틴의 사례가 암시하는 바와 같이 도덕성은 자비심 많은 주의, 객관적인 사고, 단호한 행동의 조화에 달려있다. 만약에 슬로틴이 도덕성의 이 같은 세 가지 모습 중 오직 한두 가지의 것만을 표현했을 경우 실험실에서 어떤 일이 일어났었겠는지 생각해 보라. 만일 그가 과학자의 냉정한 지식과 신속한 지성을 가지고 있었지만 자신의 동료들에 대하여 아무런 감정도 없었다면, 그의 반응은 얼마나 '도덕적'이었을까? 이에 반해서 만일 그가 문제를 합리적으로 평가할 수 없었다면, 그의 주의는 얼마나 효과적이었을까? 또, 아무리 그의 동기가 관대하고 추리가 논리적이었다 할지라도 만일 그가 행동으로 옮기지 않았다면, 그들은 결과적으로 어떻게 되었을까? 도덕은 선한 동기도 아니고 바른 추리력도 아니고 단호한 행위도 아니며, 그 셋 모두이다.

슬로틴의 반응에 있어서 도덕성의 세 가지 요소들은 하나로서 작용했던 것 같다. 실제로 슬로틴의 감정, 사고, 행동 사이에 어떤 식별 가능한 분리도 없었으며, 그것들은 마치 어떤 공통의 위협에 저항하는 연합 전선의 부분처럼 동시에 조화를 이룬 듯 했다. 다만 아무리 도덕성의 개별적인 요소들이 뒤얽혀있다 할지라도, 그것들 사이에 의미 있는 차이는 존재한다. 이 책에서 다루는 도덕교육의 모든 모형들 역시 직접적 혹은 간접적으로 주의, 판단, 행위의 별개 과정들에 대하여 주목하고 있다. 이 세 가지 과정들에 대한 총체적 파악이야말로 우리로 하여금 각 모형이 지니는 독특한 투시도를 보다 명확한 관점에서 이해하게 하는 데 도움을 줄 것이다.

1. 주의

먼저 '주의'(注意, caring)의 의미에 대하여 생각해 보자. 예컨대 우리가 슬로틴이 주의를 기울였다고 이야기할 때, 우리는 어떤 뜻으로 말하는 것일까? 우리는 우선, 그가 합리적인 숙고를 했는가는 별문제로 하고 어쨌든 뭔가 돕기를 원했다는 점을 암시한다. 이런 의미에서 그의 주의는 장시간의 숙고의 산물은 아닐지라도 다른 사람들을 보호한다는 '목적 지향의 산물'이었다. 그는 기본적인 감정 수준에 의거하여, 자신이 동료들을 도와야 한다는 어떤 무언의 힘에 의해 재촉되고 있음을 느꼈다. 그는 동료들의 이익을 생각하도록 각성되었다. 일종의 자극 내지 동기화로서 주의는 '용기'에서 솟아나오는 듯하다.

그러나 이처럼 감정적으로 각성되어 있는 상태, 즉 관심이라는 적극적인 깨우침과 관련하여, 우리는 또한 주의라는 용어를 통해서 일정한 수준의 사회적 혹은 심리적 이해력을 암시한다. 만일 슬로틴이 다른 동료들의 관점에서 이 사고를 해석할 수 없었다면, 그는 동료들의 생명이 위험하다는 점 또는 동료들이 구조될 수 있다는 점에 대하여 감지조차 못했을지도 모른다. 만일 그에게 동료들의 전망을 추정할 수 있는 지적인 능력이 없었더라면, 어떻게 우선적으로 염려스러운 느낌을 가질 만큼 되었을까? 그렇다면 감정까지도 아는 능력-사람들의 욕구와 관심을 추론할 수 있는 능력-을 요구하는 셈이다. 다른 사람에 대하여 느낀다는 것은 곧 그의 일에 대하여 생각하는 것과 같다. 친구의 특수한 경험에 관한 이런저런 사실들에 대해서 간파할 수 없는데도, 그가 친구에 대하여 염려한다고 생각할 수 있을까? 다른 이들을 염려한다는 것은 그들의 욕구를 고려하기 원할 뿐만 아니라 그렇게 행동할 수도 있음을 말한다. 주의는 이렇게 사회적 동기 및 사회적 인식 둘 모두를 포함한다. 그러므로 도덕교사로서 당신이 도덕성에서의 주의의 역할을 강조하는 경우조차도(예컨대 Peter McPhail의 고려 모형에서처럼), 당신이 배타적으로 '정의(情意)' 교육을 하고 있는 것은 아니다. 사고(思考)라는 렌즈가 없다면 주의는 맹목적이게 마련이다. 사람들에 주의하기를 배우는 것이야말로 그들을 알기를 배우는 것과 같다.

2. 판단

주의는 이제 추론으로부터 전적으로 떨어져 있는 것이 아니다. 왜냐하면 다른 사람에게 필요한 것이 무엇인지 추론할 수 있는 능력이 없을 경우, 주의하고자 하는 동기는 설사 지지될 수 있다 하더라도 점점 약해지기 때문이다. 다만 어떤 중대한 의미로 볼 때 추론은 주의와 구별된다. 다른 사람들의 복리가 위태로운 상태에 있는 도덕 문제에 대해 우리가 철저히 따지고 판단(判斷, judging)을 내리는 경우가 바로 그런 케이스이다. 확실히 우리는 결정에 관련된 당사자들에 주의를 기울여야 하며, 그렇지 않으면 우리의 추리는 공허하거나 왜곡되게 될 것이다. 물론 우리가 깊이 숙고하고 분명하게 이해한다 하더라도, 도덕 문제는 여전히 우리의 문제로 남는다. 이를테면 슬로틴은 자신의 생명이냐 타인의 생명이냐 라는 경쟁적인 도덕적 요구 사이에서 선택을 해야 했다. 인간의 생명에 대하여 주의를 기울이는 것이 이러한 딜레마에 대하여 해결책을 주기에 본질적으로 충분하지는 않았다. 그는 판단을 내리기 위해서 여전히 자신의 의사 결정 능력을 활용해야만 했다. 우리가 도덕적 의무와 관련된 문제들에 대하여 답변을 얻고자 노력할 때(다시 말해서 이런 문제들은 우리에게 동료 인간에 관한 우리의 의무가 무엇인지 묻는다), 우리는 심사숙고의 과정에 착수하게 된다. 내가 비서를 사랑한다는 것을 부인에게 말해야 하는가? 부당하게 보이는 전쟁에서 내가 싸워야 하는가? 새 교도소 시설을 후원하려는 주민 투표에서 내가 찬성표를 던져야 하는가? 이 같은 갈등들은 그 해결을 위해서라면 다른 사람들의 요구를 이해하는 일 이상의 것을 필요로 한다. 즉 '좋은' 것이 지니고 있는 갖가지 명암들 그리고 '옳은' 것에 대한 경쟁적인 해석들 사이에서 결정을 내릴 능력을 필요로 한다. 도덕적 갈등의 상황들을 협상하는 데 있어서 내재하는 추론은 이처럼 주의에 내포된 추론보다 한결 복잡하다. 도덕적 판단은 주의하기에 달려있지만, 그 지적인 요구에 있어서는 그것을 능가하고 있다.

도덕적 판단을 내리는 것이 일종의 복잡한 일이지만, 일상의 담화 속에서는 때때로 마치 도덕적 결정들이란 고찰된 사고보다는 단순한 견해상의 문제인 것처럼 보이기도 한다. 학생들은 이를테면 종종 다음과 같은 논평으로써 임신중절이나 안락사 등 논의의 여지가 있는 도덕적 쟁점들에 대해 자신의 논거를 지지한다. "나는 진실로 그것이 옳다고 생각하지 않습니다. 다른 사람의 생명을 없애는 것은 도덕적으로 나쁩니다. 이것이 내 의견이며, 나는 내 의견을 보유할 권리가 있습니다." 이런 말들은 논의를 멈추게 한다. 이것이 암시하는 것은 일단 누군가가 고질적인 의견을 표현하는 경우 더 이상의 토론은 무의미하다는 점이다. 사람들은 언제나 다른 의견들을 가지게 마련이며, 그렇다면 왜 합리적인 정당화를 재촉하는 것일까?

그렇지만 이유들을 엄밀히 살펴보는 일은 교사로서 우리가 갖고 있는 경향이기도 하다. 우리는 학생에게 이렇게 물을 수 있을 것이다. "만일 네가 다른 사람의 생명을 없애는 것이 나쁘다고 믿는다면, 너는 자기 방어의 차원에서 혹은 조국을 지키는 데 있어서 사람을 죽일 수 있을까?" 만약에 학생이 이 문제에 대하여 긍정적으로 반응하면서도 여전히 다른 사람의 생명을 없애는 것은 나쁘다는 단언적 진술을 고수한다면, 우리는 그의 의견이 충분하게 정당화되지 못한다고 결론을 내리게 된다. 하나의 행동이 도덕적으로 옳다 혹은 그르다고 주장하는 것이 단지 누군가가 특수한 상황에서 그것을 더 선호한다고 말하는 것은 아니다. 그것은 그 행동이 올바름에 대한 일반적 기준에 비추어 보아 옳다고 제안하는 것이다. 우리가, 마치 다른 이의 생명을 없애는 문제와 같은 도덕적 쟁점이 개인적 취향의 문제인 양, 단순한 의견에 호소하는 일에 만족한 채로 있을 수는 없다. "나는 살인이 나쁘다고 생각해."라고 말하는 사람은 사실상 "너 역시 살인이 나쁘다고 생각해야 하며, 내가 너에게 그 이유를 말할게."라고 말하고 있는 셈이다. 도덕 및 가치 판단은 이유들을 내포하는데, 이유들이란 원래 오직 어떤 특수한 사례에만 적용될 수 있는 것이 아니다. 그것들이 하나의 사례에 적용된다면, 모든 비슷한 사례들에도 적용되게 마련이다.[5] 결국 도덕적 판단은 서로 충돌하는 관심사들을 하나의 일관된 기준 내지 원칙에 비추어 평가할 수 있는 능력을 필요로 한다.

3. 행위

아마도 행위(行爲, acting)에 대하여 말할 수 있는 가장 중요한 사항은, 그것이 본질적으로 도덕적이거나 또는 비도덕적이라는 것은 아니라는 점이다. 한 개인의 동기나 판단을 제쳐 놓는 경우, 그의 행동이 도덕적 지위를 갖지는 않는다. 슬로틴이 플루토늄을 떼어놓은 사실이 그 자체로서 도덕적인 것은 아니었다. 그 행위를 도덕적으로 만든 것은 행동으로 옮기게 한 주의와 판단의 특성이었다. 사실 우리는 때때로 그 전후의 맥락과 관계없이 어떤 행위를 도덕적 혹은 비도덕적이라고 부른다. 예를 들어 살인은 보편적으로 비도덕적이라고 비난받는다. 그러나 적어도 서구 민주주의 국가들에서 '살인'은 누군가의 생명을 끝장내는 행위뿐만 아니라 사악한 의향까지도 포함한다. 매 일요일마다 교회에 가는 일은 겉으로 보아서는 도덕적인 활동인 듯하다. 그러나 분명한 것은 몸이 교회에 있다는 사실이 교회 참석자의 도덕적 특성에 대하여 아무것도 말해주지 않는다는 점이다. 청결함, 단정함, 정직함과 같은 특정의 습관들은 흔히 도덕적인 것으로 간주된다. 그러나 이러한 습관들이 그것을 실천하기 위해 맞춰진 이유들을 수반하는 것은 아니다. 즉 우리가 청결함이 하나의 도덕적 습관이라고 말할 때 보통 그 말을 통해서 뜻하는 바는, 청결함이 개인의 건강과 같은 보다 일반적인 선을 증진시킨다는 점이다. 달리 말해서, 우리가 특정의 행동들에 대하여 도덕적이거나 또는 비도덕적이라고 말할 수 있지만, 그 같은 의견 속에는 보다 더 심사숙고하기를 바라는 호소 그리고 바른 삶을 위한 동기 내지 원칙이 함축되어 있는 것이다.

다만 비록 우리가 어떤 행위들이 그 자체로서 도덕적인 혹은 비도덕적인 것은 아님을 인정한다 하더라도, 교사로서 우리는 어떤 행동들은 '옳다'고 또 다른 행위들은 '그르다'고 생각하는 일을 피하기 어렵다는 점을 알고 있다. 아이들이 서로 때리거나, 정렬해 있는 급우들을 차단하여 흩트리거나, 용구들을 공유하기를 거부하거나 할 때, 그런 행동들을 그릇된 것으로 여기면서 단호하게 반대 입장을 표명하는 것은 확실히 자연스럽고 적절해 보인다. 마찬가지로 학생들이 서로 협력하거나 자진해서 청소를 깨끗이 하거나 다른 이가 새로운 지식을 이해하도록 돕거나 할 때, 설사 그들의 근본 동기와 판단이 탐구되지 않았다 하더라도 우리는 그러한 행동을 '도덕적'이라고 부르는 데 주저하지 않는다. 이 같은 경우에 있어서 우리는 어떤 외면적인 행위들과 내면의 합리적이고 감정적인 과정들 사이의 관계에 대한 상식의 일반화에 의지한다. 우리는 수잔이 보비를 때리는 것을 볼 때 그것을 말리려고 개입한다. 우리는 이유를 엄중하게 조사하기 전일지라도 그것을 그릇된 것으로 생각한다. 엄밀히 말해서 때리는 일이 그 자체로서 도덕적으로 나쁜 것은 아니다. 왜냐하면 때리는 일이 자기 방어에서 또는 어떤 중대한 위험을 막기 위해서 이루어질 수 있기 때문이다. 그렇지만 일반적인 경험에 의하면, 아이들이 때릴 때에 그들의 동기는 관대하지 못하며 그들의 추리 또한 냉정하지 못하다. 이렇게 볼 경우 만일 몇몇 학생들이 자발적으로 나서서 일을 한다면(예컨대 나이든 맹인들을 위해 문학책을 읽어드리는 일), 우리는 그것을 매우 '도덕적인' 업무라고 생각하기 쉽다. 어쩌면 자원 봉사자들이 이들로부터 뭔가를 약탈하려고 은밀하게 궁리할 수도 있다. 요점은 우리가 자주 어떠한 행위를 액면 그대로, 말하자면 정황(情況)의 증거에 따라 도덕적 혹은 비도덕이라고 받아들인다는 점이다.

더구나 행동심리학자들이 제안해 왔듯이, 자신의 차례 기다리기나 가난한 사람 돕기 또는 물품 나누어 갖기 등과 같은 기초적인 '도덕적' 행위들을 강화할 필요가 있을 것이다. 아이들이 그런 행위에 대한 합리적 정당화를 충분히 간파할 수 있기 전이라도 말이다. 설사 결국에는 아이들이 도덕적으로 분별 있게 됨으로써 틀림없이 자신의 행위의 배후에 있는 이유들을 식별하게 된다 할지라도, 교사가 아이들이 일정한 학급의 규칙과 실천사항들을 강요할 만큼의 이성을 갖춘 나이에 이를 때까지 기다릴 수는 없지 않은가. 이제 우리가 알게 되겠지만, 도덕교육이라는 정교한 기술은 교사에 대해서 학생들이 협력하는 습관을 촉진하게 할 것을, 아울러 그들로 하여금 협력의 논리를 이해하도록 하게 할 것을 요구한다. 달리 표현하여 아이들은 자신의 관점에서 지적인 정당화를 알아채기 위해서라면 민주적인 삶을 실행해야 한다. 비록 행위가 그 자체로 도덕적 범주인 것은 아니지만, 행위를 할 기회나 행위에 대한 숙고가 없다면 도덕 발달이 일어나기는 어렵다. 교사들의 경우 사회적 순응과 도덕을 동등시하지 않도록 유의해야 하지만(19세기의 교육자들은 그런 경향이 있었다), 인습에 확고하게 기초 놓는 것이야말로 도덕적 자율성에 이르는 여정에서 필요불가결한 준비일 것이다. 도덕교육의 목표가 결코 인습의 훈련으로 요약될 수 없지만, 이러한 훈련은 도덕적 자기 지도를 발달시키는 데 있어서 보조적인 의미로 중요성을 지닐 수 있다.

4. 도덕교육 모형들의 규정 및 선정

우리의 구상에 의하면 도덕교육의 '모형'이란 어떤 교육 환경에 있어서 주의하고 판단하며 행동하는 과정들에 대한 하나의 사고방식을 말한다. 하나의 모형은 사람들이 도덕적으로 어떻게 발달하는가에 관한 이론 내지 관점을, 그리고 도덕적 발달을 촉진하기 위한 일련의 전략들 내지 원칙들을 포함한다. 이처럼 모형은 우리로 하여금 도덕교육을 이해하고 실천하는 데 도움을 준다.

우리는 도덕교육의 6가지 모형들을 선정하였는데, 그것은 이론적 근거 정립, 고려, 가치 명료화, 가치 분석, 인지적 도덕 발달, 사회 행위 모형을 이른다. 우리는 이 특별한 모형들을 다음의 두 가지 이유에서 선정하였다. 첫째, 각 모형이 공립학교들에서 이런 저런 형태로 널리 활용되어 오고 있는 점이다. 이론적 근거 정립(理論的根據定立, rationale building) 접근법은 공공의 쟁점들을 분석하는 데 있어서 몇 가지 주요한 교육과정 프로그램을 지지하여 지적인 힘을 제공해 왔다(구체적인 인용문은 제3장의 참고문헌 참조). 고려(考慮, consideration) 모형은 '배려 학습하기' 주제를 둘러싸고 만들어진 세 부분의 계열을 이루는 자료들을 포함한다. 이 자료들은 영국에서 2만 명 이상의 학생들을 통해 현장 검증된 바 있으며,

근래에는 미국의 독자들에게도 적용되어 왔다. 가치 명료화(價値明瞭化, values clarification)는 아마도 가장 폭넓게 보급된 모형일 것이다. 가치 명료화에 대해서는 적어도 네 권의 개론서가 있으며, 이것들은 사실상 수백 개의 연습 교재와 기법들을 지니고 있다. 수천 명의 교사들이 적어도 한 가지 이상의 가치 명료화 버전을 실험해 왔다. 비록 가치 명료화만큼 널리 인기를 누리지는 못했지만, 가치 분석(價値分析, value analysis)은 가치 갈등의 해결을 위한 체계적 절차로서 중고등학교 사회과 교사들 가운데서 총애를 얻었다. 인지적 도덕 발달(認知的道德發達, cognitive moral development) 모형은 다수의 프로그램들을 위한 기초를 이루어 왔는데, 이를테면 타코마[6] 공립학교의 학제적 교육과정인 '민주주의 사회에서의 윤리적 탐색'(The Ethical Quest in a Democratic Society), 학생지도협회에서 발간한 교육과정인 '첫째의 것 : 가치'(First Things : Values), 미국 매사추세츠 주 케임브리지의 '정의 공동체'(just community) 학교(보다 완결된 인용문을 위해 제7장 참조) 등이 그런 프로그램들이다. 끝으로 사회 행위(社會行爲, social action) 모형은 시민적 효과성을 세우는 데 공헌하는바, 많은 지역사회 관련 교육 프로그램들의 이론과 실제를 반영하고 있다. 이 책이 이상의 6가지 모형들에 초점을 맞추는 이유는, 그것들이 오늘날 미국의 공립학교들에서 실행 중에 있는 도덕교육에 대한 주요 접근법들의 좋은 예가 되기 때문이다.

둘째, 위의 모형들이 선정된 이유는 그것들이 전형적일 뿐만 아니라 서로 보충적(補充的)이기 때문이다. 각 모형은 도덕교육이라는 보다 큰 통일체의 본질적인 부분을 제공해 준다. 어떤 한 가지 접근법도 주의, 판단, 행위의 과정들을 충분히 설명하지 못하는 반면에, 하나의 통일체로서 파악된 이 6가지 모형들은 이 같은 설명을 도출하는 데 크게 효과가 있다. 모형들이 지닌 위력은 도덕교육의 포괄적인 프로그램을 위한 토대를 놓고 있다.

이 장(章)의 나머지 부분에서 우리는 각 모형에 대하여 그것이 특별히 초점을 두고 있는 점-그것이 주의, 판단, 행위의 측면들을 바라보는 특수한 양식-을 중심으로 소개하고자 한다.

1) 이론적 근거 정립 모형

셰이버(James Shaver)의[7] 이론적 근거 정립 모형이 설사 도덕성의 세 측면들을 모두 비추고 있다 할지라도, 그 일차적 관심은 판단의 영역과 관련된다. 다만 셰이버는 학생들의 도덕적 결정 내리기에 대해서보다는 교사들의 그것에 대해서 더 관심을 기울인다. 그는 교사들로 하여금 일반적인 가치들 및 특수한 도덕적 가치들이 수업과 교실 경영에 관한 결정에 영향을 미치는 방식을 이해하도록 하는 데 도움을 주려고 노력한다. 셰이버는 교사들이 교실 안의 도덕적 문제들에 맞서는 데 있어 직면하는 압박과 위험에 특히 민감하다. 그의 모형은 하나의 도덕교육 프로그램을 시작하고자 하는 교사들에게 영감과 지침을 제공해 준다. 이론적 근거 정립이라는 틀은, 가치란 무엇일까? 도덕적 가치란 무엇일까? 민주주의 사회의 가치들은 교사가 교실에서 내리는 결정들과 어떻게 관련되는 것일까? 일반적인 의미에서 교사는 어떻게 학생들로 하여금 도덕적 쟁점을 다루는 데 있어 보다 의미 있는 방법들을 개발하도록 도울 수 있는 것일까? 등의 기초적인 질문들을 제안한다. 셰이버는 모든 도덕교육 모형들의 핵심적인 관심 사항들에 대하여 언급한다. 우리가 그의 모형을 첫 번째로 살펴보는 일이 적절한 것도 이런 맥락에서이다.

2) 고려 모형

맥페일(Peter McPhail)과 그의 동료들이 영국의 학교회의 도덕교육 교육과정 프로젝트(Schools Council Moral Education Curriculum Project)를 두고 창안한 고려 모형은 판단과 달리 주의의 중요성을 강조한다. 맥페일의 교육과정의 일부가 도덕적 갈등의 판결을 취급하기는 하지만, 그 주된 초점은 갈등상태에 있는 다른 이들의 요구들에 대하여 균형을 맞추는 데 있기 보다는 그 요구들을 이해하기를 배우는 데 있다. 맥페일에 따르면 도덕교육의 업무는 모든 사람이 본성적으로 지니고 있는 바를 고려라는 근본 핵심 위에 세우는 것이며, "사람들 간의 유사성은 심원한 데 반하여 그 차이성은 표면적임을 경험에 입각하여 설명하는 것이다."[8] 고려 모형은 자기 강화(自己强化)적이라는 점, "다른 이를 이해성을 가지고 대우하는 것이 일반적으로 즐겁고 보람 있다"는[9] 점을 가정하고 있다. 셰이버 그리고 뒤에서 살펴볼 콜버그(Lawrence Kohlberg)가 학생이 자신의 도덕적 잠재력을 개발하기 위해서라면 어느 정도 지적인 갈등에 부딪쳐야 한다고 주장하는 데 반하여, 맥페일은 우리 모두에게 잠재되어 있는 감수성을 표현할 기회야말로 도덕적 발달에 가장 결정적인 것임을 암시한다. 고려 접근법은 이렇게 사람 상호 간의 앎을 높이는 방법들로서 역할 놀이, 소시오드라마, 창조적 글쓰기 등을 크게 중시하고 있다.

3) 가치 명료화

가치 명료화(價値明瞭化)는 도덕교육을 도덕 문제의 해결이라는 관점보다는 자기 인식 및 자기 숙고의 증진이라는 관점에서 바라본다. 이 접근법은 학생들로 하여금 보다 의미 있고 확실한 자아의식을 얻기 위하여 스스로의 가치를 발견하고 음미하도록 돕는다. 판단이 이 모형에서 중요한 요인이긴 하지만, 그것은 자신이 옳다고 혹은 그르다고 믿는 것에 대한 판단이라기보다는 자신이 좋아하는 것과 싫어하는 것에 대한 판단이다. 가치 명료화가 도덕적 가치들에 대하여 가치들의 범위 안에서 어떤 특별한 지위를 부여하는 것은 아니다. 도덕적 가치를 포함하여 모든 가치들은 사적이고 상대적인 것으로 생각된다. 다른 모형들 하나하나가 인간 존엄성 존중과 같은 특정의 가치들이 다른 사회적 가치들보다 더 올바르며 따라서 더 우리의 관심을 받을 만하다고 확언하는 데 반하여, 가치 명료화는 도덕적 기준에 대해서 어떤 위계(位階)도 밝혀두지 않는다. 초점은 학생들에 대하여, 자신의 가치들을 새로운 방식으로 이해하도록 돕기보다는 자신의 현재의 가치들과 접촉해 보도록 돕는 데 있다.

4) 가치 분석

가치 분석은 학생들이 도덕적 결정을 내리는 데 필요한 매우 체계적이고 한걸음씩의 착실한 과정을 학습하도록 돕는다. 무엇보다도 이 모형은 판단에 관심이 있다. 가치 분석의 틀에는 특수적 사실, 일반적 사실, 조건부적 사실 간의 차이, 가치 기준과 가치 원칙 간의 차이, 적절한 증거와 부적절한 증거 간의 차이, 가치 원칙의 수용 가능성에 대한 여러 가지 검사들 간의 차이를 설명하기 위한 잘 조정된 절차들이 포함되어 있다. 가치 분석 모형은 복잡한 정책 쟁점들과 맞물려 있을 때 가장 유익하다. 그것은 학생들이 전체의 복잡성으로 말미암아 압도되기 이전에, 그들로 하여금 평가적 절차의 특수한 요소들에 입각하여 차근차근 진행해 나가도록 돕는다. 가치 분석의 방법론은 사회적 정책 조사를 필요로 하는 도덕 문제들에 유용하다. 따라서 그것은 사회과 교사들에게 특히 소중하다. 그럼에도 불구하고 주의와 행위의 영역에 대하여 가치 분석은 말이 없다.

5) 인지적 도덕 발달 모형

인지적 도덕 발달 모형은 가치 분석처럼 도덕적 판단에 압도적인 관심을 두고 있다. 이 접근법의 전반적인 목적은 학생들이 점점 명확하고 포괄적인 방법으로 도덕적 논쟁을 꿰뚫어 사고하도록 돕는 데 있다. 인지적 발달상의 관점에서 보아, 각 개인들을 도덕적 논의에로 끌어들이는 의도는 가치 분석의 경우처럼 단순히 특수한 정보 처리 과정과 의사 결정 기술을 가르쳐주는 데 있지 않다. 오히려 그 의도는 도덕적 판단의 일반적인 '단계들'을 통하여 활동을 촉진하는 데 있다. 우리가 제7장에서 살펴보겠지만, 단계란 하나의 조직된 사고 체계로서 특수한 도덕적 결정의 기초를 이루며 그것을 지휘한다. 하버드대학교 심리학 및 교육학 교수이자 이 모형 최고의 설계자인 콜버그에 의하면, 도덕 발달의 경우 모든 사람이 그것을 통해서 전진하는 여섯 개의 단계들이 있다(비록 환경상의 결함으로 인하여 누구나 가장 높은 단계에 이르는 것은 아니지만). 각 단계는 사회에 대하여 그리고 개인의 권리에 관한 사회의 관계에 대하여 보다 포괄적인 전망을 제공한다. 콜버그와 그 동료들에 의해 수행된 연구는, 이 같은 단계들을 통한 활동이 학생들을 도덕적 의사 결정에 도전하는 일에 끌어들임으로써 촉진될 수 있음을 제안하고 있다. 단계의 촉진과 관련된 특별한 가치에 있어서 진보(進步)란 학생에게 익숙한 단계보다 더 높은 단계를 추론의 형태로 드러내는 것을 이른다. 인지적 도덕 발달 모형의 경우, 대안의 관점을 생각하고 그에 대응하기를 배우는 일이 그저 학급 동료들에게 존경을 표하는 일에 그치지 않는다. 그것은 보다 진보된 도덕적 추론의 구조를 발달시키는 일을 향하여 꼭 있어야 할 걸음걸이이다. 설사 주의와 행위가 이 틀에서 적지 않게 나타난다 할지라도, 판단이 중심적 관심사라는 점은 이미 분명해진 사실이다.

6) 사회 행위 모형

여느 다른 접근법 이상으로 뉴만(Fred Newmann)의 사회 행위 모형은 그 명칭이 암시하는 바와 같이 도덕적 행위를 위한 교육이라는 도전을 과제로 삼는다. 뉴만의 모형은 그것이 변화를 위한 시민 행위를 교육과정의 주요한 초점으로 여긴다는 이유에서, 도덕교육의 네이더(Ralph Nader)[10] 식 버전이라고 불리어 왔다. 사회 행위는 학생들이 사회적 문제들을 폭로하고 조사하며 해결하는 데 있어서 그 효과성을 높이는 데 목적을 두고 있다. 콜버그와 마찬가지로 뉴만은 학생들의 도덕적 추론을 발달시키는 일에 관심을 기울인다. 다만 뉴만은 도덕적 행위를 뒷받침하는 '환경적 능력'에 대하여 콜버그보다 더 유의하고 있다. 뉴만의 요점은 만일 학생들이 자신의 도덕적 이상을 어떻게 실행할지에 대하여 배우지 못한 경우, 그들의 도덕적 반성과 논의 또한 결코 진척하지 못할 것이라는 점이다. 사회가 어떻게 변해야 하는지를 결정함에 있어서, 만약 학생들이 스스로의 결정에 입각하여 실제 문제로서 날카롭게 추적해가는 데에 무력감을 느끼는 경우, 과연 그들이 얼마나 많은 관심을 보여줄 수 있을까? 공공 업무에서 영향력을 발휘하는 방법에 대하여 학습한다는 것은 간단한 일이 아니며, 그러기에 뉴만의 프로그램은 장기적이고 학제적인 성격을 지닌다. 이 모형은 프로그램 과정의 실행과 지역사회에의 관여 두 가지 모두를 권고한다. 그러면서도 뉴만은 자신의 접근법을 '현장 연구' 또는 학생들이 지역사회 안에서 단순히 느슨하게 있을 뿐인 유사한 실습들과 조심스럽게 구별하고 있다. 뉴만 모형은 명확한 교육의 기준을 표현한다. 아울러 스스로의 한계점에 대해서도 솔직하게 밝히고 있다.

전반적으로 보아 위의 모형들은 하나의 폭넓게 기초 둔 교수법을 제공해 준다. 모형들은 감정 모으기, 사고 안내하기, 행동으로 해내기를 지향하여 소개되고 있다. 학생들로 하여금 자신의 관심을 명료화하도록 돕기 위해 고안된 기법들이 있으며, 복잡한 국제적 문제를 놓고 협상하기를 준비시키기 위한 방법들도 있다. 총괄하여 생각해 보면, 우리는 모형들이 도덕교육이라는 복잡한 것에 대하여 인정할 것은 인정하면서 정당하게 취급하고 있다고 믿는다.

5. 이 책의 구성

제2장에서 우리는 미국에서의 도덕교육의 간략한 역사를 소개하면서, 도덕교육에 대한 현행의 관심사를 전망에 맞춰 정리하고자 한다. 제3장으로부터 제8장에 이르는 내용은 각 모형을 요약한 부문이다. 여기에는 각 모형의 강점과 약점에 대한 평가, 하나 이상의 다른 모형을 원용함으로써 각 모형을 풍부하게 하여 사용하자는 제안, 추가적인 근거 자료의 목록 등이 포함되어 있다. 제9장은 주의, 판단, 행위의 주제에 따라 모형들을 함께 묶어 설명한다. 이 마지막 장은 도덕교육에의

폭넓은 통합 접근법을 위한, 즉 여섯 개 모형 모두의 강점들을 활용한 사례를 안출하고 있다.

1장 도덕교육에서의 논점들 미주

1 Jacob Bronowski, "A Moral for an Age of Plenty", *Saturday Evening Post*, 233, no.20 (12 November 1960); reprinted in Bronowski, ed. Piero Ariotti, *A Sense of the Future* (Cambridge, Mass. : MIT Press, 1977), pp.202-205.

2 Louis A. Slotin은 1910년 12월 1일에 출생하여 1946년 5월 30일에 사망한 캐나다 출신의 물리학자이자 화학자로서, 제2차 세계대전 중 비밀리에 원자폭탄의 개발을 추진했던 미국 정부의 이른바 Manhattan Project에 참여하였다. 전쟁이 끝난 뒤에도 로스알라모스 국립 연구소에 남아 연구를 계속하던 중 1946년 5월 21일에 연구소 실험실에서 사고를 당하였으며, 사고 9일 후인 5월 30일에 결국 방사선 중독으로 사망하였다. - 역자 주

3 Los Alamos는 미국 남서부 뉴멕시코 주의 작은 도시이며, 이곳에 국립연구소(Los Alamos National Laboratory)가 있다. - 역자 주

4 플루토늄(plutonium)은 방사선 동위원소의 하나로서, 특히 플루토늄 239는 원자폭탄의 제조에 사용된다. 독성이 매우 강해서 취급에 상당한 주의가 요구되며, 인체로 들어올 경우 암 발병률을 크게 높인다고 한다. - 역자 주

5 William K. Frankena, *Ethics* (Englewood Cliffs, N. J. : Prentice-Hall, 1973), p.25.

6 Tacoma는 미국 북서부의 워싱턴 주에 있는 항구 도시이며, 시애틀에서 남서쪽으로 약 50km 정도 떨어져 있다. - 역자 주

7 James P. Shaver는 미국 Utah State University의 중등교육학 교수이며, 미국사회과교육협의회(NCSS) 회장을 역임하였다. 대표적인 저서로 『Facing Value Decisions : Rationale-Building for Teachers』(New York : Teachers College Press, 1982), 『Building Rationales for Citizenship Education』(Silver Spring, MD : National Council for the Social Studies, 1977) 등이 있다. - 역자 주

8 Peter McPhail, J. R. Ungoed-Thomas, Hilary Chapman, *Learning to Care* (Niles, Ill. : Argus Communications, 1975), p.30.

9 Ibid., p.45.

10 Ralph Nader는 1934년에 태어난 미국의 작가이자 변호사이며 정치 활동가이다. 소비자 보호, 인도주의, 환경 문제, 민주적 정부 등에 관심이 많으며, 여러 비영리 시민단체들과 연합하여 활동하는 대표적인 행동주의자로 알려져 있다. - 역자 주

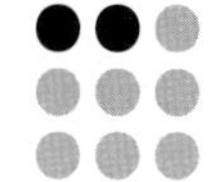

도덕교육의 역사적 맥락

미국인들은 학교 교육이 도덕적으로 의도하는 바에 대하여 늘 관심을 기울였다. 미국의 전 역사를 통하여, 교육이 지니는 도덕적 목적이야말로 가장 열렬한 웅변술 및 가장 뜨거운 논쟁을 고취시켜 왔다. 우리가 현재 도덕교육에 전념하는 일을 독특하고 새롭다고 여기는 것은 고무적인 성격을 갖기도 하다. 그렇지만 좋건 싫건 간에 도덕교육은 이런 저런 형태를 띠면서 항상 우리와 함께해 왔다.

역사적으로 보아 미국인들은 도덕교육에 대한 개념을 민주주의의 조건과 연결하였다. 특히 18세기와 19세기의 경우 도덕교육은 자유의 시녀로서, 민주주의적 생활 방식의 직접적인 후원자로서 수용되었다. 비록 근래에 우리가 학교 교육과 민주주의 간의 관계를 이전에 비해 덜 직접적이되 보다 민감한 관점에서 보는 경향이 있긴 하지만, 도덕교육은 여전히 민주주의 원리들에 비추어서 이해되며 정당화되고 있다.

민주주의는 개인의 도덕적 역량에 대하여 강력히 요구할 것을 주문한다. 그것은 각자로 하여금 삶의 경쟁적인 가치 및 스타일 사이에서 하나를 선택할 필요성과 직면하게 한다. 그것은 사람들에 대하여 외적인 권위나 고정된 인습으로부터 오는 압력 없이 서로를 예절 바르게 대우하기를 기대한다. 그것은 각자에게 개인의 이익과 공동체의 복리에 대해서 잘 헤아려 판단하도록 요구한다. 그러기에 놀라운 일도 아니지만 미국인들은 전통적으로 민주주의의 성공이 사람들의 좋은 성품과 바른 이성에 달려있다고 주장해 왔다. 그리고 대개 대중은 학교로 하여금 다음 세대의 도덕적 역량을 증진하도록－보증까지는 아닐지라도－지향시켰다.

도덕적 역량이라는 관념은 여러 방식으로 해석되어 왔다. 가장 일반적으로 그것은 기존의 제도와 관습을 존중하는 것과 동등시 되었다. 이런 의미에서 도덕교육은 하나의 보수적인 힘이었으며, 안전하고 '친사회적인' 행동을 확실하게 함으로써 민주주의적 자유에서 위험을 제거하는 일에 지향을 두었다. 초기의 건국 시기와 이후 계속된 19세기의 대부분 동안에 도덕교육의 주된 목적은 아동들의 습관이 경건, 충성, 근면, 절제 등 청교도 윤리의 엄격한 덕목들에 일치하도록 구체화하는 일이었다. 도덕교육은 좁은 형태의 사회화(社會化)로서 기능하였다.

1800년대 말기에도 습관을 형성하는 일은 여전히 도덕교육을 위한 노력에 있어서 일차적인 초점을 이루고 있었지만, 스파르타식의 덕목들은 감정 표현이나 자비심 같은 보다 부드러운 특성과 경쟁하고 있음을 스스로 알아차리게 되었다. 도덕교육이 마음의 일로 여겨지게 되었던 것이다. 아동들에게는 여전히 현상 유지라는 관습이 전수되었지만, 그것을 설득하는 방법들은 보다 유연해졌다. 영원히 저주받는다거나 재정적으로 파산된다는 데 대해서 갖는 아동들의 두려움에 호소하기보다는, 도덕교육에의 '낭만적인' 접근법이 아동들의 본성적 감정을 이용하는 셈이었다. 민주주의가 감정의 결속을 통하여 보존될 수 있었다.

20세기로 접어들 즈음에 시작된 개혁 운동인 교육적 진보주의는 아동의 즉각적 감정과 청교도적 복종의 강요가 있는 낭만적인 선입견을 넘어서서 민주주의적 학교 교육의 새로운 비전을 창출해 냈다. 진보주의의 정수를 이루는 철학자 듀이(John Dewey)는 민주주의란 유동적인 과정으로서, 자신의 고유한 가치와 의미를 변화하는 상황에 비추어서 구성하고 재구성하는 움직이는 별자리라고 주장하였다. 역시 듀이의 주장에 따르면, 도덕은 둔한 관념이나 습관으로 이뤄진 세트라기보다 사회 문제의 해결에 대한 역동적인 과정이었다. 진보적 틀에서 볼 때 도덕교육은 민주주의에 이바지하는 것이었는데, 민주주의는 단지 노력이나 착한 본성에 의해 지탱되는 것이 아니라 개인의 창조적이고 비판력 있는 역량에 의해 뒷받침되는 것을 의미하였다. 진보주의가 1950년대에 거의 치명적인 퇴보를 겪은 데 반하여, 새롭게 강화된 진보주의 개념이 1960년대 중반에 학교 안으로 되돌아 왔다. 실로 전반적으로 보아 이 책에 제시된 모형들은 진보주의 철학의 재(再)긍정을 나타내고 있다. 여섯 모형들의 경우, 각자 보다 훌륭하게 조율된 심리학적 토대에 있어서 그리고 보다 정교한 교수 전략에 있어서 듀이의 공식적 표시를 넘어서고는 있지만, 그룹 활동과 토론 및 합리적 심의에 대한 신념은 투철하다.

미국 건국의 창시자들이 교육에 대하여 언급했을 때, 그들은 그것이 갖는 도덕적 임무를 지적하기 위한 기회를 좀처럼 놓치지 않았다. 널리 승인되었던바 학교가 해야 할 일이란 사람들로 하여금 자유에 대한 책임을 준비하게 하는 것이었다. 이러한 준비를 위해서는 종교 및 도덕 수업에 있어서 매우 조심스러운 프로그램이 요구되었는데, 왜냐하면 경건함과 덕스러움이 없다면 "어떤 사람들도 오랫동안 변함없이 계속해서 훌륭하다거나 행복하지는 못하며 또 자유롭지도 못하기"[1] 때문이다. 민주주의를 위한 교육은 세속적인 박식함은 물론 프로테스탄트적 정직함을 발전시키는 쪽으로 지향되었다. 도덕적이면서 영적인 훈련이 민주주의의 없어서는 안 될 필요조건으로 생각되었다.

> 자유를 누리는 일이 언제나 모든 사람에게 해당되는 것은 아니다. 그것은 서투른 실행자에게는 매우 예민한 도구여서, 오직 숙련자에게만 안전하다. 합리적인 자유와 광란의 방종 간의 경계를 구별하기 위해서는 영혼의 열성과 감정의 보전이 요구되는데, 이것은 이 문제에 대하여 오래 생각하고 주제에 대해 정통한 사람들만 보유하고 있다.[2]

> 모든 계급과 계층의 시민들이 우리의 정치적 행복과 국가의 존재를 그에 입각시키는 감정 및 원리의 배양에 노력한다는 점은 중요하다. 지식과 종교는 공화주의 정부의 토대를 이룬다. 그러므로 교육과 도덕 및 종교 수업의 방법들은 우리의 진지하고 활발한 주의력을 이끌어내야 한다.[3]

공화국의 초기에 도덕교육자로서 교사가 하는 역할은 경건과 복종의 습관에 관하여 담당 학생들을 훈련하는 것이었다. 학생들 편에서 조금이라도 불손함이나 반항의 암시가 있다면 그것은 막 탄생한 나라의 연약한 통일에 대하여 위협하는 것처럼 보였다. 미국 최초의 공공 조직인 보스턴 공립학교들의 경우 철자법, 문법, 작문용(用)으로 사용된 각각의 독본들(예컨대 The Boston Primer, Child's Companion, Beauties of the Bible)은 학생들에게 종교적 의무와 권위에의 존경 의식을 채워주려고 시도하였다. 1808년의 보스턴 입문서(Boston Primer)에서는 읽기와 도덕의 가르침이 다음처럼 결합되어 있었다.

> 하느님을 두려워할 줄 아는 아동들에게
> 선생님의 말씀을 듣게 하라.
> 존경심을 가지고 부모님 말씀에 응하라
> 기쁘게 순종하면서.

아담의 타락 안에서
우리는 모든 이를 해치웠네.
고쳐야 할 그대의 삶
성경 말씀에 주목하세.
고양이는 장난하며
그러고는 약탈하네.

개는 물고 말지니
밤의 도둑을.
독수리의 비행은
엄청나다네.
게으른 바보는
수업 중 매질 당한다네.[4]

입문서에서 알 수 있는 바와 같이 19세기 초의 학교에서 하느님은 늘 등장하였다. 또 캐슬(Carl Kaestle)이[5] 적었듯이, "하느님은 설사 특정 교파가 아니라 할지라도 청교도의 특성대로 활동하셨다."[6] 이 시기 동안에 도덕교육은 본질적으로 종교 수업의 형태를 띠었다. 사람들은 사회 문제를 도덕적 관점에서 생각하였으며, "거의 모든 이들이 도덕을 하느님 및 성경과 떼어 생각할 수 없었다."[7]

적어도 뉴욕시 공립학교들의 경우 도덕적 훈련의 한 수단은 간단한 교리 문답(教理問答)이었는데, 이를테면 다음처럼 교사와 학생들이 암송하는 능란한 말씨의 훈련이었다.

교 사 : 너는 너의 부모님께 순종해야 한다.
학생들 : 나는 나의 부모님께 순종해야 한다.
[각 암송마다 학생들은 오른손을 펴서 가슴 위에 댄다.]
교 사 : 너는 너의 선생님께 순종해야 한다.
학생들 : 나는 나의 선생님께 순종해야 한다.[8]

캐슬의 보고에 따르면 이러한 연결 기도는 거짓말하기, 훔치기, 욕하기 등을 금하는 명령으로 이어진다. 그러고 나서 '천천히 그리고 부드러운 음조로' 읊는다.

교　사 : 하느님은 언제나 너를 보고 계신다.
학생들 : 하느님은 언제나 나를 보고 계신다.
교　사 : 하느님은 너의 모든 말을 듣고 계신다.
학생들 : 하느님은 나의 모든 말을 듣고 계신다.
교　사 : 하느님은 너의 모든 행동을 알고 계신다.
학생들 : 하느님은 나의 모든 행동을 알고 계신다.[9]

아마도 도덕적 행동을 위한 보다 강력한 제재는 학교의 규칙을 통해서 이루어졌다. 아동들에게는 예의바를 것, 고분고분할 것, 시간을 엄수할 것, 청결할 것, 성실하게 출석할 것 등이 요구되었다. 한 가지 강제기법으로서, 나쁜 행실 때문에 퇴학당한 학생들의 이름을 학교 여기저기에 공표하는 데 있어서 학생 리더들의 지지를 얻는 것이 일상적인 일이었다.[10] 이런 일이 철저하게 동료들의 압력을 이용한 것이었음은 말할 나위 없다.

그렇지만 이 같은 도덕교육의 전통적인 방법들은 보기에는 효율적이었을지라도, 19세기 후반기에 학생 인구의 구성이 현저하게 변하면서 호된 시련을 받게 되었다. 점점 교사들은 외국에서 출생했거나 이주해 온 부모들에게서 태어난 아동들, 농장이나 교회보다 공장이나 임차 지역에서 더 많은 시간을 보내는 노동자 계층 학생들과 부딪치게 된 것이다. 사회는 더 다원적이고, 더 세속적이며, 더 가변적으로 바뀌었다. 아동들이 집에서 익힌 가치들이 학교에서 교육된 가치들을 강화한다는 보증이 더 이상 존재하지 않았다. 부모들 자신이 이제는 문제의 일부가 되었는데, 왜냐하면 그들 중 많은 이들은 이탈리아, 헝가리, 러시아 같은 낯선 지역에서 이주해 왔으며, 그들의 풍습과 신념이 프로테스탄트적인 미국의 관습을 거부하는 것처럼 보였기 때문이다. 여러 도시에 집중된 이민 노동자 계층 젊은이들의 늘어난 무리들은 속인들에게나 교육자들에게 똑같이 경종을 울리는 셈이었다. 학교 교육을 받지 못한 이들 서민들은 사회주의나 무정부주의의 교의에 쉽게 희생되는 듯하였다. 사회적 정치적 붕괴에 대한 두려움－국가의 생존을 염려한 초기 공화주의자들의 두려움을 상기시키는－은 오직 학교라는 기관을 통해서만 진정될 수 있었으며, 적어도 많은 이들에게는 그렇게 보였다. 학교는 범죄, 혁명, 타락에 저항하는 최후의 보루로서 위치해 있었다. 고생하는 이민자 젊은이들이 교실 안에서 안전하게 수업 중일 경우에만 번영이 지속되며 자유도 살아남게 될 수 있음이 명확하였다.

19세기 후반의 도덕교육은 이민 노동자 계층의 아동들을 그들 가정환경의 영향으로부터 '분리하여 메워주려는' 노력이 되었다. 도덕교육은 '멜팅폿'(melting pot)에[11] 대한 교육과정상의 대응 파트너였다. 학교가 하는 임무는 나라에 살고 있는 이방인들을 개화시키고 '미국인화'하는 것이었다. 어느 주 교육위원회의 말을 살펴보자.

> 개화에 대한 위협은 외부에서 오지 않으며 내부에서 온다. 이질적인 대중은 동질화 되어야 한다. 다른 적대적 국가들의 전통을 물려받은 사람들, 다양하게 영향 받으며 성장하여 서로 다른 생각을 가진 사람들, 미국 외의 국민적 영감에 의해 격려되는 사람들은 동화되고 미국화 되어야 한다. 이런 목적을 위한 최고의 기관은 공립학교와 보통교육이다. 어떤 더 좋은 기관도 인간에 의해 고안되지는 못했다.[12]

도덕교육은 이처럼 제한되고 반성적이지는 않은 형태의 사회화로 해석되었다. 학생들은 공동체적 생활에로 동화되고 일치된 방향으로 나아가야 했다. 경건이나 순종 같은 전통적 덕목들은 형식상으로는 세속화되었어도 신세대의 학생들에게 계속 강요되었다.

도덕교육에 대한 이같이 '고집스럽고' 공포주입적인 관점에 이의제기가 없었던 것은 아니다. 19세기 말쯤에 새로운 아동 발달이론으로 무장한 한 무리의 '아동 중심' 교육자들이 민주주의의 희망은 교화(敎化)에 있는 게 아니고 사랑에 있다고 제안하기 시작하였다. 교사들은 아동의 특별한 요구, 특히 감정적인 자기표현이나 활동과 관련된 요구에 관심을 보여 주어야 했다. 예의바른 교육과 애정이야말로 좋은 습관을 보장할 수 있다고 생각되었다.

1892년에 발간된 위긴(Kate Wiggin)의[13] 저서 『아동의 권리』(Children's Rights)는 아동으로부터 아동기의 즐거움을 박탈하지 않고서도 도덕적 품성을 세울 수 있다는 기대에 대한 하나의 평판 좋은 성명이었다. 위긴 여사는 부모와 교사에게 아동들로 하여금 자신의 본바탕을 거슬러 '필요 이상으로 착하게' 되도록 강요해서는 안 된다고 경고하였다. 지적 및 도덕적 발달이 품성의 발달을 수축시킬 수도 있다고 예상되었다. 위긴은 엄격한 훈련이나 훈계보다는 모범 보이기를 통한 가르침의 유용성을 강조하였다. 그녀는 대부분의 아동이 "단지 자기에게 주어진바 옳은 것을 선택하기 위해 유연한 길잡이만을 필요로 할 정도로 옳고 그름에 대하여 꽤 명확한 의식을 갖고 있다"고[14] 주장하였다. 아동들은 "참되고 선한 것에 대한 천부적 감각"을 지니고 있어서, 이해 가능하고 마음을 끄는 경우라면 좋은 것을 선택하게 마련이다. 이제 해야 할 일은 "아동에게 정신적으로 성장할 조건을 만들어주고 나서 그가 성장하기를 해낼 수 있도록 시키는 것"이었다.[15] 당시의 많은 보다 낙관적인 교육자들의 경우처럼 위긴에 있어서도 아동은 본성적으로 선한 존재였다. 도덕교육은 훈육(instruction)의 문제라기보다 양육(nurturance)의 문제였다.

의심할 여지없이 초기의 아동 중심 교육자들 중 가장 영향력 있는 이는 홀(G. Stanley Hall)이었다. 하버드대학교 최초의 심리학 박사이자 클

라크대학교 초대 총장을 지낸 홀은 1890년대에 미국의 심리학 및 교육학계에서 최고의 인물들 중 하나로 주목받았다. 위긴처럼 홀 또한 아동의 천부적 잠재력에 대하여 크게 신뢰하고 있었다. 홀의 견해에 의하면 교사가 아동의 도덕적 품성을 형성하는 데 있어서 실행할 수 있는 최대의 서비스는 아동의 성장에 간섭하기를 피하는 것이었다.

> 젊은이를 보호하는 이들은 무엇보다도 본성의 진행에 끼어들지 않는 데 그리고 해악을 예방하는 데 힘써야 하며, 젊은이의 행복과 권리의 옹호자라는 영예로운 타이틀을 애써서 얻어야 한다. 그들은 아동기는 하느님의 관리에서 갓 나왔기에 타락한 상태가 아니라는 점, 세상에서 가장 완성된 것의 생존을 예증하고 있다는 점을 충분히 깨달아야 한다. 즉 그들은 자라나는 아동의 육체와 영혼만큼 사랑하고 숭상하며 봉사할 만한 것은 달리 아무 것도 없다는 점을 확신해야 한다.[16]

홀이 표현하였듯이 교육에 있어서 자연주의(naturalism)는 반 지적(反知的)까지는 아닐지라도 비 지적(非知的)인 교의였다.[17] 감정의 힘이 비판적 판단을 능가하여 고양되었다. 학문적 훈련은 "1파운드의 그것이 1톤의 훈육만큼 가치가 있는 건강, 발육, 유전"에[18] 대하여 양보하는 일이었다. 도덕교육에 대한 홀의 접근법은 흡족해 하면서 활기차게 사는-그렇지만 반드시 자유롭고 책임감 강한 것은 아닌-사람들을 산출해 내도록 설계되었다. 사실 그의 아동 중심적인 웅변술이 아무리 자유로워 보였을지라도, 홀은 엘리트주의적 보수주의자였다. 왜냐하면 그는 오직 유전학적으로 타고난 재능이 있는 사람들만이 지적 교육에서 이익을 얻을 수 있으며, 교육의 주된 목적은 훌륭한 부모, 유능한 노동자, 충성스러운 시민을 훈련시키는 것이라고 확신했기 때문이다.[19] 대부분의 미국인들처럼 홀은 교육이 민주주의의 토대를 이룬다고 믿었다. 그러나 그의 민주주의에 대한 설명은 인종 차별적이면서 천진난만한 것이었다. 비록 도덕교육에 대한 모든 낭만적 접근법들이 홀이 그랬던 정도만큼 청소년 이상주의를 미화하지는 않았을지라도, 그런 활동의 챔피언으로서 홀은 하나의 고립된 괴짜였다고 기억될 수밖에 없다. 여하튼 그가 '자연주의'를 교육에로 적용한 점은 광범하게 사람들의 마음을 움직였다.

도덕교육에 대한 자연주의적 접근법은 이렇게 청교도적 전통에서 유래하는 품성 훈련의 보다 기계적인 방법만큼이나 취지상 보수적인 것이었다. 두 접근법들은 세속화된 프로테스탄티즘의 문화적 가치들을 영속시키도록 의도되었다. 문화적 멜팅폿 속으로 냉담하게 던져지든 아니면 중산층의 정취 속으로 따뜻하게 담기든 간에 결과는 거의 같게 되었으니, 아동은 인습이라는 조건에로 순응될 것이라는 점이었다. 도덕교육은 단지 학생들을 확립된 질서에로 인도하기 위한 수단에 불과하였다.

그러나 1890년대의 교육적 조망 안에서 어렴풋이 나타난 것은 진보주의라고 알려진 개혁 운동이었다. 진보주의는 여러 형태를 보였지만, 도덕교육에서의 그 충격은 이데올로기 영역에서 가장 뚜렷하게 감지되었다. 철학자 듀이의 저작물들에 있어서 도덕교육에 대한 진보주의적 개념은 청교도적이고 낭만적인 서술들에 대한 하나의 잠재적 경쟁자로 나타났다.

듀이는 인간의 문제들을 해결하는 데 있어 지성을 활용함에 공동으로 몰입함으로써 결합되는 하나의 다양한 사회를 마음속에 그리고 있었다. 교육이 사회적 결합을 제공하는 일을 도울 수 있었는데, 그것은 특수한 도덕적 규칙들을 통해 아동들을 엄격하게 가르치거나 또는 그들에게 '훌륭한' 행동의 모범들을 보여줌으로써가 아니라, 그들의 지적인 힘을 발전시킴으로써 가능하였다. 듀이에 의하면 도덕교육은 품성 훈련하기나 따뜻한 마음 갖기에 집중하는 것이 아니라 반성적 사고에 집중하는 것이다. 학문적 내지 지적 교육 또한, 그것이 알맞게 시행될 경우 학생에게 직접 개인적 및 사회적으로 중요한 문제들을 제기한다는 점에서 도덕교육 바로 그것이었다. 도덕적 교육과 지적 교육은 본질적으로 같은 동전의 양 측면이었는데, 왜냐하면 둘 다 인간의 일에 있어서 이성의 활용 혹은 과학적 방법의 증진을 목적으로 하기 때문이었다.

> 교육에 있어서 윤리적이라는 것에 대한 우리의 개념은 지금껏 너무 좁고 형식적이며 병적이었다. 우리는 윤리적이라는 용어를 어떤 특별한 행위들-덕목이라는 명칭이 붙여지고 다량의 다른 행위들로부터 상쇄되었으며 더더욱 그것들을 실행하는 주체에 대한 습관적인 이미지와 동기로부터 상쇄된-과 연상시켜 왔다. 도덕 수업은 이렇게 특별한 덕목들에 대한 가르침과 또는 덕목들에 대한 일정한 감정의 주입과 관련하고 있다. 윤리적인 것이 너무 도덕군자 식으로 이해되어 온 것이다. 그러나 윤리적인 것이란 사람들로 하여금 자신의 도덕적 의무를 알고 실행하면서 활동하게 하는 것과 같은 윤리적 이상과 동기가 아니다. 결국엔 이야기되고 수행되는 이런 가르침은 외면적인 것이어서, 품성을 형성하는 주체의 내면 깊숙이까지는 이르지 못한다. 궁극의 도덕적인 동기와 힘은 사회의 관심과 목적에 이바지하며 일하는 바, 바로 사회적 지성-사회 제도들을 관찰하고 이해하는 능력-과 사회적 능력-제어에 대한 훈련된 역량-이다. 그 의미에 있어서 윤리적이지 않은 채로 사회의 구성을 설명하는 데 도움을 주는 사실은 없으며, 역시 그런 채로 그 훈련이 사회적 대처에 보탬을 주는 능력 또한 없다.[20]

도덕교육에 대한 듀이의 논의는 교실 수업을 분석하는 데 한정되지 않았다. 왜냐하면 그는 '잠재적 교육과정' 즉 학교 교육의 정해져 있지 않은 목적과 메시지가 여러 경우 표면적 교육과정보다 아동의 도덕적 발달에 더 큰 영향력이 있다는 점을 알고 있었기 때문이다. 듀이의 생각에 아동들은 자신의 총체적인 사회 경험의 특성으로부터 도덕적 가치들을 학습하였다. 예를 들어 아동들은 민주적 절차에 참여하고 그에 대하여 반성하면서 민주주의의 활동들을 배웠다. 만일 학교가 민주주의의 경험을 제공한 적이 없는 경우, 그 어떤 정규의 학업도 민주주의의 의미를 결코 전달해줄 수 없었다. 기존의 학교들에서 민주주의의 윤리적 원리들은, 삼켜야 할 쓴 약만큼 하기 싫은 학습문제를 받은 경우처럼, 동떨어진 추상적 개념으로서 전달되었다. 듀이에 따르면 지적 및 윤리적 능력은 단지 자신의 현실적이고 구체적인 경험을 반성해 보는 일에 의해서만 성취될 수 있었다. 설사 교사가 민주주의, 정의, 타인 존중, 인권과 같은 개념들을 소개한다 할지라도, 만일 교실 및 학교 구조가 권위적인 사회적 관계를 계속해서 본뜨고 강요한다면, 어떤 효과적인 학습도 일어나기 어려웠다. 추상적 개념들을 아동 고유의 경험에로 관련시키는 일에 대한 이 같은 관심이야말로 듀이가 이해한 '아동을 중심에 두기'였다. 아동들은 그들이 지적으로 숙달하도록 기대되는바 도덕적 이상을 살아갈 필요가 있었다.

듀이의 이론 틀에 있어서 도덕교육의 기초를 이루는 것은 협동적인 그룹 활동이었다. 예술, 과학, 정치, 기계 등 어떤 분야에서든지 간에 현실의 문제를 놓고 다른 이들과 함께 일하는 것은 학생들로 하여금 타인의 관점과 상호 교환의 가치를 올바르게 인식하도록 도움을 주었다. 도덕이 단지 교사의 예화나 말을 통해서 가르쳐질 수는 없었다. 학생들은 그들이 진정으로 관심을 갖는 연구 과제에 대하여 서로 상호작용할 필요가 있었다.

> 윤리적 측면에서 현행 학교의 비극적인 약점은, 학교가 그 안에 사회적 정

신을 이루는 조건들이 현저하게 결핍된 매체를 써서 미래의 사회 질서의 구성원들에게 준비시키고 있다는 점이다 … .

학교의 업무가 단순히 수업 내용을 익히는 데 있는 곳에서, 상호간의 도움은 가장 자연스러운 형태의 협동과 연합이기보다는 자기 이웃에게서 그의 본연의 의무를 덜어주려는 은밀한 노력이 된다. 적극적인 업무가 계속되는 곳에서는 이 모든 것이 변한다. 다른 이를 돕는 일은 수혜자를 허약하게 하는 자선의 형태라기보다, 능력을 자유롭게 함에 있어서 그리고 도움 받는 이의 추진력을 촉진함에 있어서 단순히 거드는 것일 뿐이다. 자유로운 의사소통의 정신, 즉 관념, 제안, 결과, 앞선 경험의 성공과 실패를 주고받는 정신은 교실 업무의 주된 특징이 된다. … 만일 생각하고 있는 목적이 사회적 협동 및 공동체적 삶의 정신을 발전시키는 것이라면, 과목들은 이것으로부터 성장해야 하고 이것과 관련되어야 한다. … 우리는 경험에서 배우며, 오직 책이나 다른 사람들의 말이 단순한 명언이기 때문이 아니라 경험과 관련되어 있기 때문에 그런 책이나 말에서 배운다. … [사회적 정신은] 건설적인 업무에서 해야 할 몫이 있다는 점으로부터 나온다.[21]

듀이의 도덕교육 개념의 영향은 두 차례의 세계대전 사이의 기간에서 뚜렷하였다. 많은 중고등학교의 경우 당대의 영화나 잡지에 의해서 고무된바 논의의 여지가 있는 사회의 쟁점들에 대한 개방적인 토론이 표준적인 업무가 되었으며, 또한 수많은 지역사회 참여 프로젝트들이 시작되었다. 학생들과 교사들 다 같이 서로에 대한 관계에 있어서 보다 능동적이면서도 덜 의례적인 경향을 보였다.[22] 더구나 진행 중인 사회 문제들에 대하여 집단 탐구를 강조하는 것은 실험실, 상점, 이동 가구 및 칸막이 방, 회의실, 주방시설 같은 건축 상의 혁신을 일으켰다. 제2차 세계대전 직전의 무렵에 듀이의 도덕교육에 대한 다이내믹한 이론은 모든 다른 이론들을 좌우하는 것처럼 보였다.

그렇지만 1950년대 중반쯤 진보적인 교육 운동은 거의 사라져 버렸다. 왜냐하면 크레민(Lawrence Cremin)의[23] 표현처럼, 진보주의가 "아마추어들에 대해서는 전수받은 이들에 의하여 숙달되기는 하였으나 실질적으로 이해할 수 없는 하나의 복잡한 교육학적 비기(秘技)로"[24] 되었기 때문이다. 교실의 삶을 지역사회에 연결하는 듀이의 생각은 아동을 현재 상태(status quo)에 맞추는 일을 의미하는 것으로 크게 오해되었다. 교육자들이 목적 자체로서 그룹 체험에 여념이 없게 됨에 따라, 창조적 지성의 발전에 대한 듀이의 언질이 거의 망각된 것이다. 듀이가 협동 활동을 비판적 숙고를 위한 도약판으로 본 데 반하여, 많은 교사들은 활동 자체를 교육의 목적으로서 들어올렸다. 진보적인 학교들은 1950년대 동안에 '시간 낭비자', 교육의 '황무지', '장난감 집'으로서 웃음거리가 되었으며, 당대의 신문 잡지에서 '사탕과자 대(對) 학습', '교과서 속의 불신(不信)' 같은 표제가 점차 정례적으로 등장하기도 하였다.[25]

1950년대는 도덕교육에 대하여 혹은 '진보주의'의 기미가 있는 여느 형태의 연구에 대하여 냉대를 보이던 시기였다. 국가는 경제적 및 군사적 힘을 확장시키는 데 몰두하였다. 도덕교육은 기술적 및 학문적인 훈련에 나서지 않았다. 특히 러시아 위성 스푸트닉 1호의 성공적인 진수 후에 과학, 수학, 외국어에서의 질 높은 교육에 대한 떠들썩한 요구는 소리 높았다. 만일 국가가 경제적 측면에서든 군사적 측면에서든 소비에트 연방과 효과적으로 경쟁하기를 기대한다면, 대중의 지혜가 지속되는바 학교는 도덕교육과 같은 '유연한' 영역에 시간을 덜 쓰고 학문적으로 주요한 상품들에 시간을 더 써야만 했다. 민주주의는 개인의 도덕적 자율성에 따라 정해지기보다는 국민 총생산의 규모와 핵탄두의 양에 따라 정해지는 것처럼 보였다.

그런데 1960년대 말에 이르자 가속화되어 왔던바 지적 및 기술적 훈련을 지향한 흐름이 막다른 골목에 다다르게 되었으며, 도덕교육에 대한 필요성이 새롭게 나타났다. 베트남 전쟁에 대한 항의, 시민권의 요구, 도시에서의 폭동, 캠퍼스의 휴업 등은 전통적 기율에 숙달하자는 함성을 지워버렸다. 사회 정의야말로 사회 전반에서와 마찬가지로 학교에서도 기술적인 궤변보다 훨씬 어려운 관심사처럼 생각되었다. 비평가들은 미국의 경제적 번영이 뿌리 깊은 도덕적 파탄을 속이고 있다고 주장하였다. 빈곤, 인종 차별, 제국주의, 섹스주의 등은 교실이라는 융단 아래서 더 이상 말끔하게 일소될 수 없었다. 실로 학교는 해결만큼이나 문제의 일부로 생각되었다. 미국의 교육은 아동들에게 '실패에 대한 두려움'과 '좌절이라는 악몽'을 스며들게 하는 것으로 지적되었다. 학교는 협동보다 경쟁을 그리고 독립심보다 알랑거림을 중시한다고 비난받았다. 학교는 그곳에서 아동들이 기계적이고 일상적인 일들 및 대중 사회의 비인간적인 의식들과 대처하기를 배우는 - 정신병원이나 교도소와 다를 바 없이 - 효과적인 보호 기관으로서 묘사되었다. 교육 체계는 특권층과 소외층을 골라내고 부당한 자본주의 사회의 계층화된 질서를 유지하는 하나의 거대한 감별 기계장치인 듯하였다.[26]

도덕교육은 이제 사회 정의를 위한 광범한 기초의 활동에 애착을 갖게 되었다. 뛰어난 교육심리학자 브루너(Jerome Bruner)가[27] 암시하였듯이 정의(正義)야말로 교육의 조건이자 목적으로 간주되었다.

> 결국 우리는 교육이 중립적인 주제가 아니며 고립된 주제도 아니라는 점을 궁극적으로 인정해야만 한다. 그것은 우리가 누군가의 미래를 보증하는, 그리고 흔히 누군가의 미래를 보증함에 있어서 또 다른 누군가를 가려내어 다루는 철저히 정치적인 이슈이다. 만일 내가 70년대를 위한 교육과정 프로젝트의 측면에서 지금 마음대로 고를 수 있다면, 그것은 하나의 수단 - 그에 의하여 우리가 사회를 삶에서의 가치 및 우선권에 대한 의식에로 되돌릴 수 있는 - 을 발견하게 되는 셈이다. 그리되면 나는 내가 역사의 구조, 물리학의 구조, 수학적 일관성의 힘과 관계있는 일들에 대한 어떤 평가 절하를 매우 만족스럽게 단언할 - 모라토리엄은 아닐지라도 - 것이며, 나아가 그것을 오히

> 려 우리가 직면한 문제들의 맥락에서 만족스럽게 다룰 것이라고 믿는다. 우리는 이 같은 커다란 과업들을 수행하기 위하여, 꼭 실제적인 행동에 의해서가 아니라 우리가 어디서든 찾아낸 지식의 표현에 의해서, 그런 문제들이 해결될 수 있는 방법에 더 잘 관여할 수 있을 것이다. 우리는 전에 경험했던 것보다 훨씬 더 확고하게 사명감과 의도를 교육의 과정 속으로 되돌려 넣을 수 있을 것이다.[28]

교육에 그 사회적 및 도덕적 의미를 회복시켜 주자는 브루너의 호소는 정치적 알력과 문화적 불화로 인하여 분열된 나라에서 하나의 공명하는 화음을 만들어 내었다. 학생들에게 정의의 관념을 활기찬 관심사로 만들어주는 일이야말로 교육이 긴급하게 해야 할 우선적 업무인 듯하였다. 그러므로 이 책에서 논의되는 도덕교육의 각 모형들이 이 기간 동안에, 즉 1960년대 말과 1970년대 초에 발생되었다는 점은 역사적인 일치 그 이상의 것인 셈이다. 왜냐하면 모형들은 전반적으로 보아 학생들을 도와서 민주적 삶이 지니는 도덕적으로 복잡한 것들-이것들은 국회의 복도에서 뿐만 아니라 학교의 규칙이나 역할에서도 나타남-을 드러내게 하는 데 관심이 있기 때문이다. 19세기의 접근법들과 달리 이 모형들은 민주주의에서 위험들을 제거하려고 계획하지 않으며, 그런 위험들을 보다 알기 쉽게 만들려고 계획한다. 모형들을 낳은 진보적 개념처럼 동 모형들은 정의에 대한 이론과 실제 간의 상호 관계를 강조한다. 학생들은 도덕적 원리들의 의미를 이해하게 되는 경우 도덕적 의사 결정에 있어서 현실적인 체험을 가져야 한다. 도덕교육이 민주주의를 보호하거나 완성하는 힘을 가진다는 전통적인 믿음과 달리, 동 모형들은 스스로의 프로그램들이 갖는 영향을 평가하는 데 있어서 신중함을 보인다. 도덕교육이 우리 시대를 위한 하나의 구원자로서 묘사되지는 않는다. 그것은 민주주의 문제들의 한 출구로서 드러나기보다는 민주주의 문제들을 더 효과적으로 다루는 한 방법으로서 드러난다.

미국의 교육자는 항상 한 사람의 도덕 교사였다. 엄격한 청교도 출신이건 멋대로 하게 놔두는 낭만주의 집안 출신이건 아동들은 전통적으로 도덕적 훈련을 받아왔다. 도덕교육에 관한 현재의 관점들에 있어서 새로운 것이 있다면, 그것은 관점들이 도덕에 대해 뚜렷한 관심이 있다는 점이 아니라 도덕적 복잡성에 대하여 알아차리고 있다는 점이다. 존 듀이의 전통 안에서, 여기에 제시된 모형들은 장기간의 경험과 체계적인 성찰, 사회적 정신과 도덕적 상상력, 형식적 추론과 창조적 배려 등이 중요하다는 점을 긍정하고 있다. 만일 도덕교육이 1980년대에 과거보다도 더 복잡하고 더 도전적이라면, 그 이유는 도덕이 보다 중요하게 되었기 때문에서가 아니다. 그 이유는 우리가 더 이상 도덕을 일차원적 관점으로 다룰 여유가 없기 때문이다. 민주적 삶에서의 권리와 책임이 보다 복잡하게 된 것처럼, 도덕교육에서의 우리의 노력 또한 그러해야 한다.

2장 도덕교육의 역사적 맥락 미주

1 Edward Gray, July 4th Oration, Boston, 1790, Orations Collections, American Antiquarian Society, Worcester, Massachusetts.

2 George Burrill, July 4th Oration, Providence, 1797, American Antiquarian Society.

3 Thomas Sparhawk, July 4th Oration, Boston, 1798, American Antiquarian Society.

4 The Boston Primer (1808); Stanley K. Schultz, *The Culture Factory, Boston Public Schools, 1789~1860* (New York : Oxford University Press, 1973), p.17에서 인용.

5 Carl Kaestle은 현재 미국 브라운대학교 명예교수이다. 교육사를 전공하였으며, 브라운대학교에 재직하기 전에 위스콘신대학교, 시카고대학교에서도 교수를 지냈다. - 역자 주

6 Carl Kaestle, *The Evolution of an Urban School System, New York City, 1750~1850* (Cambridge, Mass. : Harvard University Press, 1973), p.113.

7 Ibid.

8 *A Manual of the System of Discipline and Instruction* (New York, 1850), pp.19-20; Kaestle, *Evolution of an Urban School System*, p.116에서 인용.

9 Ibid.

10 Kaestle, *Evolution of an Urban School System*, p.117.

11 도가니라는 뜻의 멜팅폿(melting pot)은 제각기 다른 이질적인 문화를 한군데에 넣고 녹여 동질의 미국적인 것으로 창조해낸다는 은유의 표현이다. 어떤 국가 출신의 사람이건 일단 미국으로 이민해 왔으면 미국인으로 통합되어 나온다는 의미를 내포하고 있다. 종종 여러 인종이 혼합된 나라로서의 미국을 직접 가리키며 사용되기도 한다. - 역자 주

12 *Annual Report of the Rhode Island School Board, 1884*; Charles Carroll, *Public Education in Rhode Island* (Providence, 1918), p.204에서 인용.

13 Kate D. Wiggin(1856~1923)은 미국의 교육자이며 작가이다. 『Children's Rights』(1892) 외에 청소년 소설 『Rebecca of Sunnybrook Farm』(1903)으로도 유명하다. - 역자 주

14 Kate Wiggin, *Children's Rights* (Boston : Houghton Mifflin, 1892); Bernard Wishy, *The Child and the Republic* (Philadelphia : University of Pennsylvania Press, 1977), p.125.

15 Ibid.

16 G. Stanley Hall, *Forum* 32 (1901-2) : 24-25; Lawrence Cremin, *The Transformation of the School* (New York : Vintage, 1964), p.103에서 인용.

17 Charles Strickland & Charles Burgess, eds., *Health, Growth and Heredity, G. Stanley Hall on Natural Education* (New York : Teacher's College Press, 1965), p.22.

18 G. Stanley Hall, "The Ideal School as Based on Child Study", in National Educational Association, *Addresses and Proceedings, 1901*, p.475; Strickland & Burgess, *Health,*

Growth and Heredity, p.22에서 인용.

19 Strickland & Burgess, *Health, Growth and Heredity*, p.24.

20 John Dewey, "Ethical Principles Underlying Education", in National Herbart Society, *Third Yearbook, 1897*; Reginald Archambault, ed., *John Dewey on Education* (Chicago : University of Chicago Press, 1964), p.129에서 번각.

21 John Dewey, "The School and Society", in Archambault, *John Dewey on Education*, pp.300–302.

22 Cremin, *The Transformation of the School*, p.307.

23 Lawrence A. Cremin(1925~1990)은 미국의 교육사학자이자 행정가이다. 『The Transformation of the School : Progressivism in American Education, 1876–1957』은 그의 대표적인 저서이다. 이 책은 학생 수의 폭발적인 증가에 따라 비학문적인 학습 주제와 비권위적인 교수 방법이 늘어나는 현상을 기술하고 있다. – 역자 주

24 Cremin, ibid., p.333.

25 Ibid., pp.325–26.

26 예를 들어 Jules Henry, *Culture Against Man* (New York : Random House, 1963); Philip Jackson, *Life in Classrooms* (New York : Holt, Rinehart & Winston, 1968); Jonathan Kazol, *Death at an Early Age* (Boston : Houghton Mifflin, 1967); John Holt, *How Children Fail* (New York : Pitman, 1965) 참조.

27 Jerome S. Bruner(1915~)는 특히 인지 심리와 인지 학습이론에 공헌해온 미국의 교육심리학자이다. 주요 저서로 『The Process of Education』(1960), 『Studies in Cognitive Growth』(1966), 『Acts of Meaning』(1990), 『The Culture of Education』(1996), 『Making Stories : Law, Literature, Life』(2003) 등이 있다. – 역자 주

28 Jerome Bruner, "The Process of Education Revisited", *Phi Delta Kappan*, September 1971, p.21.

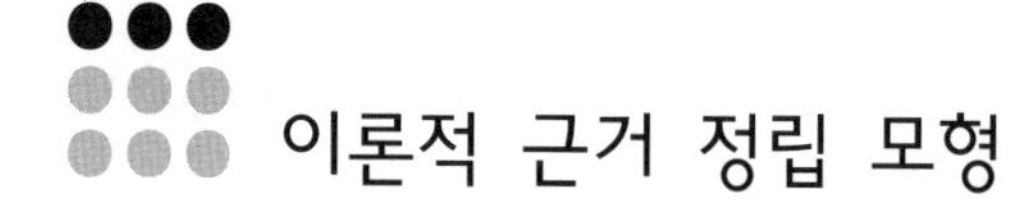

이론적 근거 정립 모형

셰이버(James Shaver)의 이론적 근거 정립 모형은 교사를 전략가로서보다는 철학자로서 묘사한다. 셰이버는 교사들로 하여금 가치 함축적인 쟁점들을 가르치는 데 부합하는 명백한 이론적 근거를 정립하도록 돕는 일을 지향하고 있다. 그의 기본적인 의도는 가르치는 일의 도덕적 근거에 대한 교사들의 이해를 예리하게 하는 데 있으며, 교수 기법과 교육과정을 개발하는 데는 단지 간접적으로 관심을 가질 뿐이다.

셰이버의 모형은 가치 및 도덕교육에 대하여 사고의 방법들을 제안하되, 어떤 방법론적 처방들을 내리지는 않는다. 그럼에도 불구하고 이 접근법은 교육학적 함의를 담고 있다. 셰이버의 개념적 틀과 가장 직접적으로 연결된 방법론은 공공의 이슈를 가르치기 위한 '법률학적 모형'(jurisprudential model)으로서, 셰이버는 1960년대 초에 동 모형의 창안과 표현에 협력한 바 있었다. 법률학적 모형은 전적으로 사회과교육에 초점을 두었다. 셰이버의 보다 근래의 관심은 본래의 법률학적 도식을 상세하게 설명하고, 그것이 갖는 해석 능력을 여타의 가치 관련 교육 영역들에로 확장하는 데 있다.

셰이버는 일차적으로 도덕교육을 하나의 민주적이고 다원화된 사회라는 관점에서 바라본다. 인지적 도덕 발달 모형 및 가치 분석처럼 이론적 근거 정립의 접근법은 교사 쪽에서든 학생 쪽에서든 다 같이 도덕교육에 있어서 비판적 성찰의 역할을 강조한다. 다만 콜버그가 학생들의 도덕적 추론에 대한 일반 구조를 발달시키는 데에 주로 관심이 있는 데 반하여, 셰이버는 특별한 분석적 기술들 - 그는 이것들이 민주적 시티즌십에 필수적이라고 생각한다 - 을 가르칠 필요성에 초점을 맞춘다. 그리고 가치 분석이 이런 기술들의 위계를 정교화하고 예증하는 일에 전념하는 데 반하여, 셰이버는 그 같은 기술들을 끌어내는 민주적 전통을 탐구하는 일에 더 열중한다. 셰이버의 주된 목적은 도덕교육을 넓은 사회적 맥락 속에 자리매김 시키는 것이다.

1. 이론

대체로 셰이버 모형의 이론적 틀은 모형 자체이다. 셰이버가 스트롱(William Strong)과 함께 저술한 『Facing Value Decisions : Rationale-Building for Teachers』에서[1] 상세하게 설명된 바와 같이, 그 이론적 기초는 3개의 부분들로 되어 있다. 3개의 부분들이란 (1) 가치의 정의, (2) 민주주의의 본질, (3) 민주주의 사회에서의 도덕교육의 분석을 이른다.

1) 가치의 정의

셰이버에 의하면 가치(價値)란 "어떤 것의 진가를 판단하기 위한 기준 및 원칙이다. 그것은 우리가 그에 의해서 '무엇'(사람, 물건, 생각, 행동, 상황)

을 좋다, 훌륭하다, 바람직하다거나 반대로 나쁘다, 무익하다, 경멸스럽다고 판단하거나 아니면 이러한 양극단 사이의 어딘가에 해당한다고 판단하는 표준을 이룬다. 우리는 자신의 가치들을 의식하여 응용할 수 있다. 혹은 가치들이, 우리 스스로가 자신의 결정 속에 내포된 기준을 알지 못한 채로, 우리의 준거 기준이라는 영향의 부분으로서 무의식중에 작용할 수도 있다."[2]

이 같은 정의(定義)는 세 개의 중요한 요소들을 포함하고 있다. 첫째, 가치란 개념으로서 감정이 아니라는 점이다. 셰이버는 가치들이 감정을 구체화하고 표현하지만 감정 이상의 것이라고 강조한다. 가치들은 합리적인 내용을 가지고 있는 판단의 기준이다. 이 같은 합리적인 내용으로 인하여 가치들은 규정되고 분석되며 다른 가치들과 비교될 수 있다. 예컨대, 책임은 그것에 의해서 우리가 흔히 자신과 타인의 행위를 판단하는 하나의 가치이다. 책임이라는 관념은 의심할 바 없이 어떤 긍정적인 감정의 반응을 불러내며, 따라서 우리는 무책임하다고 생각되는 사람이나 행위에 대해서 부정적인 감정을 체험할 수도 있다. 그러나 책임이라는 가치는 그저 찬성 또는 불찬성이라는 막연한 감정이 아니다. 그것은 행동들에 대하여 책임 있다, 무책임하다, 혹은 둘 사이의 어떤 정도다고 평가하기 위한 표준을 지니고 있는 개념이다. 가치는 이처럼 정서를 지니고 있지만, 그 정의(定義) 구조는 인지적이다.

위의 정의가 갖는 두 번째 요소는, 가치란 스스로의 인식이나 공공의 확언과 관계없이 마음속에 존재한다는 점이다. 셰이버의 이론에서 가치는 명쾌하게 공고될 필요는 없으며, 하나의 가치로 인정받기 위해 실행될 필요도 없다. 가치란 넌지시 유지될 수 있는 것이다. 셰이버는 여기서 가치에 대한 자신의 정의를 가치 명료화의 도식에서 제안된 그것(제5장 참조)과 구별하고 있다. 가치 명료화의 입장에서는 합리적으로 선택된 다음 반복하여 계속 행해지는 신념만을 가치라고 인정하는 데 반하여, 셰이버는 일정한 가치들의 경우 합리적인 선택이나 공공연한 행위의 표면 아래서 작용한다고 주장한다. 예를 들어, 어떤 사람이 자신은 비록 노력하는 일을 명백하게 선택한 적이 없거나 혹은 노력하는 일에 전념하겠노라고 공공연하게 선언한 적이 없다 할지라도 노력이라는 것을 소중히 여길 수 있다. 아마도 그는 언제나 경제적 필요에 의해서 노력했을 수도 있다. 동시에 그는 다른 사람들의 진가를 그들이 얼마나 노력하는가의 관점에서 판단할지도 모른다. 설사 그 사람이 노력하는 일이 자신에게 중요하다는 점을 결코 제대로 드러내거나 말하지 않더라도, 셰이버는 그럼에도 불구하고 노력하는 일이 그 사람에게는 여전히 하나의 가치라고 주장할 것이다. 가치는 우리의 의식적인 이해나 신중한 선택 없이 종종 우리의 판단 틀의 일부를 형성한다.

셰이버의 정의가 갖는 세 번째 요소는, 가치란 절대적 범주보다 차원적 범주의 것이라는 점이다. 즉 가치는 좋음과 나쁨, 옳음과 그름, 칭찬과 비난의 정도를 판단하는 기준이며, 단지 이러한 특성들의 있고 없음이 아니라는 것이다. 노력과 책임에 대하여 예를 들어보자. 노력과 책임은 확실히 전부(全部) 아니면 전무(全無)의 범주들이 아니다. 우리는 어떤 사람을 전적으로 책임성 있다거나 또는 완전히 게으르다고는 좀처럼 생각하지 않는다. 사람들의 행동은 책임을 짐-무책임함, 또는 근면함-게으름이라는 연속선을 따라 드리워진다. 가치란 진가의 연속선을 따라 행동이나 대상을 평가하기 위한 규칙들의 세트인 셈이다.

셰이버는 가치와 가치 판단을 구별한다. 가치 판단은 우리가 자신의 가치를 근거로 하여 내놓은 주장이다. 가치는 근거이지 결론이 아니다. 셰이버의 예 하나를 인용하자면, "듀크야, 너는 시간에 맞게 교실에 도착해야 한다."고 말하는 교사는 하나의 가치 판단을 내리고 있다. 그 판단을 지지하는 가치 내지 기준이란 시간의 엄수일 수 있고, 교실의 질서 혹은 사회의 질서일 수 있으며, 제도적 권위의 존경일 수도 있다. 어떤 경우이든 가치는 가치 판단의 기초가 되는 구조물이되, 판단 그 자체는 아니다.

셰이버의 주장에 의하면 만일 우리가 일관성 있게 행동하려 할 경우, 우리는 스스로의 가치 판단과 가치 사이의 관계를 명백히 하도록 힘써야 한다. 가치 판단은 스스로를 정당화할 수 없기에, 가치 판단의 적절성과 타당성을 평가하기 위해서라면 우리는 (관련된 사실을 고려해야 함은 물론) 가치 판단이 기초하고 있는 가치를 고려해야 한다. 그러므로 하나의 가치는 그것을 가치로 간주하기 위해서 의식적으로 해석될 필요는 없지만, 우리의 가치를 드러내려는 노력은 여전히 해볼 만하다. 왜냐하면 누구든 자신의 가치를 알고 있을 때 그 가치의 관점에서 행동하는 일이 훨씬 쉽기 때문이다. 예를 들어 자신이 사고의 독립성을 존중하고 있음을 충분히 아는 교사라면, 이런 가치가 숨겨진 채로 있을 때에 그가 행할 것 같은 경우보다 확실히 교실 안에서의 창의적 반응들을 강화시키는 일을 보다 의도적으로 시도할 것이다. 자신의 가치에 대해서 알고 그 가치에 입각하여 일관되게 행동하는 것의 중요성을 강조함에 있어서, 셰이버는 가치 명료화의 창시자들-이들은 가치의 인식을 그들 모형의 중심적인 특징으로 삼는다-과 어떤 유사성을 드러내고 있다.

그러나 가치 명료화와 달리 셰이버의 모형은 우리에게 가치를 특정한 판단이나 행위와 관련해서 뿐만 아니라 다른 가치들과 관련해서 음미해 보도록 권고한다. 가치는 독립된 단위로서보다 전체적인 가치 네트워크상의 연결된 부분으로서 이해될 필요가 있다. 우리의 여러 가치들은 상호간에 연결되어 있기 때문에, 하나의 가치가 흔히 다른 가치와 충돌하기도 한다. 예컨대 우리는 자유와 평등 둘 다를 소중히 여길 수 있다. 자유라는 가치는 우리로 하여금 개인의 자주성과 자기표현을 극대화하는 일을 지향하게 한다. 평등이라는 가치는 우리로 하여금 각 사람에게 공공선에로 똑같이 접근할 것을 다짐하도록 이끌어 준다. 그렇지만 평등의 요구를 충족시키는 데 있어서 우리는 종종 자유의 이상을 더럽히곤 한다. 예컨대 우리는 부유한 이들이 가난한 이들보다 누진적으로 더 많은 세금을 내야 한다고 믿고 있다. 설사 부유한 이들이 그것이 자신들의 경제적 자유를 제한한다고 주장하더라도 말이다. 혹은 우리는 소수 집단의 사람들에게 그들이 성공하기 위해 동등한 기회를 가질 수 있도록 고용에 있어서 우선적으로 대우해 주어야 한다고 믿는다. 설사 이것이 소수 집단에 속하지 않는 사람들에 대하여 그들이 직장을 확보할 자유를 제한할 수 있을지라도 말이다. 요점은 우리가 자유나 평등을 매우 소중히 여기는가 그렇지 않은가에 있는 게 아니라, 우리가 가치들이 구체적인 선택의 상황에서 충돌하고 있을 때 어떻게 그것들의 균형을 유지시키는가에 있다. 우리의 가치들을 인식하는 것만으로 충분치 않다는 것이 셰이버의 주장이다. 우리는 우리의 가치들이 서로 어떻게 영향을 미치는지 탐구해야 한다는 것이다.

셰이버는 한 묶음의 가치들을 다른 묶음의 것들과 분리시키는 일은 종종 매혹적이라고 지적한다. 이를테면 비즈니스 세계에 있어서, 우리는 어떤 실패자의 경우 자신 말고는 아무도 책임이 없다는 신념에 입각하여 행동할 수 있다. 그러나 교회에서, 우리는 사람들은 운이 덜 따르는 사람들을 돕는 데 있어서 관대해야 한다고 확언한다. 교육철학자 그린(Thomas Green)은[3] 셰이버의 주장에 대해 감동적인 지지를 보내고 있다.

충돌하는 신념의 묶음들을 심리적으로 주요하게 여기는 일이 가능한데, 왜냐하면 우리는 말하자면 하나의 보호물-신념들 간의 어떤 잡스러운 결합이나 대결을 막아주는-로 둘레가 에워싸인 작은 무리로써 자신의 신념을 정돈하는 경향이 있기 때문이다. 따라서 누구든 경쟁이라는 가치를 경제적 신조와 지지에 관한 조목이라고, 동시에 협동의 필요성을 사회윤리에 관한 기본적인 요구라고 칭찬할 수 있다. 이런 식으로 우리는 많은 점에서 양립하기 어려운 어떤 핵심적 신념들을 동시에 고수할 수 있는 것이다. 이것은, 우리가 우리의 윤리적 확신에 영향을 끼치는 경제적 신념들의 무리를 결코 허락하지 않거나 우리의 경제적 사고에 간섭하는 윤리적 신념을 결코 허락하지 않는 이상, 완전히 가능하다. 보호물-우리는 이를 통해서 위와 같은 신념들의 분리를 보증한다-은 보통 하나의 신념 자체로서 위장되어 나타난다. 우리는 "윤리는 비즈니스라는 필수품과 아무런 관계가 없어."라거나 "종교는 정치의 밖에 머물러야 해."라고 말한다. 예를 들어, 어떤 학생은 조사 연구의 요구를 방해하는 종교적 신앙을 가질 수 있다. 그럼에도 불구하고 만일 그가 자신의 종교적 신앙이 학문 연구의 지식에 영향을 끼치도록 결코 허락하지 않는다면, 그는 성공한 학생이 될 수도 있을 것이다.[4]

설사 가치들의 한 '무리'를 다른 무리와 분리시키려 하는 것이 일반적이라 할지라도, 도덕교육 내지 그와 관련된 교육의 근본 목적은 학생들로 하여금 자신의 개인적인 가치들을 총괄적으로 보도록 도와주는 데 있다. 셰이버의 견해에서, 교육 활동의 일부가 되는바 가장 중요한 세 가지 범주의 가치는 미적 가치(aesthetic values), 수단적 가치(instrumental values), 도덕적 가치(moral values)이다. 이 가치 범주들이 어떻게 서로 적합한지를 이해하는 일이야말로 도덕교육자의 그리고 궁극적으로 학생들의 기본적인 과제이다.

미적 가치는 우리가 그것에 의해서 아름다움을 판단하는 표준이다. 인문학 교사들이 다른 과목의 교사들보다도 담당 과목의 미적 중요성을 더 직접적으로 고려하지만, 우리는 자주 수학 교사들이 수학 공식에서 증명의 '우아함'에 대하여 말하는 것 또는 체육 교사들이 신체적 동작의 고상함과 아름다움에 대하여 논평하는 것을 듣는다. 모든 사람은 설사 누군가의 개인적인 용모를 칭찬하기 위한 것에 불과한 경우일지라도 미적 판단을 내린다.

셰이버는 미적 판단이 도덕적 판단과는 성질이 다르다고 강조한다. 미적 명제와 덕목 내지 도덕의 속성을 혼동할 때, 우리는 그것들의 의미를 심히 왜곡하게 된다. 어떤 학생의 더러운 두발이 아름답지 못하다거나 미적으로 불쾌하다고 말하는 것이, 몇몇 교장선생님이나 부모들에 의하여 이런 취지로 될 수 있는 암시에도 불구하고, 그 학생이 도덕에 어긋난다고 말하는 것은 아니다.

셰이버는 미적 가치와 도덕적 가치 뿐만 아니라 도덕적 가치와 수단적 가치를 구별한다. 수단적 가치란 다른 표준들을 얻기 위하여 지정된 표준을 이른다. 그것들은 근원적인 원칙이기보다는 파생적인 원칙이다. 이를테면 교육에 있어서 학급 관리에 대한 수많은 표준들은 수단적 가치들이다. 기율, 주의 깊음, 시간 엄수에 관한 규칙들은 생각건대 그 자체 목적으로서가 아니라 효과적인 학습을 지향하는 수단으로서 지탱된다. 복장에 대한 규율은 특이한 스타일의 복장이 학교의 학습 분위기를 방해하며 모든 학생들의 교육에 해롭다는 점을 이유로 하여 일반적으로 정당화되고 있다. 특정한 수업 목표들은 흔히 보다 일반적이고 장기적인 교육 목표들에 관하여 수단적 가치들을 구체적으로 표현한다. 수단적 가치는 보다 큰 목적에 이바지하기 위해서 예정된 중개적 표준인 셈이다.

셰이버는 우리가 수단적 가치와 도덕적 가치를 혼동하지 않도록 경계할 필요가 있다고 경고한다. 음악이나 개인적 복장에 있어서 서로 취향을 함께하지 않는 학생들에 의해서 교사가 감정이 상할 수 있는 바와 꼭 마찬가지로, 교사는 교실에서 학생들이 순서를 무시하고 지껄이는 경우 그들을 '나쁘다'거나 심지어 '도덕에 어긋나다'고 여길 수도 있다. 교사는 수단적 가치에 대해서 도덕을 가르치려는 경향을 이겨낼 필요가 있다.

셰이버의 용어에 따르면 도덕적 가치는 "그것에 의하여 우리가 목적이나 행동이 적절한지 여부를 판단하는 표준이요 원칙"이다.[5] 그가 강조하는 도덕적 가치의 두 가지 특징은 다음과 같다. (1) 중요성과 적용성에 있어서 크게 변화한다. (2) 단순한 개인적 취향의 문제 이상의 것이다.

셰이버는 개인적인 선호로부터 기본적 가치에 이르는 연속선을 따라 도덕적 가치를 배열한다. 이리하여 고독이나 청결 같은 가치들은 그것들이 주로 개인적인 선호에 관한 이슈를 포함하고 있기 때문에 가장 덜 중요한 도덕적 가치들을 구성한다. 이에 반해서 인간 생명의 신성함이라는 가치는 가장 기본적인 가치라고 볼 수 있는데, 왜냐하면 그것은 우리 인간의 속성에 본질적이기 때문이다. 민주주의 사회에서 기본적 가치는 언론의 자유, 법의 평등한 보호, 종교의 자유 등에 관한 원칙들을 포함한다.

개인적인 선호와 기본적 가치의 양극 사이에는 광범위한 '중간 수준'의 도덕적 가치들이 놓여 있다. 정직, 협동, 애국심 등은 중간 수준의 가치들로 간주된다. 그것들은 인간의 본성에 입각하고 있지는 않지만 중요한 사회적 인습들이다.

도덕적 가치들이 그 중요성 및 일반성의 정도에 따라 차이가 날 수 있지만, 모든 도덕적 가치들은 순전히 개인적인 표준 이상의 것을 표현한다. "도덕적 가치가 윤리적인 결정을 정당화하고 판단하는 데 활용되며 또한 다른 이들에게 영향을 주기 때문에, 도덕적 표준은 단지 개인적인 취향의 문제가 아니다."[6] 우리가 어떤 도덕적 결정(즉 다른 이들의 복리에 영향을 미치는 결정)에 직면할 때, 우리는 무슨 일을 좋아해도 되는지 보다는 무슨 일을 '해야' 하는지를 물을 필요가 있다. 임신중절, 사형, 안락사 등이 옳은지 그른지를 결정하는 일이 저녁 식사용의 으깬 감자를 놓고 뭔가 특별히 거들지 말지를 결정하는 일과 솔직히 동일한 수준의 것은 아니다. 미적 가치나 수단적 가치와 달리 도덕적 가치는 필연적으로 당위(當爲)라는 기본적 메시지를 지니고 있다.

미적, 수단적, 도덕적 가치들 간의 차이를 이해하는 것이 단지 학문적 과제에 불과한 것은 아님을 셰이버는 명백히 하고 있다. 이들 가치 부류들 간의 갈등과 각 부류의 가치 안에서의 갈등은 피할 수 없다. 가치 갈등들을 효과적으로 다루는 일은 자신의 가치들의 의미와 기능에 대한 통찰력을 요구한다. 이 장(章)의 뒷부분에서 보게 될 것이지만, 학생들에게 가치 갈등에의 협상을 가르쳐주는 것이야말로 셰이버의 이론틀에서 결정적인 요소를 이룬다.

2) 민주주의의 본질

민주주의를 뒷받침하고 지탱하는 기본적인 도덕적 가치는 개인의 존엄성이라는 원칙이다. 존엄성의 개념은 인간이라는 점이 그 자체로서 중요하며 존경을 필요로 한다고 여긴다. 각 사람은 본래적 내지 고유의 진가를 지닌다. 사람은 부, 인종, 성별, 신체적 또는 지적 능력과 상관없이, 인간이라는 점에서 존중받을 만하다.

존엄성이라는 이상이 갖는 명백한 속성 중 하나는 중요하게 여긴 것을 택할 수 있는 권리이다. 우리의 본질적인 인간 본성은 우리가 자결(自決)의 자유를 누릴 수 있어야 한다고, 즉 스스로의 삶의 계획을 만들어낼 수 있어야 한다고 요구한다. 선택의 권리는 자신의 실재를 형성하기 위한 권리로서, 단지 자신의 실재에 의해서 형성되는 데 불과한 것이 아니다.

존엄성이라는 이상의 또 다른 본질적 특성은 지성 내지 이성에 대한 신뢰이다. 지성에 대한 신뢰는 자유로운 선택이라는 관념을 지지한다. 그것은 각 개인이 이성을 지니고 있기에 현명하고 올바른 선택을 위한 잠재력을 갖는다고 암시한다. 어떤 문제를 합리적으로 판단한다는 것은 관련된 모든 사실들 및 이해관계들을 고려하면서도 그것들을 제3자의 공평한 관점－그 논점을 조사할 자격이 있는 모든 이들에게 이해될 수 있는 관점－에서 평가하는 것을 말한다. 지성은 개인으로 하여금 선택의 실현 가능성을 포괄적으로 살펴보고 평가내릴 수 있게 해준다. 인간은 이성적 존재이기 때문에, 우리는 자율적인 의사 결정을 할 수 있는 그의 잠재력을 신뢰한다.

중요한 결정을 내릴 수 있는 권리는 오직 다원주의 안에서만 의미가 부여된다. 공개적으로 표현된 견해, 가치, 스타일 등의 다양함이 없다면 선택의 자유라는 이상은 공허한 추상이며, 합리적인 판단을 내리기 위한 솜씨도 발휘될 수 없다. 다수의 정치적, 직업적, 문화적 집단들이 있다는 점은 근본적 선택을 가능하게 하는 삶의 대안적인 방식을 산출하고 지탱한다. 단일체적 사회에서는 대안이나 선택이 거의 없다. 개인이 갖는 자결의 자유는 옹색한 편이며, 개인의 정체성 형성에 영향을 주는 문화적 재료들은 평범하고 일정하다. 반면에 다원주의는 선택의 범위를 넓혀준다. 그것은 한 사람의 대안에 대하여 감촉, 색깔, 치수를 제공해 준다. 다원주의가 민주주의를 위해 필요불가결한 조건인 이유는, 그것이 의미 있는 선택의 자유를 보증할 수 있는 유일한 자연적 메커니즘이기 때문이다.

다원주의는 믿을 만한 선택을 가능하게 할 뿐만 아니라 비판적이고 추론된 판단을 촉진한다. 공동체 안에서 다양한 견해들이 주는 압력은 허심탄회함을 장려한다. 여러 상황 속에서는, 비슷한 인생관을 가진 사람들의 경우 못보고 지나칠 수 있는 숨은 문제들이 덜 인습적인 개인들에 의해 폭로될 수도 있다. 세이버는 이웃에 새로 이사 와서, '소수인의 문제가 없는' 지역 사회 내에서의 소수 집단의 대우에 이의를 제기하는 사람을 예로 든다. 결과로서 생기는바 간담을 서늘하게 하는 놀라움은 환영받지 못할 수 있지만, 그것이 종종 의사 결정의 과정을 활성화시키기도 한다. 더구나 일단 문제가 생기면, 다양한 의견이 광범위한 선택 사항들-그것들로부터 해결책이 산출된다-을 제공할 수 있는 것이다. 사회에서의 가치 갈등이 잠재적으로는 건설적인 셈이다.

다원주의는 이제 선택의 조건들을 제공해줌은 물론 이성의 활용을 촉진한다. 그것은 민주주의의 초석을 이룬다. 다만 의미 있는 다원주의는 다양한 집단들의 존재 그 이상의 것에 의존한다. 개인들은 그 안에서 관계할 공동의 틀, 즉 의사소통 및 공정성에 대한 기초 규범들을 놓고 근원적으로 동의하는 일을 필요로 한다. 만일 다원주의가 경쟁자들의 충돌을 넘어서려면, 일정 수준의 사회적 결합과 일치가 필요하다. 민주주의가 기능하기 위해서는 사람들이 민주적 윤리에 대한 기초적 의무를 공유하고 있어야 한다. 그들은 개인의 존엄성을, 그리고 이성 및 진실의 가치를 신뢰해야 한다. 다양성은 오직 일치라는 맥락 안에서만 번영할 수 있다.

국민적 일치는 궁극적으로 근본적 민주주의 가치들에 대한 공동의 신뢰에 근거를 둔다. 보다 직접적이고 구체적인 수준에서, 일치는 개인 간 및 집단 간의 갈등을 조절하기 위해 설치된 비교적 특수한 절차들에 대하여 존중하는 것을 토대로 하여 이루어진다. 존엄성이니 합리성이니 하는 원칙들은 너무 막연해서 사회적 갈등을 중재하기 위한 규범적 기준으로서는 유용하지 못하다. 그것들은 보다 구체적인 의미를 지닌 가치들－예컨대 언론, 출판, 종교의 자유 같은 원칙들, 법의 평등한 보호 내지 '1인 1표' 같은 교의들－로 변형되어야 한다. 보다 근래에 제도화된 민주적 가치들로는 괜찮은 거처, 적절한 음식, 평등한 교육의 기회에 대한 권리 등이 있다. 이 같은 기본적인 도덕적 표준들 역시 수단적 가치인즉, 왜냐하면 그것들은 인간 존엄성이라는 큰 목적에 이바지하기 때문이다.

셰이버의 견해에 의하면 공통의 감정적 의미를 지닌 '미국적 신조'가 있다. 정서적 수준에서 사람들은 존엄성이라는 표준과 그 파생적 가치 및 절차에 전념한다. 통일된 민주적 신념도 존재한다. 다만 그 일치는 일반적이고 감정적인 것으로서, 합리적인 해석 내지 적용 수준에서의 일치는 아니다. 기본적 가치들의 '서술적' 내지 인지적 의미는 종종 심각한 논쟁의 대상이 된다. 교육 기회의 평등 같은 가치가 어떤 특수한 상황이나 정책에로 적용될 때－예를 들어, 시내에 거주하는 흑인들은 버스를 타고 교외에 있는 학교에로 가야 하는가?－그 용어의 서술적 의미는 해명되어야 한다. 그렇지 않으면 문제의 정책이 가치 기준을 충족시키는지 아니면 깨뜨리는지에 대하여 합리적으로 결정하기가 불가능하다. 서술적 의미가 상술됨에 따라서 사람들은 자신의 색다른 경험 나아가 자신의 색다른 준거기준에 기인하여 가치 용어를 다르게 해석할 수 있으며, 그 결과로서 갈등이 생길 수 있는 것이다. 사람들은 근본적인 민주적 규범들을 숭상하는 데 함께할 수 있지만, 특정의 상황에서 이 규범들이 갖는 구체적인 의미에 대해서는 의견을 달리하기도 한다.

민주주의의 의미 속에 함축되어 있는 것은 존엄성, 자기 결정, 지성, 다원주의, 결합(혹은 공동체)에 관한 가치들이다. 민주주의는 그 안에서 모든 길들이 존엄성이라는 곳에 이르는 일종의 가치 네트워크 바로 그 것이다. 민주적인 환경에서 가르친다는 것은 일상의 논거에 입각하여 민주적 가치들이 함축하는 바들을 다루는 것을 이른다. 가치 및 도덕교육의 본질은 민주주의의 본질과 긴밀하게 연관되어 있다. 유능한 도덕교육자가 되기 위해서라면 교사는 민주주의 사회가 지니는 가치 차원을 확고하게 파악할 필요가 있다.

3) 민주주의 사회에서의 도덕교육

민주주의 가치들은 교육에 있어서 그 수단들에 지침을 던지는 일은 물론, 목적으로서 기여한다. 자기 결정이나 합리적 행동에 관한 권리들을 믿는 교사는 학교의 역할에 대하여 가치를 의무지우기 내지 교화하기의 관점에서 볼 리가 없다. 그는 틀림없이 학생들의 이성에 호소할 것이며 단지 학생들의 행동을 조건화하는 데 만족하지 않을 것이다. 이러한 관점에서 교육의 근본 목적은 지성의 발달에 있다. 교사들이 민주주의의 도덕적 가치들을 전달할 책임이 있지만, 그들은 학생들 편에서 그 가치들이 믿을 만큼 이치에 맞게 되도록 해주는 방식으로 그렇게 해야 한다. 셰플러(Israel Scheffler)는[7] 다음과 같이 쓰고 있다.

> 표준적인 의미에서, 가르친다는 것은 몇 가지 관점에서 보아 최소한 스스로를 학생의 이해와 독립적인 판단에, 그의 이유에 대한 요구에, 적당한 설명을 구성하는 것에 대한 그의 감각능력에 감수(甘受)시키는 일이다. 누군가에게 이런저런 사정이 있음을 가르치는 것은 단지 그에게 그것을 믿도록 하려는 시도에 불과한 것이 아니다. … 가르치는 것은 더 나아가 우리가 또한 그로 하여금 … 그가 파악할 수 있는 범위 내에서 우리의 이유가 되는 바로 그런 이유에서 그것을 믿도록 시도하는 일을 포함한다. 가르친다는 것은 이렇

게 우리로 하여금 학생에게 우리의 이유들을 보여주도록 요구하며, 그렇게 함으로써 우리로 하여금 그것들을 학생의 평가와 비판에 맡기도록 요구한다.[8]

(1) 학교와 미적 가치

셰이버는 미적 표준이란 개인적이며 주관적이라고 주장한다. 그의 관점에 비중을 두어 볼 경우, 본원적인 아름다움이나 객관적 아름다움 따위는 없으며, 사회가 아름다움을 판단하기 위하여 단 하나의 표준 세트만을 지지해야 할 아무런 강압적인 이유도 없다. 교사는 학생들로 하여금 외형상 세련되고 의미상 보편적인 예술에 접하도록 해야 하겠지만, 결국에는 단지 우연한 예술적 선호에 불과한 것을 절대화하지 않도록 유의해야 한다. 셰이버는 미적 가치란 여러 사람들 간에 옳은 것을 표현하는 게 아니라, 자기 자신의 눈에 아름다운 것을 표현한다고 암시하고 있다. 미적 가치가 의무로서 지워진다고 생각되어서는 안 되며, 그것은 개인적인 취향의 문제이다. 학생들은 자신의 고유한 미적 가치를 세워줄 적절한 기반을 갖추기 위해서 여러 가지의 미적인 형태, 스타일, 기준에 대하여 학습할 필요가 있다. 그렇지만 아름다움에 대한 전통적 개념들이 도덕적 명령들과 결코 혼동되어서는 안 된다.

(2) 수단적 가치

미적 가치에 대해서처럼, 교사는 수단적 판단으로부터 도덕적 판단에로의 미묘한 변화를 경계할 필요가 있다. 즉 교사는 수단이 그 자체로서 목적이 되지 않는다는 점에 조심해야 한다. 학교와 교실의 규칙이나 절차는 교사와 학생들이 추구하는 학습과 기능상 관계있어야 한다.

모둠별 좌석 배치 패턴의 유지, 화장실에 가기 위한 '통행' 시스템, 지각에 대한 처벌, 순서를 무시한 발언에 의한 과실 등이 정당화될 수 있는 경우는 오직 그것들이 학습을 촉진하고 또한 존엄성에 대한 언질과 모순되지 않을 때에 한한다.

수단-목적 관계에 대하여 스스로 성찰하는 일은 교사로 하여금 불필요한 행동 통제를 늦추도록 장려해 준다. 더구나 수단적 가치들을 세밀하게 음미하는 일이야말로 학생들과 이런 가치들에 대해 토론해 나가는 일을 향하는 첫 번째 걸음이 된다. 수단적 표준들을 명백히 하고 정당화하는 것은 그것들이 하나의 공개적인 검열에서 통과할 수 있다는 점, 즉 대부분의 사람들이 신중하게 고찰한다면 그것들이 받아들일 만한 것임을 알 수 있다는 점을 시사한다. 분명한 이론적 근거로 무장한 채 학생들과 수단적 가치의 기능에 관해서 공개적으로 조사해 보는 일이 해당 교사에게는 덜 위협적이면서 보다 건설적일 것 같다. 자신의 가치들에 대해서 그리고 가치들 간의 관계에 대해서 분명한 교사는 그 가치들을 학생들과 공유하는 일이 보다 쉽다는 점을 깨닫게 된다. 수단적 가치에 대하여 견고한 이론적 근거를 가지고 있다는 사실이 학생들이 그런 가치들에 대해 결코 이의를 제기하지 않을 것임을 뜻하는 것은 물론 아니다. "다만 그것이 뜻하는 바는, 그러한 이의 제기가 큰 소리의 독설이 되거나 학교에서 보통 그렇듯이 고요한 중에 들끓는 대결이 되기보다는, 합리적인 수단-목적의 토론이 될 수 있다는 점이다."[9]

(3) 도덕적 가치

셰이버의 관점에 따르면 도덕적 가치는 으뜸을 이루기에, 그것은 가치교육에 있어서 미적 가치나 수단적 가치보다 더 우선적이다. 미적인 선택이 다른 것과 충돌하기 시작함에 따라, 도덕적 의문이 제의된다. 예를 들어, 한 교사는 학생들에게 그들의 저항에도 불구하고 자신이 훌륭하다고 알게 된 예술 작품들을 조사해 보도록 명령할 수 있다. 교사가 학생들에게 그 예술에 대해서 공부하도록 명령하는 것은 정당할까? 수단적 가치는 그것이 이바지하도록 예정된 도덕적 가치에 대해 궁극적으로 책임이 있다. 도덕적 원리들이 갖는 첫 번째 규칙의 지위는 모든 영역의 가르침에 적용되는 것으로서, 단지 시민교육에 대한 강조가 도덕적 가치를 특히 적절하게 만드는 영역들에서의 가르침에만 적용되는 데 그치는 것이 아니다.

2. 이론적 근거 정립의 실제

셰이버는 도덕교육을 위한 특유의 프로그램을 제안하는 데 애쓰지 않으며, 오히려 도덕 수업과 직접 관련된 몇 가지 기본적으로 고려할 사항들을 제의한다. 이 같은 고려 사항들은 가치 확인과 가치 명료화, 명칭 일반화, 가치 갈등 분석, 제한된 결정 내리기의 방법들을 포함한다.

1) 가치 확인 및 명료화

가치는 우리 행동의 구체화를 돕는다. 가치는 우리의 삶에 일관성과 적합성을 준다. 그러나 그것은 또한 부조화 및 모순을 야기하기도 한다. 우리가 주목한바 있듯이, 우리의 가치 묶음들-경제적, 미적, 도덕적, 수단적-은 서로에 대하여 긴장 상태에 있을 수 있다. 우리들은 일터에서는 질서와 능력을, 집에서는 자발성과 유희성을 존중할 수 있다. 우리는 인간 평등이라는 이상에 긍정하면서도 우리의 자녀들은 종교와 인종이 서로 같은 사람과 결혼하기를 기대한다. 우리는 법 앞의 평등을 지지하지만 동료들로부터 특별한 돌봄을 바랄 수도 있다. 우리의 가치들 간의 연결을 탐구하는 일이야말로 자각(自覺)과 자제(自制)를 향한 중요한 걸음이다. 우리는 가치란 무엇인가, 우리가 가치에 대해서 얼마나 강하게 느끼고 있는가, 가치가 전반적으로 어떻게 작용하는가에 대하여 스스로에게 물을 필요가 있다. 이 같은 자기 탐색은 똑같은 효력으로써 학생들에게 적용된다. 가치에 관한 언질을 알아내서 포장해 주는 것이 셰이버가 '가치 확인'이라고 부른 방법이다. 본질에 있어서 가치 확인은 제5장에서 논의되는바 가치 명료화와 유사한 과정이다.

가치들이란 흔히 서로 다툼이 있는 차원적 범주의 것이기 때문에, 셰이버의 틀에 있어서 그것들은 구체적인 선택의 상황 속에서 고찰되지 않는 경우 충분히 확인되거나 명료화될 수 없다. 예컨대 어느 학생이 '법의 평등한 보호'라는 이상을 하나의 핵심 가치로서 골라냈다고 보자. 이 가치가 의미하는 바는 무엇일까? 그것은 학생들이 인종적 무차별 대우를 성취하기 위해서 합승을 해야 한다는 것을 의미할까? 그것은 동성연애자들이 주택 공급과 고용 실행에 있어서 공정한 대우를 요구할 때 적용되는 것일까? '법의 평등한 보호'에 대한 누군가의 해석은 단순하지도 않고 정적(靜的)이지도 않다. 결정적인 것은 교사가 학생들로 하여금 가치에 대한 피상적인 확인을 넘어서도록 돕는 점이다.

2) 명칭 일반화

셰이버의 주장에 따르면 민주주의 사회에서 도덕교육은 학생들에게 기초적인 민주적, 도덕적 규범의 맥락에서 자신의 가치를 바라보도록 훈련해야 한다. 특정한 가치 쟁점을 일반의 법적-도덕적 틀 안에 정돈하는 방법이 명칭 일반화라고 불린다.

여기서 셰이버는 학생들이 가치 갈등을 미국 연방헌법 속에 단언된 원리들의 관점에서 바라보도록 도움 받아야 한다는 점을 제안한다. 그는 공공의 논쟁이나 교실 안에서 일어나는 가치 갈등에의 큰 관심에 비하여 개인적인 가치 갈등(이를테면 사랑과 일 사이의, 의존과 자주 사이의, 자아실현과 가족에 대한 책임 사이의 갈등)에 대해서는 별 관심이 없다. 교사는 학생들로 하여금 자신들의 소박한 가치 개념을 민주적 정부의 근원적인 교훈에 관련시키도록 가르칠 필요가 있다.

셰이버는 사람들이 자신의 가치를 구체적인 상황에 적용하면서 사용하는 비공식적 어휘가 법적 및 도덕적 담화 중의 공식적 어법과 종종 전혀 다른 것처럼 보인다는 점을 잘 알고 있다. 다만 그는 이런 다름이 대개는 실재적이라기보다 외견상의 것이라고 암시한다. 예를 들면, 아동들이 놀이 중에 및 수업 중에 발달시키는 '공정함'이라는 관념에 대하여 고찰해 보자. 가장 뛰어난 학생 선수들이 모종의 음모에 의해서 같은 팀으로 배열된 운동장의 경기에 대하여, 누군가 "그건 공정하지 않아."라고 말할 수 있다. 혹은 "그건 공정하지 않아."라는 말이 어떤 팀을 냉대하는 심판에게 항의하기 위하여 호소될 수도 있다. 셰이버는 여기서 공정함이라는 관념이 법 앞에서의 평등한 대우라는 정치적-법적 개념을 닮았다고 진술하고 있다. 마찬가지로 어른으로부터 침묵을 강요받을 때 "나는 내가 원하는 바를 말할 권리가 있어요."라고 항변하는 아동은 언론의 자유라 불리는 하나의 가치를 호소하고 있는 셈이다. 민주주의에 관한 도덕적 가치들은 그 안에서 많은-대부분까지는 아닐지라도-개인 간의 가치 쟁점들이 분석될 수 있는 어떤 틀을 제공해 준다.

명칭 일반화가 과단성 있는 이유는 그것이 학생들로 하여금 민주적 공동체에 관한 도덕적 언어에 유창하게 되도록 돕기 때문이다. 그것은 학생들에게 토론과 의사 결정에 대한 일반적인 길을 열어준다. 셰이버의 말을 살펴보자.

> 학생들로 하여금 기본적인 가치 의미를 지닌 명칭들을 사용해 보도록 돕는 일은 몇 가지의 관련 교육적 및 사회적 기능에 이바지한다. (1) 그것은 가치 확인 및 명료화를 위한 기초를 제공한다. (2) 그것은 학생들이 자신들의 투박한 언질을 사회의 기본적 가치들과 관련시킬 때 그들에게 보다 강력한 개념 도식을 준다. (3) 그것은 학생들에게 분석, 토론, 설득에 알맞은 보다 강력한 가치 언어를 준다. (4) 그것은 뉴스 시사해설가, 정치가, 법률가와는 달리 자신의 사고와 논쟁에 있어서 그런 용어를 자주 사용하지는 않을 사람들 사이에, 기본적 가치 수준에서 전국적인 가치 어휘를 보증하도록 돕는다. 요컨대 명칭 일반화의 과정이 중요한 이유는, 그것이 학생들 자신의 가치 어휘 및 개념 도식의 발달을 보다 광범하고 보다 강력한 기본적 가치들과 관련시키기 때문이다.[10]

명칭 일반화의 과정이 의미 있게 되는 교실 토론의 한 예로서, 근래의 사건에 관한 교훈에서 얻은 다음의 가설적 내용을 살펴보자.

문제 다음 부문을 읽으면서 '공정'(fairness)이라는 가치에 초점을 맞추시오.

내가 9학년 홈룸 시간에 읽어준 보도 기사 내용은 다음과 같다. 어떤 백인 대학생이 로스쿨에 입학을 거절당했는데, 이유는 그 학교가 갖고 있는바 소수 민족 출신 학생들에 대해서 입학 우선권을 부여하는 '할당' 제도 때문이었다. 그 백인 학생은 자신의 입학 자격 점수가 실제로 입학 허가를 받은 흑인 학생의 그것보다 더 높았기에 학교를 상대로 소송을 제기하였다.

"너의 반응을 얘기해볼래?" 하고 내가 물었다.

딕 시몬스는 이를 드러내고 싱긋이 웃으며 말했다. "그 백인 젊은이는 이제 그게 어떤 일인지 알지요. 시기에 대해서도 그렇고요."

"무슨 뜻이지?"

"다 아시잖아요. 버스 뒤쪽으로 간 다음에 춤이라도 춰요? 목 빠지게 기다리면 그에게는 좋겠군요. 어쩌면 그게 그의 인물을 세워주겠죠?" 딕의 목소리는 질질 끌며 빈정거리는 투였다.

나는 교실을 대강 훑어보았다. 죠니 앤더슨의 얼굴은 노여움으로 핑크빛이었다. 그녀가 손짓하며 불쑥 말을 꺼냈다.

"나는 그것이 공정하지 않다고 생각해요. 제 말씀은, 음"

"공정이라고!" 딕이 외치듯 말을 가로막았다. 그리고 책상 주위를 흔들며 말했다. "내게 공정에 대해서 말하려는 거야? 그래? 너는 백인들이 노예 무역선을 보내면서도 공정성에 대해 말했다고 생각하는 거니? 대농장에서 흑인들을 일 시킨 것이 공정이었니? 가족들을 해산시킨 것은? 흑인 여성들을 괴롭힌 백인 고용주들은? 투표권이 거부된 것도 공정이었을까? 주택, 식당, 학교의 격리 문제는?" 딕은 문제들을 내걸어 놓고서는 자신의 관점에서 몰아쳤다. "이봐, 너희는 우리에게 빚진 거야. 그리고 빚을 청산하는 데 익숙해져 있지."

조우 셰리단은 손을 드는 수고조차 하지 않았다. "딕, 됐어. 죠니는 네게 빚진 게 아무 것도 없어. 나 역시 그렇고. 그 누구도 누군가에게 빚지지 않았어. 그게 내 생각이야."

딕의 냉소는 차갑고 인습화된 것이었다. "사백년 동안 찔렀잖아? 그게 너희가 이 나라에서 흑인들에게 빚지고 있는 점이라고." 그의 주먹은 흑인 세력의 움켜쥔 상징이 되어 위로 올라갔다. "너희가 시계를 되돌리지는 못해."

힐책은 딕의 목소리에서 절대 명백하였다. 나는 "그건 틀림없다."고 말하였다. "백인들은 시계를 되돌릴 수 없고 흑인들 역시 그렇단다. 그것이 우리 역사의 쓰라린 면이지. 그렇지만 그건 또한 위대한 면도 되는데, 왜냐하면 그것이 지난 몇 년 동안에 우리가 얼마나 멀리 참으로 변해왔는지를 우리에게 보여주고 있기 때문이야."

"흑인들은 도처에서 생사의 갈림길에 있어요."하고 딕이 말했다.

나는 어깨를 들썩이며 말했다. "자, 우리가 토론해온 이 뉴스 기사를 보렴. 우리가 10년 혹은 15년 전에는 이런 종류의 이야기를 할 수 없었던 이유도 생각해 봐라."

딕의 눈이 노여움으로 찼다. "선생님은 이유를 아세요? 흑인들은 시합을 즐기는 방법에 대해서 아직 배우지 못했거든요."

"너도 점수를 얻을 수 있을 거야"라고 내가 인정해 주었다. "아마도 그것이 몇몇 백인 정치가들을 납득시킨 점이다. 다만 죠니나 조우 같은 평범한 사람들은 어떨까? 나는 어떨까? 너는 우리의 입장을 없애버리는 것이 우리로 하여금 흑인 운동을 지지하도록 장려하리라고 생각하니?"

딕은 내 물음을 숙고하는 듯이 잠시 동안 침묵에 빠졌다. 나는 "이제 공정이라는 가치에 대하여 의논해 보자."하고 부언하였다. "어쩌면 이런 종류의 토론이 우리로 하여금 미래의 우리 자신을 위하여 일을 충분히 활용하도록 도울 수 있을 거야."

활동하기 토론에 참여한 딕과 다른 학생들은 '공정'이라는 가치에 대하여 서로 다른 의미들을 가진 것으로 보인다. 당신은 다양한 정의들-이를테면 정의로움, 기회의 평등, 응보-을 확인할 수 있는가, 그리고 그것들은 누구에게 적절한가? 당신은 학생들로 하여금 자신들의 언질을 확인하고 명료화하도록 그리고 그것들을 기본적인 가치 명칭과 관련시키도록 돕기 위해, 이 학급에서 어떻게 일을 진행해 나가겠는가?[11]

3) 가치 갈등 분석

도덕적 판단은 가치 갈등을 동반하게 마련이다. 하나의 도덕적 가치에 입각한 행동의 결과들을 살펴볼 경우, 당신은 또 다른 도덕적 이상이 포함되어 있음을 어김없이 알게 될 것이다. 학생들은 자신이 내릴 도덕적 결정의 함축적인 의미, 있음직한 결과에 대하여 심사숙고할 때, 도덕적 개념들을 절대적 구성이라기보다는 차원적 구성이라고 생각할 필요가 있다. 즉 학생들은 도덕적 가치에 대하여 전부 아니면 전무의 계율로서 다루기보다는 하나의 연속선을 따라 있는 바람직한 조건들의 정도로서 다루기를 배워야 한다. 예를 들어, 당신은 언어상의 자유를 소중히 함에도 불구하고 그 표현에 대해서 제한하는 것을 인정할 수 있다. 누가 사람들로 꽉 들어찬 극장 안에서 장난으로 "불이야!"하고 외칠 권리를 지지한단 말인가? 마찬가지로 당신은 과반수의 규칙이라는 표준에 긍정적이면서도 소수의 권리를 보호할 필요가 있다는 점을 인정할 수 있을 것이다. 또 당신은 자유 시장을 신뢰하지만 정부의 지원을 받는 오염 반대 법안이나 자택 거주자 대부금을 지지할 수도 있다. 가치에 대한 언질은 좀처럼 순수하거나 절대적이지 않다. 다만 한 가치는 다른 가치에 대하여 어떤 근거를 산출할 수 있으며, 그럼에도 불구하고 그 기본적인 의미를 보존할 수 있을 것이다.

셰이버는 교사가 교실에서 자주 가치 딜레마를 능숙하게 다룰 필요가 있다고 주장한다. 특히 동질성이 강한 교실의 경우 다원주의의 여건들이 의도적으로 제공되어야 한다. "색다른 관점들을 이끌어 내기 위하여 아마도 당신은 악마의 대변인[12] 입장을 취하거나 또는 학생 역할놀이, 영화, 보조 독본 등을 활용하여야 할 것이다."[13] 학생들은 만일 갈등이 있지 않거나 환기될 수 없다면 가치 갈등을 처리하는 일을 배울 수 없다.

비록 이론적 근거 정립 모형에서 셰이버가 가치 갈등을 분석하기 위해 어떤 완전한 절차를 산출해 내지는 않고 있지만, 그가 다른 문맥에서 제안한 하나의 전략이 가치 갈등과 주요하게 관련이 된다. 그게 바로 비슷한 사례의 활용이다. 셰이버가 올리버(Donald Oliver)와[14] 함께 저작한 『고등학교에서의 공공의 쟁점 가르치기』(Teaching Public Issues in the High School)에서, 비슷한 사례의 역할이 밝혀지고 있다.

> 유추(類推)들을 구성하는 목적은 맞상대로 하여금 자신이 주견 없이 반동하는 많은 비슷한 상황들을 비교해 보도록 강요하는 데 있다. 이 비교가 유익하게 되려면, 상황들은 양자 모두 지지될 것 같으면서도 서로 충돌하는 가치들을 받아들여야 한다. 예컨대 우리들 중 대부분이 미국 혁명기 동안 미국에서의 영국 식민지 개척자들의 활동을 지지하는 데 반하여, 미시시피 지역에서 흑인들이 행한 그와 맞먹는 행동을 지지하는 이는 거의 없다. 설사 쟁점이 비슷하더라도 말이다. … 사람들은 이제 하나의 입장을 바꾸도록 강요되거나 아니면 두 개의 겉으로 비슷한 사례들을 구별하는 기준을 모색함으로써 외견상의 모순을 합리화하도록 강요된다.[15]

비슷한 사례들을 요구하는 것은 어떤 가치 갈등에 있어서 문제시되어 있는 원리들을 초점에 맞추기 위해 중요하다. 학생들은 가치 쟁점들을 기본적인 민주주의 규범들의 관점에서 바라보고, 이 규범들을 복잡한 상황 속에서 일관되게 적용할 수 있어야 한다.

4) 제한된 결정 내리기

가치들이 충돌하는 두 개의 상황을 구별시켜 줄 기준이나 원칙을 찾는 일은, 어떠한 사정에서 어느 한쪽의 가치에 대하여 우선권을 부여할 것인지를 진술하는 제한된 결정이 되게 마련이다. 단언적인 가치 판단을 내리기보다 제한된 가치 판단을 내려야 할 필요성은 가치를 차원적 개념으로 다루어야 한다는 요구에서 커진다. 제한된 결정이란 "지지할 예정인 정책이나 행동의 있음직한 부정적 결과들을, 그리고 자신이 그 아래서 마음을 바꾸거나 다른 가치를 지지할 수도 있는 형편들을 고려하는 결정"을[16] 이른다. 일반적인 제한된 입장을 지향하는 작업 과정은 다음의 예를 통하여 설명되고 있다.

> 서부 해안에 거주하던 일본계 미국인들은 1941년의 진주만 공격 직후에 강제적으로 분산 배치되었다. 우리가 모든 시민에게 보증된 어떤 자유들 간의 가치 갈등-이 사례의 경우 지역사회 내지 국가의 안보와 비교하여, 법 아래서의 정당한 절차에 대한 권리-을 그 상황에 비추어 생각하면서, 이러한 격리 수용을 지지한다고 가정하자. 그리고 우리의 입장을 뒤집는 하나의 유추에 대해 생각해 보자. 지역사회 내에 일본계 미국인 다섯 명이 있다고 가정하자. 한 명은 살인을 범한 것으로 목격된다. 멀리서 이 모습을 관찰한 목격자들이 알고 있는 것은 단지 살인자가 동양인의 신체적 특징을 가졌다는 점뿐이다. 지역사회의 안전을 지키기 위해서 동양인의 신체적 특징을 가진 다섯 명 모두가 감금되어야 할까? 우리는 대부분 "아니오."라고 대답할 것이다. 그러나 그것은 공동체의 안전 대(對) 정당한 절차의 부정과 동일한 딜레마이다. 우리는 이 같은 불일치를 어떻게 설명할까? 우리는 국가나 지역사회의 '안전'이 두 가지 다른 의미를 갖는다고 말할 수 있다. 일본인들의 격리 수용에 대한 경우에, 우리의 기본권을 보증하는 정부의 법적 틀은 위협받았다. 살인에 대한 경우에는, 증거 부족을 이유로 모든 용의자들에게 석방을 허락함으로써 몇몇 시민들의 생명이 위태롭게 된 반면에 정부 자체는 위협받지 않았다. 우리는 이제 하나의 일반적인 입장에 이르고 있다. 즉, '정부가 시민들의 기본권을 정당하게 부정할 수 있는 것은 오직 기본권 보호에 전념을 다하는 정부 자체가 파괴의 위협을 받는 때에 한해서이다. 그렇지 않은 때의 그 같은 행동은 그릇된 것이다.' 이 입장이 누군가가 반대 입장을 설득력 있게 주장하면서 다른 방식으로 그것을 정당화할 수 없다고 말하는 것은 아니다.[17]

셰이버 이론에서의 '제한된 일반적 입장'이 뜻하는 바는 가치 분석 이론에서 '가치 결정에 함축되어 있는 원리를 진술하기'에 대하여 칭하는 것(제6장 참조)과 본질적으로 맞먹는다. 양자 모두 실제적인 관점에서는 존엄성이라는 이상조차도 타협을 통해서 얻은 가치들의 혼합 내지 균형으로서 표현된다고 강조한다. 예를 들어, 개인의 존엄성에 대한 존중은 자유와 평등의 가치들 속에서 반영된다. 그럼에도 불구하고 특수한 상황에서 존엄성의 전체적인 표준은 이들 두 가치 간의 일종의 타협을 표현할 수 있다. 제한된 입장에 이르는 것, 이론적 근거 정립 모형의 용어들을 사용하는 것은 하나의 가치를 다른 가치보다 더 적절하게 만들어주는 특별한 조건들 위에서 표준점을 맞추고 그 조건들을 하나의 일반적인 명제 내지 정책 성명의 형식으로 진술하는 일이다. 바꾸어 말하면, 학생들은 그저 단 하나의 가치로부터 하나의 결론을 추론하지는 않는다. 그들은 이끌어낸 결론이 어떻게 경쟁하는 가치들 간의 타협을 묘사하고 있는지를 보여주어야 한다. 그러므로 "정치 혁명은 그릇된 것이다."와 같은 전체적인 판단에 이르는 대신에, 학생은 다음과 같이 결론을 내릴 수 있을 것이다. "주요한 정부 세력이 시민들 간의 불평등을 줄이기 위해 성공적으로 작용할 때는 반드시, 그리고 그런 불평등이 마침내 제거되려는 현실적인 기회가 있을 때는 반드시 정부의 합법적인 틀 안에 머무르는 것이 낫다."[18] 아니면 그 학생은 "나는 언론의 자유를 신봉한다."라는 일반화에 멈추지 않고, "언론의 자유는 이 같은 자유가 다른 사람들에게 폭력을 야기할 명백하고 현존하는 위험을 나타낼 때를 제외하고는 모든 경우에 보장되어야 한다."고 결정할 수 있을 것이다.

가치 교육에 있어서 셰이버가 보여준 초기의 노력이 '법률학적' 접근이라고 불렸던 것은 우연의 일치가 아니다. 왜냐하면 민주주의의 가치들을 기초로 하여 하나의 제한된 결정에 이르는 과정이 판사가 하나의 사건에 대한 판결에 이르기 위해 통과하는 과정과 유사하기 때문이다. 또한 셰이버는 흔히 법적인 판례들이 새로운 상황에 비추어서 개정될 필요가 있는 것과 꼭 마찬가지로, 학생들은 자신의 입장이 원래 잠정적이라는 점을 깨달아야 한다고 강조한다. 인간 존엄성이라는 본원적인 원리가 변화되기 쉬운 것은 아니지만, 그 원리의 특별한 구체적 표현들은 변화되기 쉽다. 학생들은 재판관처럼 열린 마음을 유지할 필요가 있다.

5) 도덕교육의 정의적 또는 비언어적 측면

민주주의 사회에서의 가치교육은 학생들로 하여금 가치 갈등을 평가하고 해결하는 데 필요한 분석 틀을 발달시키도록 돕는 일을 포함한다. 다만 교사는 또한 학생들이 민주주의의 신조에 대하여 정서적으로 전념하도록 촉진시킬 의무가 있다. 셰이버의 관찰에 의하면 정서적 전념이 어린 시절에 형성되는 경향이 있는 이상, 초등학교에서 학습활동은 도덕적 가치의 본질적 입장을 민주적 내지 경험적인 방식으로 예시하도록 설계되는 것(이를테면, John Peter Zenger의[19] 자유로운 출판 에피소드를 극화하는 일)이 특히 중요하다. 어린 아동들이 가치 판단을 위하여 어떤 추상적인 이론적 근거를 정립하는 데는 힘이 부칠지도 모른다. 그러나 셰이버의 지적에 따르면 학생들이 단지 논리적으로 표현된 토론을 통해서 도덕적 가치들을 배우는 것은 아니다. 예를 들어 교사가 학생들에 대하여 자신들의 숙제를 이해하는 데 서로 도움을 준 일을 칭찬한다면, 아동들은 협동 학습을 존중하게 될 수 있을 것이다. 또는 교사가 모든 사람의 견해를 존중하여 경청하는 것을 일관되게 경험하는 학생들은 역시 그렇게 실행할 것이다. 교사는 어린 아동들에게 어떻게 하면 공정하게 되는지에 대하여 구체적인 방법으로 보여줄 필요가 있다. 왜냐하면 아동들은 정의에 대한 보편적 원리들을 파악할 수 있기 이전에 특정한 상황의 행동 규칙들을 배우는 듯이 여겨지기 때문이다. 줄서서 자신의 차례 기다리기, 말하기 전에 먼저 손들기, 대청소 의무 분담하기, 욕설 삼가기 등과 같은 규칙들은 아동들 자신의 행복을 위해서 중요하다고 생각될 수 있다. 설사 그들이 이러한 규칙들이 갖는 추상적 정당화에 대해서 완전히 이해하고 있지 못하더라도 말이다. 결국 셰이버는 도덕교육의 목적이 자주적인 도덕적 사고를 발달시키는 데 있다고 강조한다. 다만 도덕적 영역 안에서도 어린이들은 달릴 수 있기 전에 걷기를 배운다. 이를테면 그들은 관용이라는 개념을 배우기 이전에, 또래들과 다툴 때 또래들을 때리지 않는 것을 배운다. 셰이버는 이처럼 습관 훈련이 아주 어린 아동들을 교육하는 데 있어서 행하는 보조적 역할에 대하여 둔감하지 않은 셈이다.

3. 요약 및 평가

도덕교육에 대한 셰이버의 접근은 교사가 민주주의 사회의 본질, 민주주의 사회에서의 교사의 역할, 가치의 본질에 대하여 이해할 필요가 있음을 강조한다. 그는 교사들이 일반적으로 교육적 결정을 내리기 위한, 그리고 특히 민주적 시민성에 관한 개념과 기술을 가르치기 위한 이론적 근거를 정립하도록 돕는 데 관심이 있다. 그는 도덕교육을 위한 절차에 대하여 하나의 논리를 세우면서도 그 어떤 교육학적 청사진도 제공하고 있지는 않다. 교사는 학생들로 하여금 가치의 확인, 명료화, 분석 그리고 가치 갈등을 위한 민주적 틀을 개발할 수 있도록 도와주어야 한다. 결국 가치 쟁점에 대한 학생들의 접근은 교사의 그것만큼이나 명백하고 조리가 서야 한다.

셰이버 모형의 강점은 민주주의 이론을 도덕교육의 실제와 연계시킨 점에 있다. 여느 다른 접근법도 민주주의적 가치와 교육을 위한 그 함축적 의미를 이처럼 깊게 분석하지는 않는다. 이론적 근거 정립 틀은 우리로 하여금 도덕교육이 왜 그렇게 중요한지를 알도록 도와주며, 이 같은 교육이 민주적 환경 속에서 지녀야 할 전반적인 방향에 대하여 제안한다.

셰이버 연구의 전체적인 건실함에도 불구하고 그 모형 속의 몇 가지 요소들은 정제될 필요가 있다. 그의 '수단적 가치' 개념의 사용은 쓸 데 없이 혼란스러워 보이며, 도덕적 가치에 대한 '개인적 선호' 수준의 정의는 막연하고 오해의 여지가 있다. 보다 근본적으로는 셰이버가 자신의 모형과 인지 발달 이론의 통합을 제의하면서도, 그는 교사가 합리적인 토론을 보충하기 위해서 모델링과 행동 강화라는 간접적이고 비언어적인 기술에 의존해야 한다고 제안하는 것 외에는 어떻게 자신의 접근이 초등학교 아동들에게 적용될 수 있는지에 대해서 낱낱이 밝히고 있지 않다. 셰이버의 주장에 의하면 자신이 하나의 교수법을 해명하는 데 우선적인 관심이 있는 것은 아니지만, 그런 관심이 적어도 어린이들을 위한 수업에 대해 토론하는 데 있어서 쓸모 있기는 하다.

셰이버는 자신의 수단적 가치에 대한 정의가 정통이 아님을 인정한다. 전통적으로 수단적 가치는 목적이나 근본적 가치와 구별되어 왔으며, 미적 가치 및 도덕적 가치와 구별되어온 것은 아니다. 전통적 관점에서 볼 경우 수단적 가치라는 부류가 미적 혹은 도덕적 가치라는 부류를 배제하지는 않기에, 수단적 가치는 미적 혹은 도덕적 표준이 될 수도 있다. 예컨대 대칭, 균형, 조화 등은 미적 가치이자 도덕적 가치로 이해될 수 있는데, 왜냐하면 그것들은 미적 원리를 나타내면서 나아가 아름다움이라는 더 큰 목적을 채우기 때문이다. 일반적인 어법에 따르면 어떤 수단적 가치를 정의 내리는 것은 그것의 다른 가치에 대한 기능이지 그것이 적용되는 (미학이나 도덕과 같은) 특별한 경험의 영역이 아니다. 수단적 가치란 일반적으로 방법으로서 - 어떤 특별한 종류의 방법이 아니라 - 간주되고 있다.

셰이버는 수단적 가치를 독립된 범주의 것으로 생각하고 있는데, 이유는 그런 구별이 교육에 있어서의 가치 쟁점들 간의 차이를, 그리고 미적 및 수단적 가치에 대하여 도덕적으로 설명하려는 경향을 보다 예리하게 초점에 맞추기 때문이라고 한다.[20] 그렇지만 셰이버의 개념은 그것이 명료화하는바 이상의 것을 혼동할 수 있다. 그는 민주주의 기풍 안에서는 모든 가치들이 동시에 도덕적이며 수단적이라고 주장한다.[21] 도덕적 가치들의 연속에 있어서 '개인적 선호' 쪽 끝을 지향하는 도덕적 가치는 분명히 중간 수준 및 기본적인 가치들과 관련된 수단적 역량에 이바지한다. 독자들은 그러므로 수단적 가치, 도덕적 가치, 도덕적-수단적 가치, 개인적 선호, 중간 수준, 기본적인 도덕적 가치의 범주들에 대해 요술부리듯 능란해야 한다. 왜 좋은 성품이나 옳은 행위에 속하는 모든 가치들을 도덕적 가치라고 생각하면 안 되는 것일까? 수단적인 도덕적 가치는 그렇다면 정직, 용기, 자비, 협력 같은 가치들을 포함할 수 있는데, 사실 이것들은 정의와 박애라는 근본적인 가치들로부터 나온다. 이 점이 셰이버 입장의 실체를 바꾸지는 않겠지만, 그의 용어를 보다 다루기 쉽도록 만들 수는 있을 것이다.

셰이버가 도덕적 가치를 다루는 일은 또한 '개인적 선호' 가치와 '개인적 취향 문제' 간의 관계를 명백히 함으로써 개선될 수 있을 것이다. 한편으로 셰이버는 도덕적 가치란 결코 단지 취향만을 고려하는 문제로 요약될 수 없다고 주장한다. 그에 따르면 "도덕적 가치는 윤리적 결정을 정당화하고 판단하는 데 이용되며 다른 사람들에게 영향을 주기 때문에, 도덕적 표준이 단지 개인적 취향의 문제에 그치는 것은 아니다."[22] 이에 반하여 셰이버는 한 부류의 도덕적 가치('가장 덜 중요한')를 '개인적 선호'라고 규정짓는다. 이런 가치들에 대한 표현법은 아마도 "나는 정말로 …을 더 좋아한다."와 같은 어법에 의해 우선될 것이다. 셰이버는 개인적 취향과 개인적 선호 사이의 차이가 정확히 무엇인지에 대하여 결코 명확히 하지 않고 있다. 양자 모두 객관적인 특성보다 심리적인 특성을 반영하는 듯하다. 즉 각각은 고려중인 실제나 행동에 대해서보다 개인의 감수성에 대해서 더 언급한다. 어떤 근거에서 고독이나 청결이 도덕적 가치라고 생각될 수 있을까? 셰이버의 암시에 의하면 그것들은 우리가 그것들을 다른 이들을 지향하는 우리의 행동을 정당화하는 데 쓸 때에 도덕적 가치로서 소용이 된다. 다만 그 경우에 있어서 고독이나 청결은 개인 상호간의 것이 되며, 단지 주관적인 표준으로 되는 데 불과한 것이 아니다. 사람은 청결'해야' 한다고 말하는 것은 청결이 그 자체로서 좋은 것이라는 점, 그리고 그것이 단지 개인적인 좋아함 또는 싫어함의 문제에 불과한 것이 아니라는 점을 의미한다. 셰이버는 그렇지 않다는 본인의 주장에도 불구하고, '개인적 선호' 수준에 입각한 도덕적 가치의 근거와 개인적 취향의 개념을 혼동한 것 같다.

이 같은 내면적 모순에 관한 요소들에 더하건대, 셰이버의 모형은 인지 발달주의의 관점에서 볼 때 의문이 제기될 수 있다. 셰이버는 아동들의 경우 그 나이에서 추상적 개념에 적합한 솜씨에는 한계가 있다는 점에 관한 발달주의자들의 경고를 인정한다. 그리고 주목했던 것처럼 그는 예화나 행동 통제를 통해서 가르치기와 같은 도덕교육의 비언어적 형태에 대하여 적지 않게 열중한다. 그러나 셰이버는 보기에 초등학교 아동들의 인지적 범위를 과소평가한다는 이유로 콜버그에 대하여 비판적이다. 셰이버의 진술을 보자. "몇몇 사람들은 만일 학생들이 도덕적 추론에 의해 자신의 수준보다 한 단계 이상에 직면하게 되는 것이 낭패－콜버그의 암시처럼－라면, 단계 5의 이론적 근거에 입각한 결정을 가르치는 일은 부적당하며 반(反)생산적이기까지 될 수 있다고 주장해 왔다. 우리는 이에 반하여, 많은 사람들이 단계 5와 단계 6에 이르지 못하는 이유는 학교가 도덕 발달을 촉진하는 환경을 제공하지 않기 때문이라고 주장할 수 있을 것이다."[23]

셰이버의 논의는 몇 가지 쟁점을 혼동하고 있다. 첫째, '단계 5의 이론적 근거에 입각한 결정을 가르치는 일'이 무엇을 의미하는지 명확하지 않다. 생각건대 성숙하고 반성적인 어른으로서 교사라면 자신의 도덕적 결정이 단계 5의 원리에 입각하도록 노력할 것이다. 콜버그는 이에 거의 의견을 달리하지 않을 것이다. 사실 인지 발달주의는 교사가 아동들을 정당하게 대할 수 있는 것은, 오직 그가 아동들의 요구를 체계적이고 포괄적으로 이해할 때에 한한다고 주장한다. 둘째, 콜버그는 학교가 단계 5와 단계 6을 향하도록 도덕 발달을 촉진하는 환경을 제공하지 않는다는 셰이버의 주장에 진심으로 동의한다. 근래에 다수의 콜버그의 저작물들은 학교의 정의 구조를 개선하는 일이 학생들의 도덕적 추론에 실질적인 영향을 줄 수 있음을 보여주려고 시도해 왔다(제7장 참조).

셰이버에 있어 논쟁의 원인은 무엇일까? 콜버그에 대한 그의 비판에 함축되어 있는 바는 어린 학생들은, 만일 그들이 그렇게 하도록 가르쳐지기만 한다면, 단계 5에서 활동하기 – 아마도 추상적 용어로 미국 헌법에 대하여 사색하기 – 를 배울 수 있다는 제안이다. 셰이버는, 만약 우리가 도덕교육의 목표에 대하여 진지하게 전념한다면, 구체적인 상황에서 가치 추출하기, 유사하게 추론하기, 일관된 표준을 공식화하기, 제한된 일반적 견해 개발하기의 과정 – 단계 5의 사고를 요구하는 과정 – 이 초등 및 중등 학생들을 위한 교육과정의 일부가 될 수 있음을 암시하는 듯하다. 이는 맞는 것으로 생각되지만, 셰이버는 사춘기 이전의 아동들이 추상적 추론을 배울 수 있는 특정의 방법에 대해서는 거의 설명하지 않고 있다. 그는 자신의 주장을 지지해줄 그 어떤 증거물도 제공하지 않으며, 무리한 자료는 그 타당성에 있어서 의혹을 품게 한다. 셰이버의 교수법이 아동들에게 적용될 수 있는 방법은 여전히 막연한 채로 남아있다.

우리는 셰이버의 이론에서 명료함 내지 지지가 결여된 약간의 영역에 대하여 지적하였다. 그럼에도 불구하고 이론적 근거 정립 모형은 도덕교육의 프로그램을 위한 하나의 확실한 틀을 제공해 준다. 셰이버는 가치의 본질, 민주주의의 원리, 민주적 시민성의 분석적 요구에 대해서 조리 있고 예리하게 설명한다. 도덕교육을 위해 이처럼 광범한 맥락을 설정하기 때문에, 동 모형은 후속 접근법들을 위한 출발점으로서 잘 활용되고 있다.

3장 이론적 근거 정립 모형 미주

1 James Shaver & William Strong, *Facing Value Decisions : Rationale-Building for Teachers* (Belmont, Calif. : Wadsworth, 1976).

2 Ibid., p.15.

3 Thomas F. Green은 현재 미국 뉴욕 주에 있는 Syracuse University의 명예교수이다. 1975년에 미국교육철학회장을 역임하였으며, 주요 저서로 『The Activities of Teaching』(1971), 『Predicting the Behaviour of the Educational System』(1980) 등이 있다. - 역자 주

4 Thomas Green, *The Activities of Teaching* (New York : McGraw-Hill, 1971), p.47.

5 Shaver & Strong, *Facing Value Decisions*, p.22.

6 Ibid., p.25.

7 Israel Scheffler(1923~)는 미국의 과학철학자요 교육철학자로서 하버드대학교 교수를 지냈다. 미국과학철학회 회장을 역임하였으며, 대표적인 저서로 『The Language of Education』(1960), 『The Anatomy of Inquiry』(1963), 『Worlds of Truth』(2009) 등이 있다. - 역자 주

8 Israel Scheffler, *The Language of Education* (Springfield, Ill. : Charles C. Thomas, 1960), pp.57-58.

9 Shaver & Strong, *Facing Value Decisions*, p.93.

10 Ibid., pp.101-2.

11 Ibid., pp.112-13.

12 Devil's advocate(악마의 대변인)는 원래 성인(聖人)의 후보자에 대하여 이의를 제기하는 사람을 뜻하는 종교적인 용어로 많이 쓰였다. 흔히 어떤 사람의 약점만을 강조하여 트집을 잡는 사람 내지 그런 일을 의미한다. - 역자 주

13 Shaver & Strong, ibid., p.103.

14 Donald W. Oliver(1929~2002)는 미국의 교육학자이며 하버드대학교 교수를 지냈다. 문화이론의 개발, 인간 경험의 체계적 연구 등에 관심이 컸으며, 『Education, Modernity, and Fractured Meaning』(1989) 등을 썼다. - 역자 주

15 Donald Oliver & James Shaver, *Teaching Public Issues in the High School* (Boston : Houghton Mifflin, 1966), p.128.

16 Shaver & Strong, *Facing Value Decisions*, p.104.

17 Oliver & Shaver, *Teaching Public Issues*, p.129.

18 Ibid., p.128.

19 John Peter Zenger(1697~1746)는 식민지 시절 미국의 출판업자이자 저널리스트였다. 그는 1733년 자신의 신문에 당시 영국 출신의 뉴욕 총독 William Cosby의 폭정에 항거하는 글을 썼다가 비방 죄로 기소되었다. 이듬해에 투옥되었다가 1935년에 결국 무죄로 석방

되었다. 미국에서 출판의 자유와 관련하여 자주 인용되는 인물이다. - 역자 주

20 Shaver & Strong, *Facing Value Decisions*, p.22.

21 Ibid., p.44.

22 Ibid., p.25.

23 Ibid., p.132.

고려 모형

이론적 근거 정립 모형은 도덕교육에 있어서 이성과 판단의 중요성을 강조하였다. 셰이버가 도덕 발달에 있어 정의적 영역의 역할에 대하여 논하였지만, 정서(情緖)는 분명히 그의 접근법에 있어서 인지(認知)의 뒷전에 자리하였다. 이 장에서 우리는 도덕적 감정이 전면에 그리고 중심에 있는 도덕교육의 한 접근법을 다루게 된다. 영국에서의 학교 도덕교육 교육과정 프로젝트(Schools Moral Education Curriculum Project)에 기초하면서, 맥페일(Peter McPhail)과[1] 그의 동료들은 라이프라인(Lifeline) 시리즈—이는 영국식 버전과 북미식 버전으로 출판되었다—를 저술하였다. 라이프라인에 대한 교사들의 지침은 고려하기 학습(Learning to Care)이라는 표제를 달고 있다.[2] 맥페일의 주된 관심은 판단보다 주의에 있다.

라이프라인 시리즈의 목적은 너무 광범해서 꼭 집어 말하기 어렵다. 맥페일의 프로그램에서 도덕교육은 가장 넓은 기초에 근거하여 도덕을 총체적인 인성 및 사회 구조의 부분으로서 다룬다. 맥페일의 관점에서 도덕교육은 규칙과 금지사항을 분석하는 일로 요약되어서는 안 된다. 오히려 그것은 자신과 다른 이들에 관련된 한 인간의 전반적인 품위에 초점을 맞춰야 한다. 좀 독특하게 표현하면 라이프라인은 "실제로 타인을 위하며 사는 것은 보람이 있고 동기 부여적인 일이며, 현실적 의미에서 보아 자신을 위해 사는 일이라고 묘사될 수 있다."는 점을 설명하려고 노력하고 있다. 결국 맥페일의 도식에서 볼 때 도덕교육은 개인을 "자기중심주의와 자기도취증에 대하여 또한 이기주의와 퉁명스러움에 대하여 각자의 개성이라고 위장할 수 있는 파괴적이고 자멸적인 충동들로부터, 그리고 불행하고 불건전한 사회에 대응하는 중에 커지며 아울러 그 창조적이고 생산적인 욕구를 표현하지 못하도록 참된 인성을 방해하는 여타의 특성들로부터" 벗어나도록 하는 일을 지향하는 셈이다.

맥페일의 입장에서 도덕교육은 개인을 두려움과 불신이라는 족쇄로부터 해방시켜 주는 것을 지향해 나가야 한다. 학생들로 하여금 적어도 형제적 사랑이라는 의미에서의 사랑을 주고받을 수 있게 하는 일이야말로 맥페일이 깨우치고자 하는 목표이다. 고려 모형에 있어서 도덕교육은 총체적 인성을 받아들이는 것으로 이해된다.

1. 이론

라이프라인 프로그램은 1967년부터 1971년까지 수행된 청년기 학생들의 요구에 관한 한 집중 연구에 크게 기초를 두고 있다. 13세에서 18세 사이의 8백 명을 넘는 영국 중고등학생들은 '위기의 사건'이라는 질문을 받았다. 개인적으로 처리된 설문지 조사든 혹은 인터뷰든 둘 중 하나를 통해서, 학생들에게 어른으로부터 잘 대우받았던 예 하나와 심하게 대우받았던 예를 열거하도록 하였다. 이어진 조사에서는 또래들과의 관계에 대한 추가 질문들이 주어졌다. 동 연구는 10대들 사이의 '유쾌한' 사건들에 대한 어떤 공통된 관점을 보여주었다. 긍정적인 사건들은 경의, 유머, 자발적인 양보라는 특성들을 나타냈다. 서로 공유된 관계는 유쾌하였지만 위압적인 것은 불쾌하였는데, 설사 몇몇 수동적인 학생들의 경우 자신을 위해 결정을 내려주는 이들을 환영했더라도 그러하였다. 연구로부터 얻은 메시지는 맥페일에게 분명하고 솔직한 것으로 여겨졌다. "유쾌한 대우는 누군가의 욕구, 감정, 관심에 대한 고려를 나타내며, 불쾌한 대우는 그 반대를 나타낸다."

맥페일의 연구는 다음과 같은 그의 확신을 표현하였다. "만일 당신이 사람들의 욕구와 그 욕구 충족의 방법에 대해서 알기를 원한다면, 첫 번째 조치는 사람들에게 스스로 이해한 바로서의 문제들을 확인하고 표시하도록 요구하되 무엇이 그들의 문제인지를 말하지는 않는 것이다. 연구 조사에서 드러난바 소년 소녀들의 유쾌함 및 불쾌함에 대한 쓰임새는 우리에게 도덕이라는 당위가 어떻게 현실로부터 나와야 하는지를 보여주었다."

맥페일은 사람들 간의 관계에 있어서의 개방, 상호 작용, 배려하는 일에 대한 학생들의 반응에서 매우 많은 증거를 찾아냈기 때문에, 동 연구를 "근본적인 인간의 욕구는 다른 사람들과 사이좋게 지내는 것이요 사랑하고 사랑받는 것이라는 점, 이런 욕구를 충족하도록 돕는 일이야말로 조직된 교육이 해야 할 제일의 책임이라는 점"에 관한 증거물로 해석하였다. 대체로 학생들은 정부가 정보를 모으고 다루는 일에 너무 중점을 두고 있으며, 그들로 하여금 인격적 정체성이나 사회적 관계에 대한 문제들을 해결하도록 돕는 일에는 너무 소홀히 한다고 느꼈다. 맥페일은 이에 도덕교육의 목표를 규정하는 데 있어서 학생들 스스로의 인식과 태도에 큰 비중을 둔다. 실제로 그는 하나의 도덕교육 프로그램을 창시하려는 가장 강력한 이유가 학생들이 그럴 필요성을 느끼고 있다는 점임을 암시한다.

맥페일은 대부분의 청소년들이 자유와 방종을 구별할 수 있다고 조심스럽게 지적한다. 적어도 연구 조사의 경우, 학생들은 선택하고 결정하는 일에서 확실히 자유로움을 원하지만 민감한 어른들의 도움도 환영한다고 제안하였다. 더구나 10대들은 '좋은 모범'을 보이며 스스로 공언하는 표준-그것이 젊은이들의 비위에 거슬릴 때조차도-에 따라 행동하는 어른들에 대하여 감탄을 나타냈다. 확신과 성실함을 보여준 부모들 및 교사들은 '형세를 관망하면서' 중립성을 유지하려고 힘쓰는 사람들보다 더 선호되었다. 설문지 조사 및 인터뷰 자료에 입각하여 맥페일은 청소년들이 "결의가 굳은 것과 완고한 것을, 또 신념에서 우러나온 견해와 교리에 입각한 견해를 훌륭하게 구별할 수 있는 것처럼" 보인다고, 그리고 "이를테면 공평함은 토론을 주관하는 어른에게는 진가가 인정되지만, 대부분의 경우에 태도와 신념을 확실히 하는 것이 개성의 발달에 도움 된다고 생각하는 것처럼" 보인다고 결론지었다. 학생들은 어른들로부터 배우는 일에 열려있으며, 그들이 분개하는 것은 어른들에 의해 위압당한다는 점이다.

맥페일은 청소년들의 사회적 태도에 크게 존중을 표하면서도, 사회문제에 대하여 많은 10대들의 반응에서 특징으로 나타나는 미숙함을 모르지는 않는다. 이 같은 미숙함은 특히 어린 10대들의 반응에서 두드러진다. 사실 맥페일은 나이와 성숙한 사회적 판단 간의 관계를 살펴보기 위해서, 12세에서 18세에 이르는 200명의 소년 소녀들을 표본으로 하여 부가적인 연구를 수행하였다. 이 연구에서 '성숙함'은 50명의 유력한 중산층 표본의 어른들이 보인 전형적인 반응들의 관점에서 평가되었는데, 어른들에게도 10대들에게 주어진 똑같은 문제들이 질문으로 주어졌었다. 이런 방법으로 성숙함을 정의 내리는 것이 유력한 문화의 가치들을 뒷받침함은 물론이다. 맥페일은 중산층의 규범을 성숙한 판단과 동등하게 다루는 일이 다소 독단적 연결이라는 점을 알지만, 그것이 이런 맥락에서는 적절하다고 생각한다.

어쨌든 청소년들과 그들의 또래 및 부모 그리고 다른 어른들이 개입된 13개의 사회적 상황들이 설문지 조사의 주제로 소개되었다. 맥페일은 반응들을, '수동적' 반응으로부터 '공격적' 반응을 거쳐 '인습적인 성숙한' 반응에로 이르는 몇 개의 범주들로 무리 지었다. 비록 그가 각 범주에 대하여 정교하게 정의내리는 일은 하지 않지만, 범주들에 알맞은 표본 반응들을 제시해주고 있다. 예를 들면,

상황 당신과 같은 나이의 친한 소년(또는 소녀)이 어떤 이유로 매우 당황해 있는 듯하다. 당신이라면 :

1. 아무 것도 하지 않는다.	수동적
2. 불안함을 느끼지만 무엇을 해야 할지 모른다.	수동적 감정적
3. 어른 누군가에게 상황을 지적한다.	성인 의존적
4. 내 친구들에게 이 일을 이야기한다.	동료 의존적
5. 당사자에게 마음을 가라앉히라고 말한다.	공격적
6. 그 소년(소녀)을 놀린다.	매우 공격적
7. 그(그녀)를 피한다.	회피적
8. 친구에게 무슨 일인지 물어보려 한다.	미숙한 실험적
9. 뭔가 곤란한 일을 알아채지 못한 것처럼 하면서 그(그녀)에게 말을 걸어보려고 시도한다.	세련된 실험적
10. 친구를 위로해 준다.	인습적 성숙한
11. 당사자의 진행되는 일에 관심을 가지려 함과 동시에, 부탁하면 도움이 되어주려고 한다.	창의적 성숙한

맥페일은 실험적 반응과 성숙한 반응에 한하여 자료들을 공표한다. 누구든지 예상할 수 있는 것처럼, 소년들과 소녀들 양자 모두 성숙한 반응의 빈도는 12세부터 18세까지 꾸준히 증가하였다. 실험적 반응은 소녀들의 경우 14세에, 소년들의 경우 15세에 절정에 달하였다. 18세쯤에는 성숙한 반응이 실험적 반응의 거의 두 배만큼 소년 소녀 모두에게 일반적이었다.

이 연구에서 맥페일은 "청소년기를 사춘기 시절과 각자가 성인의 문제에 대처하려 하고 성인의 책임을 맡으려 하는 시절 사이에 있는 사회적 실험의 시기라고 부르는 것은 그것을 묘사하는 타당하고 유용한 방식이다."고 결론 내렸다. 기묘하게도 맥페일은 자신이 왜 가설적 상황에 대한 '실험적' 반응들의 빈도로부터 청소년기는 사회적 실험의 시기라는 점을 추론했는지에 대해서 정확하게 설명하는 일을 간과하였다. 이것은 두 가지 이유에서 이상하게 여겨진다. 첫째, 맥페일도 인정하는 것처럼 학생들이 가설적 사례에 있어서 언어상의 반응을 선호하는 것이 그들의 사회적 판단에 관한 특성을 재는 데에 하나의 명확한 검사가 되지 못한다는 점이다. 학생들은 현실의 삶에서보다 설문지 조사에서 더 이타적인 경향을 보인다. 둘째, 맥페일이 '실험적' 반응에 대한 자신의 개념을 여느 광범위한 방식으로도 정의내리기를 택하지 않은 이상, 이 같은 반응과 실험적 사고 및 행위의 일반적인 특징 내지 유형 사이의 관계를 알기 어렵다는 점이다.

이런 난점들에도 불구하고 맥페일은 라이프라인 시리즈가 성숙한 사회적 판단 및 행동의 발달을 촉진하는 데 그 한 가지 목표를 둔다는 점을 내비치고 있다. 또한 성숙함에 대한 그의 개념은 한 개인이 어떤 도움이 필요한 사람으로 하여금 사회적 곤경에 대해 의미심장한 해결책을 산출하도록 도울 수 있는 성향 내지 능력과 관련되어 보인다. 요컨대 성숙함이란 창조적 배려라고 이해된다.

1) 학생들에게 주의하는 일 가르치기

맥페일은 교사들에게 러스킨(John Ruskin)을[3] 인용하면서 라이프라인 시리즈에 대한 지침을 소개한다. "교육이란 사람들에게 그들이 모르는 것을 가르치는 일을 의미하지 않는다. 그것은 사람들이 처신하지 않는 것을 처신하도록 가르치는 일을 의미한다." 이 진술은 맥페일의 저작에서 중심 주제를 나타내고 있다. 즉 도덕교육은 문제 해결 능력을 발달시키는 데 관심을 두는 만큼이나 인간의 기질을 연마하고 품행을 형성하는 데 관심을 갖는다. 맥페일에 따르면 우리는 우리 삶에서 중요한 사람들이 우리와 다른 이들을 대우하는 방법을 관찰하면서 도덕적 가치를 배운다. 실제로 도덕은 주변에 이해성 있는 사람들을 두고 살면서 얻게 되는 '전염성 있는' 것이다. 맥페일은 "학생은 교사가 가르치는 것으로부터 보다는, 교사의 인품과 행실로부터 더 많이 배운다."고 주장한다. 다른 이들의 모범으로부터 배우는 것이야말로 '개인이 자연스럽게 발달하는 일의 요지'를 이룬다. 관찰 학습과 사회 모델링의 중요성은 아무리 강조해도 지나치지 않는다는 게 맥페일의 주장이다. 도덕적 행동뿐 아니라 보다 높은 수준의 도덕적 사고도 유사한 상황들에서 학생들의 귀감이 될 필요가 있다.

> 행동과 태도는 심리학적 의미에서 '전염성 있는' 것들이며, 또 도덕은 감염되는 것이지 가르쳐지는 것이 아니라는 금언에는 커다란 진리가 담겨있다. 다만 모범은 교육의 한 형태-어쩌면 최고의 형태-이다. (영국의 역사가 액튼 경(卿)이[4] 일찍이 말하였듯이, 플라톤은 그의 모든 학문적 대화들에서 정

의의 본질에 대하여 만족스럽게 정의내릴 수 없었기에 소크라테스의 고귀한 성품을 중심으로 대화들을 썼다. 소크라테스가 정의로운 사람이란 어떤 사람이어야 하는가를 그의 인격과 삶 속에서 설명하였다–설사 그 추상적 개념이 정확한 정의(定義)를 벗어난다 할지라도–는 점을 인정하면서 말이다.) 만일 우리가 사회적 조건화의 본질에 대하여 바르게 인식한다면, 논거는 증가되고 합리화는 줄어든다.

맥페일은 도덕적으로 '전염성 있는' 교실과 도덕적으로 모범적인 교사의 특징에 대하여 꽤 상세하게 묘사한다. 그가 이상적으로 생각하는 교실은 그 안에서 '의심, 조심, 방어, 적개심, 근심'이 점차 사라지는 치료 성격의 교실이다. 도덕적 성장의 자양분이 되는 교사-학생 간 상호작용의 특성을 설명하기 위해서 맥페일은 매슬로우(A. Maslow)의[5] 고전적 연구 『동기화와 성격』(Motivation and Personality)으로부터 다음 문단을 인용하고 있다.

> [교사–학생들은] 단순히 전체의 상황을 다르게 해석함으로써 신경질적인 것과는 거리가 먼 방식으로 처신하였다. 예를 들면 그것을 의지의 충돌보다는 유쾌한 협동이라고; 쉽게 그리고 어쩔 수 없이 위협받는 인위적 존엄성을 쉽게 위협되지 않는 자연스런 간소함으로 대치함이라고; 전지전능하게 되려는 시도를 포기함이라고; 학생에 위협적인 권위주의의 부재라고; 학생들에 대해 학생 서로 간에 또는 교사와 경쟁한다고 간주하는 것을 거부함이라고; 교수는 진부하다고 추측하기를 거부하며 연관공이나 목수만큼 현실적으로 인간답게 남아있기를 주장함이라고 해석함으로써 말이다.[6]

맥페일은 명백히 자신을 매슬로우나 로저스(Carl Rogers)의[7] 정신을 갖춘 휴머니스트 교육자로 생각한다. 휴머니즘의 목소리로 맥페일은 인간의 신뢰성, 통찰력, 창조성의 필요에 관하여 말한다. 동시에 그는 자주적이고 상상력 풍부한 사고를 발달시키는 일보다 사회적으로 만족스러운 행동을 훈련시키는 일에 초점을 두는 사회 조건화의 이론과 실제를 전심전력으로 받아들이는 듯하다. 맥페일은 "모든 인간은 그(또는 그녀)가 첫 번째 숨을 들이쉬는 순간부터 조건 지워진다. … 젊은이들은 그들이 접촉하는 모든 교사, 경찰, 가게 주인, 코치, 친구, 적들에 의하여 날마다 행동에 있어서 조건 지워진다. 그러나 거의 모든 조건화는 모르는 사이에 이루어진다."고 쓰고 있다. 이것이 함축하는 바는 교사가 학식에 관한 지위로부터 학생들을 조건 지을 수 있다는 점이리라. 그렇지만 우리가 이 장의 뒤쪽에서 알게 되는 바와 같이, 어떻게 (체계적인 방식으로 적절한 행동을 강화하는) 조건화의 기법들이 그 자체로서 및 저절로 인격적 통합과 자율성의 원인에 소용될 수 있는지 분명하지 않다. 맥페일은 행동주의와 휴머니즘에 관하여, 그 둘 사이의 관계를 명백하게 할 시간을 갖지 않은 채로 동시에 말하고 있는 셈이다.

맥페일에게서 명확한 것은 그가 도덕교육에 대한 고도로 합리화된 접근법들－이것들은 학생들로 하여금 도덕적 의무에 관한 억센 문제들과 씨름하도록 요구한다－을 반대한다는 점이다. "일부 독일 합리주의 및 서구 프로테스탄트 식 사고의 한 가지 특별히 위험한 특징은 도덕이란 어느 정도 아픔이 있어야 한다－약이 쓰면 쓸수록 그 복용량은 더 유익하다－는 관념, 혹은 만일 개인이 뭔가 결정하기를 아니면 그것을 실행하기를 참으로 원하지 않는 경우 그 어떤 결정도 도덕적이라고 칭할 수 없다는 관념이었다. 이런 태도들이 아마도 절반은 우스꽝스럽고 절반은 불평 섞인 그 익숙한 말, 내가 좋아하는 모든 것은 불법이며 도덕에 어긋나든지 아니면 살찌게 하든지 라는 말을 발생시킨 것 같다."

맥페일에게 도덕은 추론 방식보다 인격 유형을 포함한다. 그는 '도덕적 유형'이라는 용어를 '참으로 친분성이 있는' 행동 양식으로 규정하면서, 그 용어를 통해 도덕적 기능의 본질을 표현한다. 여기서 도덕은 충돌하는 요구들의 균형을 맞추는 문제라기보다는 개인의 다른 이들과의 자연스런 조화를 실현하는 일이다. '이해성 있는 삶의 유형'에 있어서 교육은 학생들로 하여금 다른 사람들을 고려하여 대우하는 것이 옳다는 점을 합리적으로 받아들이도록 납득시키는 일을 신뢰하지 않는다. "효과적인 교육 바로 그것은 주의 기울이기를 배우는 일이다. 왜냐하면 이 일이야말로 이해성 있는 삶의 유형을 행동에서 증명하며, 학생들에게 생활 및 다른 이들에 대한 관계에 있어 보람 있고 매력적인 생활 방식으로 경험되므로 그것을 취하도록 동기를 부여하기 때문이다." 고려 모형에서 도덕교육은 주의하는 방법이 즐거운 방법이라는 점을 학생들에게 보여주기를 지향한다. 어떤 다른 모형도 적어도 그렇게 노골적인 형태로 이런 주장을 하지는 않는다.

2. 실제

비록 맥페일이 『Learning to Care』의 이론 부분에서 도덕교육에서는 '관계가 자료보다 중요하다'고 증언할지라도, 라이프라인 프로그램은 2만 명 이상의 학생들을 상대로 영국의 교실들에서 현장 검사를 거친 광범위한 수업 성과물의 시리즈를 포함하고 있다. 교육과정이 중등학교용으로 의도되어 있긴 하지만, 가장 세련된 자료의 경우라도 읽기 수준은 다수의 5~6학년생들이 이해할 수 있는 범위 내에 있다.

라이프라인은 점진적으로 보다 복잡한 사회적 상황들을 지닌 3개의 부분으로 나누어진다. 이 상황들은 일반적으로 학생들에게, 누군가 맥페일이 자의식 강한 합리적 형태의 도덕교육을 경멸하리라고 생각할 수 있는 것 이상으로 보다 힘겨운 지적 요구를 주문하고 있다. 사실 우리가 맥페일이 라이프라인을 위해서 가진 특별한 목표들과 그의 도덕교육에 대한 글로벌한 언명을 비교해 볼 때, 우리는 그 목표들이 이 책에서 다루어진 보다 지적으로 정향된 모형들(예컨대 셰이버, 콜버그, 쿰즈의 모형들)과 모순이 없음을 알게 된다. 라이프라인은 사람들의 욕구, 관심사, 감정 등을 가리키는 모든 단서들－언어적인 것이든 비언어적인 것이든－에 대하여 관찰과 이해를 촉진하도록 설계되어 있다. 동 프로그램은 또한 학생들로 하여금 행동의 결과를 생각하고 예측하게 할 능력을, 그리고 결과를 이해하는 것과 관련된 과학적 지식의 획득을 기르게 할 능력을 연마하고자 노력한다. 결국 라이프라인은 전체적인 영향을 갖도록 의도되어 있다. 즉 "그것은 남성들 및 여성들에게 영향을 미칠 결정들에 효과가 있는 사실, 이상, 기술, 경험들을 한데 모으는 일에 크게 관심이 있다. 과목별 학문영역 사이의 경계들을 넘어서고 가장 완전한 지식을 관련시켜 결합해낼 수 있다는 것은 의사 결정에 있어서 참으로 중요하다." 사려와 이해는 이처럼, 설사 그것들이 이론의 어떤 측면들에서는 경시되고 있다 할지라도, 고려 모형에 있어서 중요한 역할을 한다.

라이프라인의 각 부분은 많은 개별 단원들을 갖는다. 제1부 다른 사람의 입장 되어보기(In Other People's Shoes)는 감수성(Sensitivity), 결과(Consequences), 관점(Points of View)이라는 3개의 단원을 갖고 있다. 제1부의 상황들은 가정, 학교, 이웃에서 경험되는 일반적인 사람 상호간의 문제들을 중심으로 세워졌다. 제2부 규칙 시험하기(Proving the Rules)는 5개의 구성 단원들을 갖고 있다. 이는 규칙과 개인(Rules and Individuals), 당신은 무엇을 예상하는가?(What Do You Expect?), 당신은 나를 누구라고 생각하는가?(Who Do You Think I Am?), 누구의 관심사인가?(In Whose Interests?), 내가 왜 해야 하는가?(Why Should I?)를 이른다. 이 단원들은 개인적인 관계에서의 곤경이나 갈등에 관한 비교적 간단한 사례들로부터 집단 이익에 관한 보다 복잡한 갈등이나 권위의 문제 등에로 움직인다. 제3부 당신은 무슨 일을 했었겠는가?(What Would You Have Done?)에서 학생들은 역사상 실제로 일어난 사건들에 근거하는바 극적인 도덕적 궁지들에 부닥치게 된다. 제3부에서의 6개의 소책자들은 생일(Birth Day), 고독한 감금(Solitary Confinement), 체포(Arrest), 거리의 장면(Street Scene), 비극(Tragedy), 병원에서의 광희(Gale in the Hospital)이다. 이 자료들의 목적은 학생들의 도덕적 관점이 인접한 사회를 넘어서도록 넓혀주며, 보다 깊고 보편적인 판단의 틀을 개발하도록 촉진하는 데 있다.

1) 다른 사람의 입장 되어보기

라이프라인에 있어서 이 부분의 목적은 "동기화가 있는 곳에서 다른 이들에 대한 고려에 착수하는 것, 그리고 누구에게나 있게 마련인 다른 이들에 대한 고려를 발달시키는 일에 전념하는 것이다. 아무리 소소한 정도라도 그것이 성장 궤도에 이르도록 말이다." 맥페일은 이 부분에서의 자료와 전략이 다음의 특징들을 공유한다고 쓰고 있다.

① 자료는 상황적이다.
② 상황은 청소년들과 함께한 연구조사에서 나온다. 이는 청소년들의 상황이다.
③ 상황에 대한 진술은 간결하다. 그것은 만일 자신이 그런 상황에 있었다고 가정하자는 개인적인 상세한 설명을 줌으로써, 각자로 하여금 상황을 자신의 것으로 만들어 보도록 촉진한다.

④ 요구된 물음은 보통 이론화보다는 행동에 관심을 둔다.
⑤ 제안된 행동 과정에 대하여 역할 놀이나 극적인 연출을 하는 것이 일반적으로 토론보다 선호된다. 이성의 측면뿐 아니라 감정의 측면을 촉진시킬 가망성이 높으며, 나아가 사람의 행동에 대하여 보다 현실적인 인식과 이해를 조장하기 때문이다.
⑥ 사회적으로 뭔가 실험해 보고자 하는 청소년들의 본성적 경향이 장려된다.
⑦ 자료를 활용하는 데 있어 준비된바 이해성 있는 행동을 위한 기본적인 동기화는 다른 이들을 고려하려는 성향이며, 이는 보답의 피드백을 가져온다.
⑧ 사건들의 목록은 자유롭게 생각하여 답할 수 있으며, 교사와 학생들이 스스로 행할 수 있는 것을 암시한다.
⑨ 상황은 그것이 소진될 때까지 시종 사용되거나 연속적으로 이용될 필요는 없다. 개입이 중요한 이상, 학생의 선택은 가능하면 언제라도 도입되어야 한다.
⑩ '다른 사람의 입장 되어보기'에서의 상황이 결코 처벌이나 가외의 업무로 이용되어서는 안 된다.

▌단원1 : 감수성

이 단원은 조사 연구에서 청소년들에 의해 중요하고도 어려웠다고 열거된 46개의 개인 대 개인의 상황들로 구성되어 있다. 각 상황은 '감수성 카드'(sensitivity card)에 보이는 선명한 색깔의 그림에 의해 묘사된다. 그림 아래에는 "당신은 어떻게 하겠는가?"(What do you do?)라는 질문이 있으며, 이 기본적인 질문은 매 상황이 주어진 다음에 던져진다. 학생은 이에 대해서 가까운 장래의 경우에 어떻게 할 작정인지에 관하여, 말하기, 역할 놀이, 무언극, 글로 써서 묘사하기, 그리기, 집단으로 토론하기 등을 할 수 있다. 맥페일은 교사가 전적으로 언어상의 응답에만 의존해서는 안 되는 이유는 "정확한 개인적 및 사회적 학습이 언어상의 응답뿐만 아니라 정서상의 응답에 달려있기 때문이다"고 강조한다.

다음은 감수성 카드들에 있는 몇몇 상황의 보기들이다.

> 당신은 당신의 가장 친한 친구가 그(혹은 그녀)를 괴롭게 하는 뭔가를 하고 있음을 알고 있다. 당신은 어떻게 하겠는가?
>
> 어린 동생 때문에 지치고 마음이 산란한 당신의 어머니는 당신이 말씀드리고자 하는 중요한 어떤 일을 귀담아 듣지 않으신다. 당신은 어떻게 하겠는가?
>
> 당신이 사촌에게 코트를 빌려준다. 코트를 돌려받을 때 옷섶에 담배에 그슬린 자국이 있다. 당신은 어떻게 하겠는가?
>
> 당신의 아는 사람이 당신이 누군가와 얘기하고 있을 때 자주 참견하여 화제를 바꾸려고 한다. 당신은 어떻게 하겠는가?[8]

각각의 상황에서 맥페일은 학생의 반응 가운데 전형적인 것들을 약술하였는데, 그는 이를 앞에서 서술된 도덕적 분류(moral taxonomy)의 용어로 범주화하였다. 이 분류에서 '수동성'(passivity)은 사회적 갈등의 상황에 대하여 가장 덜 성숙한 반응으로, 반면에 '창의적 거들기'(imaginative helping)는 가장 성숙한 반응으로 생각된다. 수동적 반응은 아무런 조치를 취하지 않기로 한 학생의 결정 속에 나타나고 있다. '수동적 감정적'(passive emotional) 반응은 "아무런 조치도 취하지 않겠지만 매우 유감스럽다"는 대답에서 드러난다. 한 단계 높은 분류인 '성인 의존성'(adult dependency)은 학생이 문제 해결을 위하여 부모나 교사의 권위에 호소하는 경우에 암시된다. 이에 반해서 대답을 얻기 위해 또래 집단에 의지하는 학생은 '동료 의존성'(peer dependency)을 드러내는 셈이다. 맥페일은 위협이나 파괴적 해법들에서 '공격적인'(aggressive) 반응을 보는데,

그럼에도 불구하고 공격적인 것을 분류상에서는 의존성이나 수동성보다도 더 높은 수준에 배치하고 있다(그리고 이러한 등위 매김에 대해서 아무런 이론적 근거도 제시하지 않는다). '미숙한 실험적'(experimental crude) 응답들은 해로운 해법이나 근거 있는 해법보다도 보기에 편리한 해법을 진술한다. 하나의 보다 미묘하면서도 창안적인 형태의 편리한 방법이 '세련된 실험적'(experimental sophisticated)이라는 범주 안에 구현되어 있다. 비록 맥페일이 이것을 '미숙한' 버전과 어떤 정밀한 방법으로 구별하고 있지는 않지만 말이다. 끝으로 분류상의 영예로운 자리에는 '인습적 성숙한'(mature conventional)과 '창의적 성숙한'(mature imaginative) 같은 성숙한 응답들이 있다. 인습적 응답들은 자주적인 사고를 거의 보여주지 못하지만, 공정한 절차에 대하여 기본적으로 존중하고 있음을 나타낸다. 불행하게도 많은 보기들에 있어서 '성인 의존성'과 '인습적 성숙한' 것을 식별하기가 어렵다. '창의적 성숙한' 것은 사회 문제에 대하여 창의성이 풍부하고 특히 공정하며 효과적인 해법이라는 특징이 있다.

맥페일은 도덕적 분류가 '보다 높은' 수준들을 지향하는 토론을 이끌기 위한 근거로 이용되어서는 안 된다고 경고한다. 이 점은 범주들이 뚜렷하게 규정되어 있지 않기 때문에 다행이기도 하다. 다만 이 분류 체계에는 다소의 유용성이 있다. 분류 체계는 틀림없이 "교사가 주어진 상황에서의 가능성들을 인정하는 데 도움 줄 것이다. … 교사가 청소년을 보다 잘 거들 수 있도록 청소년의 곤경을 인지하는 데 도움 줄 것이다. … 교사가 토론, 역할 놀이, 그 안에서는 암시된 행동 과정들이 제한되어 있는 형태의 것 등을 위해 상세한 주제들로서 사용할 수 있는 응답들의 목록을 제공해줄 것이다." 그러나 목적에 관한 이 일반적 진술들은 교사가 도덕적 분류를 사용하는 방법에 대해서는 특별한 것을 주지 못하며, 이에 그 관련성은 여전히 알기 어려운 채로 남아있다.

맥페일은 감수성 카드로 가르치기 위한 절차에 대하여 비교적 명확한 순서를 제안한다. 비록 그가 교사로 하여금 대안 전략들을 가지고 실험해보도록 격려하고 있지만, 그는 많은 교실에서 다음의 접근법들을 성공적으로 사용해 왔다.

① 고려해야 할 상황을 소리 내어 읽거나 칠판에 쓴다.
② 학생들에게 이런 상황에서 어떻게 하겠는지를 종이에 기록하도록 요구한다. (종이에 자신의 생각을 표현하기 어려운 학생들에게는 어떻게 하겠는지를 생각하도록 요구한다.)
③ 암시된 행동 과정을 묻거나 또는 종이들을 모은 다음 시작할 하나를 고른다.
④ 유사한 응답을 보인 한 집단의 학생들에게 상황, 응답, 이후에 일어남직하다고 생각한 바에 대하여 역할 놀이를 권한다. (만일 그들이 처음에 마음 내켜하지 않으면, 지원자들을 부르거나 아니면 그들로 하여금 자신의 응답을 지지하는 주장을 하고 토론을 조장하도록 요구한다.)
⑤ 그 응답에 대한 그리고 역할 놀이의 어떤 다른 측면들에 대한 학급의 비판을 시작한다.
⑥ 역할 놀이나 학생들에 의해 암시된 상세 응답들에 대한 토론을 계속한다. 단 관심이 강하게 유지되는 한에서만 그렇게 한다.
⑦ 학급과 교사의 순서로 다소간의 요약을 한다. 다만 이 업무의 초기 단계에서 교사가 하나의 응답에 대하여 눈에 띄고 두드러지게 집착하는 일이 조장되어서는 안 된다. 서로 다른 행동 과정들에 대한 찬반양론을 논의하고 학생들로 하여금 최종적으로 판단하게 하는 게 더 낫다.

▌단원2 : 결과

이 단원은 71개의 상황 카드로 구성되어 있다. '결과'에서의 상황은 그것이 이가(二價)의 것이 아니라 다수의 사람들을 동반한다는 점에서

'감수성'에서의 상황과 다르다. '결과'에서의 업무는 도덕을 오로지 A가 B를 어떻게 다루는가의 관점으로만 생각하는 경향에 대하여 교정(矯正)하는 것으로 의도되어 있는데, "이것은 청소년의 자신과 자신이 직접 접촉하는 사람들에 대한 자연스런 관심에서 생길 수 있을 것이다." 상황들은 청소년으로 하여금 1 대 1 관계들의 도덕을 넘어서서 생각하도록 그리고 제3자 내지 보다 객관적인 관점을 취하도록 자극한다.

결과 카드에 있는 기본적인 물음은 "다음에 무슨 일이 일어날 것 같은가?"(What is likely to happen next?)이다. 감수성 단원에서처럼 카드는 역할 놀이, 무언극, 창조적 글쓰기, 토론, 예술 작업, 연구 조사－학생의 결과 예측을 기록하는－의 기초를 위한 자극물로서, 선별적으로 혹은 랜덤으로 개인이나 집단에게 배포될 수 있다. 맥페일의 보고에 의하면, 대부분의 교사들은 학생들이 교사와 상관없이 서로 결과 카드들을 즐기며 연습 중에 임의의 카드 선택이 가져다주는 불확실함을 즐긴다는 점을 알고 있다. 다음은 '결과' 상황에 대한 보기들이다.

> 어떤 사람은 자신이 원하는 것 이상으로 술 마실 친구를 가지려고 시도한다.
>
> 어떤 사람은 자신이 기를 수 있는 여유가 있는지 여부를 고려하지 않은 채 강아지를 산다.
>
> 어떤 사람은 보험에 가입되어 있지 않은 자동차를 운전한다.
>
> 어떤 사람은 나라에 잘못된 모든 일의 책임이 소수 집단에 있다고 비난한다.[9]

▌단원3 : 관점

이 단원은 라이프라인 프로그램의 제1부를 강화하고 완성한다. 동 단원은 학생으로 하여금 특정의 상황에서 어떻게 하겠노라고 최종적으로 말하기 전에 '다른 사람의 역할을 취해보도록' 격려한다. 63개의 갈등 상황들이 단원의 기초를 형성한다. 상황들은 다음과 같은 표제 아래 정렬되어 있다. 성에 대한 태도, 세대 갈등, 사회 계층에 대한 태도, 인종·문화·종교·정치적 갈등, 심리적 갈등 등. 예를 들어, 성에 대한 태도 범주 안에서의 첫 번째 상황은 밝은 색깔의 그림으로 처리된 카드에 나타나 있는바 다음과 같은 내용을 포함한다.

상황 1 소녀의 입장

나는 집안의 외동딸이며 어머니가 병원에 입원해 계시는 동안 집을 돌보고자 한다. 나는 남동생도 집안일에서 자신이 할 몫을 받아들여야 한다고 생각하며, 그래서 그에게 청소와 접시 닦기를 돕도록 요구하였다. 그는 이런 것들이 남자가 할 일이 아니라고 생각한다면서 거절하였다.

당신 자신을 소녀의 입장에 두어 보시오. 당신은 그것에 대해 어떻게 행하고, 말하며, 느끼겠는가? 무엇이 이런 상황에 대해서 남동생과 누이 둘 다에게 만족스러운 해법일 수 있겠는가?

상황 2 소년의 입장

내 누이는 어머니가 병원에 입원해 계시는 동안 집을 돌보고자 한다. 그녀는 내게 청소와 접시 닦기를 돕도록 요구하였지만, 나는 그런 것들은 여자의 일이라고 생각하기 때문에 하지 않을 것이다.

당신 자신을 소년의 입장에 두어 보시오. 당신은 그것에 대해 어떻게 행하고, 말하며, 느끼겠는가?[10]

2) 규칙 시험하기

라이프라인 프로그램의 제2부 '규칙 시험하기'의 목적은 "젊은이들에게 그들이 어른의 지위를 얻고자 또 다른 어른들과 대등하게 살며 일하고자 시도할 때 생기는 여러 가지 친숙한 문제들에 대한 해법을 산출해낼 기회를 주는 데" 있다. 자료들이 현행의 도덕적 및 사회적 문제들-이를테면 약물 의존 상태라든지 성에 대한 무책임한 태도-을 강조하지 않는 이유는 맥페일의 다음과 같은 신념 때문이다. "우리는 우리 업무의 긍정적인 측면들을 강조해야 한다. 우리가 그것들을 독특한 이야깃거리로 생각하기 때문이 아니라, 그런 문제들에 대한 해법들이 이 접근법 속에 함축되어 있기 때문이다." 그러므로 '규칙 시험하기'는 솔직한 의미에서, 논의의 여지가 있는 공공 쟁점들을 분석하기 위한 단원이 아니다. 설사 단원을 통해서 발달시키고자 하는 기술과 경향이 중대한 사회적 문제들을 이해하는 데 적절하더라도 말이다.

'규칙 시험하기'는 폴(Paul)이라는 어린 청년이 여러 가지 사회적 환경에서-학교에서, 가정에서, 업무 중에-부닥치는 문제들을 탐구한다. 서로 다르게 초점을 맞추고 있는 5개의 소책자 내지 단원들이 제2부를 구성하면서 아래와 같이 논의된다.

▌단원1 : 규칙과 개인

이 단원은 폴이 자신의 책무를 처리하는 중에 경험하는 갈등에 관한 약간의 짧은 상황들로 구성된다. 단원의 주제들은 다음과 같다.

① 규칙이라는 관념의 복잡성. '규칙'이란 법률, 규정, 원칙, 특히 사회 규칙을 포함하며, 이들 갖가지 종류의 규칙들은 다양한 방식으로 도덕의 일부가 된다.
② 서로 다른 규칙들이 충돌할 때 발생하는 문제들의 본질과 범위
③ 규칙이 기호(嗜好)와 충돌할 때 발생하는 문제들의 본질과 범위

④ 일반적으로 도덕에 있어서 결정의 중요성

"법률 파괴자 폴"은 이 단원에 있는 상황의 한 보기이다.

폴은 학교 기금 모금운동을 돕고 있었다. 그날은 수요일이었는데, 그는 리츠와 영화관에 가기로 약속했었다. 그렇지만 그는 무일푼이었다. 폴이 범행 현장에서 붙잡혔을 때 그는 기금에서 몇 달러를 훔치고 있었으며, 교장 선생님께 호출되었다. 교장 선생님은 폴의 부모에게 전화하여 상황에 대해 이야기하였으며, 폴을 일주일간 정학시킬 것임을 통보하였다.

질문

① 당신은 교장 선생님이 이 상황에서 공정하게 처신하였다고 생각하는가? 아니면 불공정하게 처신하였다고 생각하는가? 당신이 교장 선생님이라면 어떻게 했었겠는가?

② 당신은 폴의 부모가 이 상황에 대하여 어떻게 반응하리라고 생각하는가? 당신은 폴의 부모들 또한 그를 벌할 거라고 생각하는가? 만일 그렇다면, 어떻게?

③ 당신이 아는 사람들이 깨뜨린 몇몇 규칙들에 대해 생각한 다음, 말해 보시오.

a) 당신 생각에 그들이 받은 처벌이 공정했던 경우

b) 아니면, 당신 생각에 이랬으면 공정한 처벌이었을 텐데 아쉽게 여겨지는 경우

④ 규칙을 깨뜨리고도 잡히지 않은 사람들에 대해서는 어떤가? 다음의 상황들을 이용해 보시오 : 학교에서, 영화관에서, 가정에서.

해야 할 일

① 폴과 교장 선생님 간에 일어날 수 있었던 대화를 역할 놀이 해보시오.[11]

단원2 : 당신은 무엇을 예상하는가?

이 단원은 청소년들이 성인 사회의 규범과 구조에 대하여 보다 명쾌하게 살펴보는 일을 돕도록 계획되어 있다. 두 부분으로 구성된 단원에서 첫째 부분은 사회적 및 도덕적 기대에 관심을 가지며, 둘째 부분은

법적 기대를 다룬다. 단원 2에서 학생들은 첫째 단원의 관점으로부터 그들의 사회적 관점을 넓히는 일이 기대된다. 법률과 제도, 그리고 전체로서의 사회라는 개념은 중요성이 증대되고 있다. '당신은 무엇을 예상하는가?'에서 묘사된 갈등들은 특히, 아버지가 자녀들에 대해 소홀히 하는 일이 갖는 심리적 및 법적 함의, 의무 교육에 대한 쟁점, 성인기의 법적 연령, 각자의 라커가 미리 공고되지 않고 검색당하는 일을 막을 수 있는 학생들의 권리, 자신의 상관으로부터 이용당하고 있는 노동자의 선택 등을 포함한다. 이 자료를 가지고 학생들은 사회적 관계에 있어서 비교적 복잡한 문제들을 토론한다.

▌단원3 : 당신은 나를 누구라고 생각하는가?

이 소책자는 인격 인지 및 자아 규정이라는 쟁점들을 다룬다. 단순 이미지 고정시키기(스테레오타입), 속죄양 만들기, 대중적 인물 이상화하기, 의사소통 붕괴 등과 같은 관념들이 탐구되고 있다. 이 단원의 기초를 이루는 전제는 청소년들의 경우 만일 그들이 사회적 쟁점들에 성실하게 직면할 수 있으려면 확실하고 현실에 근거한 인격적 개념을 개발할 필요가 있다는 점이다. 맥페일의 말에 따르면, 이 소책자의 설계 목적은 "청소년들이 자신과 다른 이들에 대한 표상을 중요하고도 유일무이한 개인–상황에 영향을 미치고 실질적인 의사 결정을 하는–으로서 확립하게 도와줌으로써, 그들로 하여금 갈등 상황 및 충돌하는 기대치에 잘 대처하도록 촉진하는 것"이다. '나의 정체성'에 관한 수업이 이런 식으로 쓰여 있다.

존은 기계학에 매우 능숙하며, 이에 존의 친구들은 그를 솜씨 좋은 인물이라고 생각한다. 존은 자기가 이런 식으로 생각되는 점이 좋다. 하지만 그는 학교가 썩 마음에 들지 않으며, 그러다보니 자기 반의 똑똑한 아이들 집단과 사이좋게 지내지는 않는다.

그는 그들을 책벌레라고 부른다.

그들은 그가 바보라고 말한다.

존과 이 집단 학생들은 실제로 서로 이야기를 나누어본 적이 없는데, 양측은 각기 잘할 수 있는 바에 대해서 칭찬하거나 존중하지 않았다.

존은 훌륭한 기계공으로 칭찬받을 필요가 있었으며, 이는 그가 자신을 바라본 방식이기도 하다. 다른 집단도 학업에서 칭찬받을 필요가 있었다.

많은 사람들은 다른 이들을 어떤 '유형'이나 '종류'로 분류하는 듯하다. 물론 사람들이 이처럼 쉽게 분류될 수 있는 것은 아니다. 만일 당신이 어떤 사람의 한 측면만을 선택해서 그것을 하나의 꼬리표로 사용한다면, 그것이 그(또는 그녀)가 참으로 어떤 종류의 인물인지에 대하여 당신에게 많은 것을 말해줄 수는 없을 것이다. 누군가가 당신을 '10대 소년(소녀)'이라고 적힌 단지 속에 집어넣고서, 당신이 어떤 인물이라고 말할 수 있을까?

질문

① 당신이 다른 이들에게 명칭을 붙여 사용했던 꼬리표들의 목록을 써보시오.

② 몇 개의 항아리들을 그린 다음, 그곳에 명칭을 붙이고, 당신이 아는 사람들을 그것들에 맞추어보시오.[12]

단원4 및 단원5 : 누구의 관심사인가? 내가 왜 해야 하는가?

이 단원들은 가장 복잡하면서도 가장 사실적인 상황들을 소개한다. 단원4는 집단 관계에 초점을 맞춘다. 학생들은 집단 활동의 개인적 및 정치적 중요성을 발견하도록, 그리고 그 같은 활동이 산출할 수 있는 갈등에 대해 숙고하도록 도움 받는다. 단원5의 중심 주제는 권위-부모, 집단, 사회 규칙, 미디어, 신화, 학문의 권위 – 이다. 전체적인 취지는 청소년들의 생각에서 권위의 역할을 탈신비화 시키는 데 있다. 학생들은 충분한 설명에 근거하고 객관적인 방법으로 권위를 살펴보도록 도움 받는다. '학교에서의 생활'이라는 단원4의 한 상황에서, 한 그룹의 고등학생들은 새 교실과 새 실험실 시설을 얻기 위해 조치를 취하기로 결정한다. 단원5의 한 부분에서, 미디어의 권위는 여러 가지 형태의 보도와 방송의 신뢰성 문제를 제기한다. 두 단원 모두 비판적이고 체계적인 사고를 고무시킨다.

3) 당신은 무슨 일을 했었겠는가?

이 부분에서는 역사상의 극적인 순간들이 도덕적 숙고를 위한 도약판을 제공한다. 이 시리즈에는 6개의 소책자들이 있는데, 각각은 서로 다른 무리의 역사적 형편들을 중심으로 구성되었다. '생일'(Birth Day)은 1903년 남아프리카 더반에서의 상황으로서, 어느 미국인 선교사 의사의 진료소에서 있은 아프리카 아기의 출생을 다룬다. '고독한 감금'(Solitary Confinement)은 1917년 영국에서의 상황으로서, 군대 안에서의 양심적 반대자와 그에 대한 군대의 태도를 다룬다. '체포'(Arrest)는 1944년 암스테르담에서의 상황으로서, 네덜란드를 점령한 독일 군대를 피하여 숨어있던 안네 프랑크와 그녀의 유대인 가족의 발각됨과 체포를 다룬다. '거리의 장면'(Street Scene)은 1965년 로스앤젤레스에서의 상황으로서, 로스앤젤레스 폭동의 발화였던 에피소드(음주 운전을 했다고 한 흑인 남자의 운전면허를 정지시킨 일)에 초점을 맞춘다. '1966년 남베트남의 비극'(Tragedy, South Vietnam, 1966)은 심각한 화상을 입고 병원에 입원해 있는 열네 살 소년을 주요 인물로 한다. '병원에서의 광희'(Gale in the

Hospital)는 1969년 런던에서의 상황으로서, 약물 후유증을 앓으며 병원에 입원한 10대 소녀를 다룬다. '당신은 무엇을 했었겠는가?'는 역사, 사회과, 영어 등 전통적인 학문 연구와 쉽사리 통합될 수 있다.

요컨대 라이프라인 교육과정은 도덕교육에 대한 비교적 포괄적인 접근법이다. 상황들은 간단하고 직접적인 대면(對面)의 상호작용으로부터 복잡한 역사적 문제들에로 이동한다. 자료들은 집단적으로 혹은 개인적으로 사용될 수 있으며, 에세이 쓰기에서부터 소시오드라마에 이르기까지의 다양한 창조적 활동에 이바지할 수 있다. 라이프라인을 사용해본 적이 있는 영국 교사들의 보고에 의하면 동 교육과정은 학생의 관심을 끌고 사회적 인식을 발달시키는 데 있어서 성공적이다.

3. 요약 및 평가

암시된 바와 같이 맥페일의 모형은 이론에서보다 실제에서 더 인상적이다. 보다 엄밀한 이론적 논의를 위해서 우리는 독자들이 콜버그, 셰이버, 뉴만의 모형들을 참고하기를 권장한다. 다만 맥페일 이론의 결점들이 누군가로 하여금 라이프라인 자료들이 지닌 값어치를 알아보지 못하도록 해서는 안 된다. 카드들과 소책자들은 매력적으로 설계되어 있고, 내용은 살아있는 듯하며, 물음들 또한 자극적이다. 불행하게도 어떤 확고한 이론적 기초가 없음으로 말미암아, 교사는 동 교육과정의 전반적인 초점과 방향에 대하여 확신하지 못할 수 있다.

맥페일의 이론적 논의들은 일관성이 부족하다. 도덕적 행동에 있어서 동기화의 근원에 대한 그의 분석은 특히 단편적이고 모순이 많다.

예를 들어 그의 주장에 따르면, 사람들은 "다른 이들의 욕구, 감정, 관심사를 고려하여 그들을 대우하고자 움직이거나 그렇게 하려고 마음먹는다. 다소라도 앞서서 가치 판단을 내리거나 '당위'에 관한 말을 너무 이르게 사용하지 않고서 말이다. 우리는 이런 현상이 일어난다는 점을, 그리고 그것이 일어나는 이유가 다른 이를 고려하여 대우하는 것이 대개 즐겁고 보람 있기 때문이라는 점을 확신하고 있다. 다른 이의 욕구를 충족시키는 일에 보답이 있음을 인정하는 것이 그 어떤 윤리나 도덕의 연구를 취하지는 않는다." 이렇게 우리가 도덕적으로 행동하는 것은 그렇게 하는 것이 우리로 하여금 기분 좋게 만들기 때문인즉, 도덕적 삶이야말로 즐거운 삶이다. 덕은 확실히 고려 모형에 있어서 그 고유한 보답이다. 그럼에도 불구하고 맥페일은 '즐거움'이라는 게 정확히 무슨 뜻인지에 대하여, 그리고 어떤 근거에서 그가 그것을 도덕적 행동을 위한 단 하나의 가장 중요한 동기화라고 판단하는지에 대하여 명확히 하지 않고 있다. 이 쟁점을 정면으로 다루기는커녕, 그는 즐거움 외에 열여섯 개의 다른 요인들이 도덕적 동기화를 설명해 준다고 적고 있다. 이 요인들은 그리스도교적 아가페 정신이나 조건 없는 사랑으로부터 프로이드(Sigmund Freud)의 초자아(superego) 개념, 철학자 베르그송(Henri Bergson)의 자발적인 도덕적 노력의 관념에까지 이르고 있다. 그런데 맥페일은 열여섯 개의 관점들을 하나의 통일체로 합치려는 시도를 거의 하지 않는다. 그의 논의 방식은 통합을 위한 움직임이라기보다는 충돌하는 인지 사항들을 혼성시키는 것으로 보인다. 꿩 먹고 알 먹고 할 수 없듯이 과자는 먹으면 없어지는 법인데, 그는 과자를 갖고도 싶고 먹고도 싶어 하는 것 같다. 즐거움이 도덕적 동기화의 원칙 그것이지만, 대립적인 다른 모든 설명들 또한 이치에 맞는다고 주장하는 셈이다.

맥페일은 그럴싸하지만 회피적인 웅변술 뒤로 이론적 모순을 숨기는 경향이 있다. 예를 들면, 그는 '조건화'(conditioning)와 '계획 작성'(programming)이야말로 교사의 업무라고 주장한다. 그의 견해에 의하면, "… 모든 사람은 조건부의 상태이다. … 모든 어른들은 젊은이들의 이른바 자연스러운 발달을 간섭한다. 우리는 우리가 아이에게 제멋대로 자라도록 자유를 허용하고 있다고 착각하는 것보다는, 무엇이 일어나고 있는지를 아는 것, 아이에게 미치는 어떤 영향력들을 인정하고 이해하는 것이 더 낫다고 제안하는 바이다. 그건 솔직히 하나의 위험스런 자기망상이다." 맥페일은 이렇게 인간의 행동에 대하여 결정론적이고 기계론적인 개념을 암시한다. 그럼에도 불구하고 그는 또한 우리가 학생들로 하여금 융통성 있고 인본주의적으로 되도록, 그리고 그들 자신과 후손들이 살아야 할 사회를 선택하고 건설하며 발전시킬 수 있도록 도와야 한다고 쓰고 있다. "일단 그들이 스스로를 단지 추상적인 역사 과정 내지 비인격적 제도의 담보물에 불과하다고 느끼면서 환경을 제어하지 못하게 되면, 그들은 자신이나 다른 이들을 충분히 구체화된 개인으로 여기는데 많은 어려움을 겪을 것이다."

어떻게 하면 교사는 학생들로 하여금 우발적인 강화(强化)를 넘어서도록 조건 지을 수 있을까? 어떻게 하면 우리는 사람들을 자유롭게 만들 수 있을까? 혹은 다른 각도에서 볼 때, 만일 도덕적 행동이 그 스스로의 보답이라면 왜 우리는 조건화를 필요로 하는 것일까? 자유(自由)와 결정론(決定論)에 대한 관념들이 비판력 없이 또 부주의하게 사용되고 있다. 이 관념들을 통합하려는 맥페일의 시도는 다음의 글에 반영되어 있다.

> 일단의 근심거리들이 학생들을 조건화하거나 세뇌하는 점에서 때때로 표현된다. 그러나 우리가 제의하는 일이 과학적이고 스키너적인[13] 의미의 조작

적 조건화(operant conditioning)[14] - 많이 남용되어온 말인 - 에 의존하지는 않는다. 명예나 사탕으로 보답되는바 곧바로 '옳은' 반응은 없으며, 훨씬 적은 처벌의 비난을 초래하는바 '그릇된' 반응도 없다. 무엇이 옳은지 아니면 그른지, 무엇이 적절한지 아니면 적절치 않은지, 무엇이 보람 있는지 아니면 낭패인지는 개별적으로 및 집단적으로 학급으로부터 받는 피드백에 의하여 결정되는 것으로서, 실험실의 쥐들을 손에 쥔 서류상의 스케줄에 따르게 만들려고 시도하는 하얀 작업복을 입은 임상 담당자에 의하여 결정되는 것은 아니다. 보답이란 각자가 자신의 인간성의 기능으로서 즐기는 그런 보답이다.

만일 조작적 조건화가 아니라면, 그는 어떤 조건화를 마음에 두고 있는 것일까? 또 옳음이라는 것이 학급으로부터 받는 피드백에 의하여 결정된다고 말할 때 그가 의미하는 바는 무엇일까? 그가 의미하는 바는 도덕적으로 옳은 것을 결정함에 있어서 다수가 제어한다는 점일까? 그런데 맥페일의 고유한 용어를 사용하여, 만일 다수가 '동료 의존적'이거나 '공격적' 혹은 '미숙한 실험적'이라면 어떻게 될까? 교실의 '피드백'이 도덕적 결정을 위한 궁극적인 정당화를 제공해 줄까? 이렇게 다수에 대하여 호소하는 일이 우리가 우리의 인간성의 기능으로서 보답을 경험한다는 관념과는 어떻게 연결되는 것일까? 보답이라는 것은 도덕적 발달이 서로 다른 단계들에 있는 청소년들의 경우 서로 다르지 않을까? '공격적인' 청소년이 '의존적인' 청소년과 똑같은 방법으로 보답 받을 수 있는 것일까? 맥페일은 그의 이론의 핵심적 측면들에 관해서는 우리를 무지의 상태로 남겨두고 있다.

우리는 도덕적 응답들에 대한 맥페일의 분류 속 범주들이 빈약하게 정의 내려진 것이라는 점을 이미 지적한 바 있다. 더구나 청소년들이 그에 의하여 하나의 단계로부터 그 다음 단계로 움직이는 메커니즘에 대해서는 아무런 설명도 없다. 설사 조건화가 발달에 대하여 설명한다

하더라도, 이것이 어떤 수준의 응답으로부터 다음 수준의 응답에로의 변화에 어떻게 영향을 미치는지는 분명하지 않다. 생각건대 만일 조건화가 매우 강력한 힘을 갖는 것이라면, 교사는 청소년들이 덜 바람직한 단계들을 빠져나가기를 기다리는 일 없이 그들로 하여금 성숙한 방법으로 처신하도록 조건 지을 수 있을 것이다. 그럼에도 불구하고 맥페일은 청소년기가 학생들 편에서 다양한 역할과 정체성을 엄밀하게 시험해보는 자유가 촉진되어야 하는 하나의 사회적 실험의 시기라고 주장한다. 다시 말하건대 맥페일의 심리학적 입장에서 어떤 명확한 추론의 계열을 찾아보기란 어렵다.

교사는 특히 도덕적 성숙을 다수의 윤리라는 관점에서 정의 내리려는 맥페일의 경향에 신중할 필요가 있다. 앞에서 주목하였듯이 자신의 원래의 조사연구에서 맥페일은 중산층 사회의 규범을 도덕적 성숙과 동등시하였다. '규칙 시험하기' 시리즈가 비판적인 '인습 이후'의(콜버그 모형에서의 용어를 빌리자면) 사고를 촉진하려고 노력하지만, 독창적이고 자주적인 의사 결정이 맥페일의 이론적 저작물들에서 충분히 강조되지는 않고 있다. 또 교사를 위한 지침에 있어서, 보다 높은 수준의 사고를 자극하기 위하여 학생들의 반응을 엄밀히 조사해보는 방법에 대해서는 아무런 논의도 없다. 전반적으로 바라볼 때 고려 모형은 자율적 판단에 대해서보다는 인습적 반응을 발달시키는 데 대해서 더 관심이 있는 것으로 보인다.

고려 접근법의 강점은 라이프라인의 자료들에 있다. 만일 교사가 다른 모형들이 제공해주는 이론적 통찰력(예를 들어 셰이버의 그것이나 콜버그의 그것)을 이 자료들에로 가져올 수 있다면, 라이프라인 프로그램이야말로 도덕교육이라는 큰 사업에 대해 귀중한 기여를 할 수 있게 될 것이다.

4장 고려 모형 미주

1 Peter McPhail은 영국 옥스퍼드대학교의 교육학자이자 심리학자이다. Schools Council Moral Education Curriculum Project의 책임자였으며, "Moral Education in the Secondary School"(1974) 등의 논문을 썼다. - 역자 주

2 Peter McPhail, J. R. Ungoed-Thomas & Hilary Chapman, *Learning to Care* (Niles, Ill. : Argus Communications, 1975). 다른 인용 표시가 없는 경우 이 장의 모든 인용문은 이 책에서 나온 것이다.

3 John Ruskin(1819~1900)은 영국의 작가이자 예술 비평가, 사회 사상가이다. 옥스퍼드대학교 교수를 지냈으며, 주요 저서로 『The Stones of Venice』(1853), 『Modern Painters』(1860) 등이 있다. - 역자 주

4 John E. Acton(혹은 Lord Acton, 1834~1902)은 영국의 역사가이자 정치가, 작가이다. 독일의 뮌헨대학교에서 공부하였으며, 귀국하여 캠브리지대학교 교수를 지냈다. 독실한 가톨릭 신자로서 자유의 역사, 자유주의 가톨릭사상 등에 관심이 있었으며, "권력은 부패하기 쉽다."는 그의 말은 지금까지 자주 인용되고 있다. - 역자 주

5 Abraham H. Maslow(1908~1970)는 미국의 심리학자로서 브랜다이스대학교 교수를 지냈다. 욕구 5단계설을 제시한 저서 『Motivation and Personality』(1954)로 유명하다. - 역자 주

6 Abraham Maslow, *Motivation and Personality* (New York : Harper & Row, 1970).

7 Carl R. Rogers(1902~1987)는 미국의 심리학자이다. 심리학에 대한 휴머니즘 접근의 창시자로 평가받아 왔으며, 시카고대학교 및 위스콘신대학교 교수를 지냈다. 주요 저서로 『On Becoming a Person』(1961), 『On Personal Power』(1977) 등을 남겼다. - 역자 주

8 Peter McPhail, J. R. Ungoed-Thomas & Hilary Chapman, *Sensitivity*, booklet from section 1 of the Lifeline program (Niles, Ill. : Argus Communications, 1975).

9 Peter McPhail, J. R. Ungoed-Thomas & Hilary Chapman, *Consequences*, booklet from section 1 of the Lifeline program (Niles, Ill. : Argus Communications, 1975).

10 Peter McPhail, J. R. Ungoed-Thomas & Hilary Chapman, *Points of View*, booklet from section 1 of the Lifeline program (Niles, Ill. : Argus Communications, 1975).

11 Peter McPhail, J. R. Ungoed-Thomas & Hilary Chapman, *Rules and Individuals*, booklet from section 2 of the Lifeline program (Niles, Ill. : Argus Communications, 1975), p.24.

12 Peter McPhail, J. R. Ungoed-Thomas & Hilary Chapman, *Who Do You Think I Am?*, booklet from section 2 of the Lifeline program (Niles, Ill. : Argus Communications, 1975), pp.25-26.

13 스키너(Burrhus F. Skinner; 1904~1990)는 미국의 행동주의 심리학자로서 하버드대학교 교수를 지냈다. 보상은 반응이 반복될 가능성을 높이지만 처벌은 그 반대라는 강화(强化) 이론을 통하여, 강화를 어떻게 주는 것이 학습에 효과적인지를 설명하였다. 주요 저서로

『The Behavior of Organisms』(1938), 『About Behaviorism』(1974) 등이 있다. - 역자 주

14 조작적 조건화(操作的 條件化)는 행동주의 심리학의 용어로서, 어떤 반응에 대해 선택적으로 보상함으로써 그 반응이 일어날 확률을 증가시키거나 감소시키는 방법을 말한다. 작동적(作動的) 조건화라고도 한다. - 역자 주

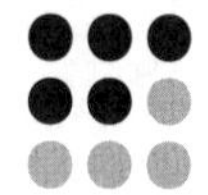

가치화 과정 및 명료화 모형

민주주의 안에서의 삶은 한 사람으로 하여금 자신이 원하는 것을 선택할 수 있는 기회를 극대화하게 한다. 각자가 내리는 선택은 개인적인 가치를 반영하며 그에 따라 그 가치를 확정하도록 도와준다. 가치 명료화는 개인이 무엇을 소중히 할지에 대하여 결정하는 일을 돕고자 시도한다. 가치 명료화의 주창자들이 지적하는 바에 따르면, 정치, 종교, 우정, 사랑, 성, 인종, 돈 등의 '가치 풍부' 영역 안에서는 의사 결정에 있어서 많은 영향을 받기 쉽다. 학생들은 부모, 동료, 학교, 종교의 영향들－이들은 종종 서로 모순된다－에 노출되어 있다. 일하는 부모, 해체된 가정, 텔레비전, 대규모의 학교, 서로 다른 선생님들, 형형색색의 친구들, 여행 등이 주는 효과는 종종 가치 혼란을 가져온다. 가치교육과 관련이 있기에 특히 학교교육의 기능 또한 혼란스러워진다. 지리적으로 보다 여러 학구(學區)의 학생들을 수용하게 되면서, 학교들은 소규모 공동체의 균일한 가치들을 가르치는 일로부터 지식의 습득을 강조하며 무(無) 가치를 지향하여 가르치는 일에로 전환해 간다. 그래도 학교는 그의 정해지지 않은 '잠재적' 교육과정을 통하여 계속해서 가치를 가르치고 있다. 너무나도 자주, 학습되는 것은 권위에 대한 복종이요 성인 모델들은 흔히 스스로의 가치와 도덕적 훈계에 따르지 않는다는 인식이다.

이 문제들에 응답하여 라쓰(Louis Raths), 하민(Merrill Harmin), 사이먼(Sidney Simon)은[1] 가치 명료화(價値明瞭化)라 불리는 가치교육의 한 가지 모형을 개발하였다. 이 모형은 사람들이 가치 혼란을 줄이고 가치화 과정(valuing process)을 통하여 하나의 일관된 가치 무리를 촉진하도록 도우려는 시도이다.

이러한 과정의 기초를 이루는 것은 견해의 교화(敎化)를 피하고 가치를 결정하는 데 있어서 이성의 사용을 촉진할 필요가 있다는 점이다. 가치 명료화 과정은 선택, 존중, 행위라는 과정을 통해서 이성적인 가치 선택을 촉진하기 위해 설계된 것이다.

가치 명료화는 네 개의 중요한 요소들을 지닌다.

1. **삶에 대한 초점** 가치 명료화는 적절한 삶의 쟁점들에 초점을 맞춘다. 그것은 학생들에게 자신의 삶의 형태에 초점을 맞출 것을 요구하며, 자신의 개인적인 우선권이 어떻게 가치들의 위계를 반영하고 있는지를 묻는다.

2. **현 상태의 용인** 학생들에게 스스로의 가치 상태에 대하여 판단 없이 받아들이도록 지시하는 일은 중요하다. 이것은 반드시 우리가 누군가가 말하거나 행하는 바에 대하여 승인한다는 점을 의미하지는 않는다. 여기서의 용인이란 학생들이 자신을 개인으로서 받아들이는 일, 그리고 스스로에게 정직하게 터놓는 일을 거드는 것을 의미한다.

3. **더 숙고하라는 권유** 가치 명료화는 가치를 용인할 뿐만 아니라 숙고하도록 요구한다. 이는 "(a) 보다 많은 정보가 주어진 선택들이 있음, (b) 개인이 높이 평가하고 소중히 하는 것이 무엇인지에 대하여 더 알

고 있음, (c) 선택과 존중을 나날의 행동에로 더 잘 통합함"을[2] 통하여 이루어진다.

4. **개인적 능력의 육성** 가치 명료화를 지지하는 이들은 사람들이 가치 명료화를 일삼아서 행함에 따라 개인적인 방향 감각과 성취감을 얻을 수 있다고 생각한다.

1. 이론

가치 명료화 모형은 가치와 행동 간의 관계를 분석하는 데서 유래한다. "우리는 아동들이 학교나 가정에서 드러내는 몇몇 종류의 문제들이 가치에 기인하는, 아니면 더 정확하게는 가치의 결여에 기인하는 것으로 유익하게 경험되고 있음을 알게 되었다."[3] 이 가설을 확대해볼 경우, 동 이론은 우리가 사회와의 관계에서 스스로를 얼마나 뚜렷하게 바라보는가가 자신이 드러내는 행동을 결정하리라는 점을 시사한다. 커센바움(Howard Kirschenbaum)은[4] 동 이론을 명료화하려는 시도에서 이 점을 강조하고 있다.

> 자신이 취하는 입장-개인적인 것이든 사회적인 것이든-에 따라 초래될 결과에 관해서 관심을 갖는 일이야말로 명료화 과정에 대하여 언제나 중심을 이루어 왔다. 애초부터 가치 명료화는 어떤 정적(靜的)인 '명쾌함'을 결코 조장하지 않았으며, 그보다도 가치로 된다는 것은 한 사람의 가치가 전진하여 발달하는 것-가치에 입각하여 조치를 취하는 일을 포함하여-을 이른다.[5]

가치 명료화 이론가들은 자신과 사회와의 관계에 대해서 명확한 사람이 대개 긍정적이고 목적 지향적이며, 열정적이고 자부심 있으며 언행이 일치된 특성을 보인다고 믿는다. 반면에 혼란스러운 상태의 사람은 냉담하고 경솔하고 확신이 없으며, 언행이 불일치하고 표류하고 지나치게 순종적이거나 반항적이며 가식적인 경향을 보인다고 믿는다. 가치에 대한 이 같은 혼란은 끊임없이 미래의 충격을 경험하는 복잡한 민주주의 사회에서 놀라운 일은 아니다. 그렇지만 우리가 어떤 혼란스러운 상황을 받아들일 필요는 없다. 가치 명료화 모형은 가치 혼란의 행동적 징후를 줄이려는 교육적인 해결책-가르쳐질 수 있는 가치화 과정-을 제공하고자 시도하는 것이다.

1) 가치란 무엇일까?

가치들은 사회적 경험에서 발산된다. 사람들은 끊임없이 행동에 대한 지침들을 찾고 또 그것들을 배워 가는데, 삶에 대하여 초점을 맞추는 경향이 있는 이 같은 지침들을 우리는 가치라고 부른다. 가치 명료화의 목적의 하나는 사람들로 하여금 스스로를 변화무쌍한 세계에 대하여 만족스럽고 지적인 방법으로 관련시킬 수 있게 해줄 가치를 얻도록 돕는 데 있다. 따라서 가치란 고정된 태도가 아니며 불변의 진리도 아니다. 오히려 그것은 각자의 개인적 및 사회적 경험에 뿌리를 둔 길잡이이다.

> 그러므로 우리는 가치를 그것을 형성하고 그것을 시험하는 경험과 부단히 관련되는 것으로 본다. 누구에게 있어서나 가치는 견고하고 단단한 진리라기보다는 환경이라는 일정한 배경 안에서 하나의 삶의 스타일을 산출하는 일의 결과이다. 산출하려는 노력을 충분히 기울인 연후에, 일정한 패턴의 평가

와 행동이 발달하기 쉽다. 이제 어떤 것들은 옳고 바람직하며 훌륭한 것으로 간주된다. 이것들이 바로 우리의 가치가 된다.[6]

가치 명료화 모형은 사람이 무엇을 믿는가에 대해서보다는 그(그녀)가 어떻게 믿는가에 대해서 관심이 있다.

그러므로 우리는 어떤 가치, 어떤 삶의 스타일이 누구에게든 가장 적절할 것인지에 대하여 확신할 수 없다. 그렇지만 우리에게는 어떤 과정이 가치들을 얻는 데 있어서 가장 효과적일 수 있는지에 대해서는 다소의 아이디어가 있다.[7]

2) 가치화 과정(valuing process)

자신의 고유한 가치에 도달하기 위해서라면 우리는 그러한 가치에 관하여 선택(choosing), 존중(prizing), 행위(acting)라는 과정에 관여해야 한다. 전반적인 가치 명료화 과정은 실제로 일곱 개의 하위 과정들을 포함한다.

선택 : (1) 자유롭게, (2) 대안(代案)들로부터, (3) 각 대안의 결과에 대하여 사려 깊게 고려한 후에.

존중 : (4) 선택을 소중히 여기고 행복해 함; (5) 선택을 공개적으로 기꺼이 확언함.

행위 : (6) 선택에 따라 무엇인가를 행하고, (7) 삶의 어떤 패턴 안에서 반복하여.[8]

일곱 개의 하위 과정들에 대한 설명은 다음과 같이 진술될 수 있다.

1. **자유롭게 선택하기** 강요에 의하여 특정한 가치를 선택하게 된 개인이 그 가치를 자신의 가치 구조에 통합할 가능성은 거의 없다.

2. **대안들로부터 선택하기** 이는 첫 번째 하위 과정과 밀접하게 관련되어 있다. 개인에게 많은 선택들을 허용해 주는 것은 그가 자유롭게 선택할 기회를 늘리는 셈이다.

3. **결과를 고려한 후에 선택하기** 가치화는 개인이 만일 특정의 가치를 선택하는 경우 무슨 일이 일어날 수 있는지에 대하여 의식적으로 숙고하기를 시도하는 사려 깊은 과정이다. 충동적인 선택은 지적인 가치 체계에 이르지 못할 것이다.

4. **존중하기 및 소중히 여기기** 라쓰에 따르면 우리는 자신의 가치를 소중히 여겨야 하고 그것을 생활의 통합적 측면으로 생각해야 한다. 우리는 자신의 가치에 대해서 자부심을 가져야 한다.

5. **확언하기** 만일 자신의 가치를 그 결과에 대하여 고려한 후에 자유롭게 선택했다면, 우리는 이 가치에 대해서 기꺼이 확언하려 해야 한다. 우리는 자신의 가치를 부끄러워해서는 안 되며 기회가 될 때 그것과 함께해야 한다.

6. **선택에 입각하여 행동하기** 우리가 지닌 가치는 우리의 행동에서 분명해야 한다. 사실 우리의 행동은 우리가 소중히 여기는 가치를 반영해야 한다.

7. **반복하기** 만일 가치에 입각하여 행동한다면, 우리는 일관되고 반복적인 패턴으로 그렇게 해야 한다. 자신의 행동이 가치와 일치하지 않는다면, 우리는 자신의 가치와 행동 간의 관계를 보다 면밀하게 살펴보아야 한다.

가치화 과정은 세 가지 종류의 내용에로 적용된다. 첫째, 사람의 삶의 측면으로서 가치 지표(예를 들어, 목표 또는 포부)라 불리는 것들이 있다. 따라서 토론은 학생들의 관심과 포부를 명료화하는 데 초점을 맞출 수 있다. 내용의 두 번째 원천은 우리가 직면하는 개인적인 이슈들이다. 이는 사랑, 우정, 성욕, 일, 결혼, 충성심 등을 포함한다. 셋째로, 몇몇 사회적 쟁점들이 가치 명료화를 통하여 고찰될 수 있다. 지역사회 내의 빈곤, 인종 차별, 언론의 자유, 파업권과 같은 쟁점들이 가치 명료화 과정을 필요로 할 수 있을 것이다.

일곱 개의 하위 과정들을 적용하는 데 있어서 한 가지 문제는 명확한 기준이 결여되어 있다는 점이다. 얼마나 많은 대안들을 손에 넣을 수 있어야 할까? 행동은 얼마나 자주 반복되어야 할까? 결과를 고려함에 있어서 무엇이 '사려 깊게' 고려되어야 하는 것일까? 이 점을 인정한 커센바움은 가치 명료화의 과정에 대하여 그것을 둘러싸면서 다섯 차원－사고(thinking), 느낌(feeling), 선택(choosing), 소통(communication), 행위(acting)－으로 넓히고 있다.

사고와 느낌은 커센바움이 동 모형을 넓히기에 앞서 주요한 관심사였다. 일반적으로 가치 명료화는 비판적 사고 기술을 정의적 영역에로 적용하는 것을 이른다. 커센바움은 인지적 및 정의적 차원들을 설명하는 데 있어서 비판적 사고, 분기적(分岐的) 사고, 도덕적 추론의 필요성을 강조한다. 동시에 그는 느낌의 차원에 따라 성숙한 자아 개념을 발달시킬 필요성에 대해서도 강조하고 있다.

커센바움의 지적에 의하면 가치 명료화의 과정은 필연적으로 사회적 담화 곧 소통을 포함한다. 다른 이들과 생각 및 감정을 나누는 일이야말로 동 모형의 중대한 요구 사항이다. 그러므로 학생들은 또한 귀담아듣는 일에, 그리고 갈등을 해결하는 기술들에 숙련되어야 한다. 커센바움에 의해 배치된 선택 및 행위의 차원들은 원래의 일곱 과정 안에 편성된 선택 및 행위의 하위 과정들과 유사하다.

2. 실제

본질적으로 가치 명료화 모형은 교실에서의 대화에 뿌리를 두고 있다. 이 접근법이 특정 가치들의 주입을 지향하지는 않는다. 그 목적은 오히려 학생들이 가치화의 일곱 개 하위 과정들을 자신의 삶 속에서 이용하도록, 그리고 이 가치화 과정들을 현행의 혹은 출현하는 신념과 행동에로 적용하도록 도와주는 데 있다.

이 과업을 이루기 위하여 교사는 특별히 고안된 기법이나 연습 교재들을 사용하는데, 동 기법이나 연습 교재들은 학생들로 하여금 일곱 개의 하위 과정들 각각에 부여된 기준에 따라 자신의 가치를 명료화하게 하는 일을 돕기 위해 개발되었다. 가치 지표를 인식하는 일은 이 과정에서 교사와 학생들을 돕는다. 가치 지표(value indicators)란 대개 너무 광범위하여 가치라고 간주될 수 없지만(이를테면 일곱 개의 기준들을 모두 충족할 수 없음), 그것으로부터 마침내 가치가 나타날 수 있는 실재를 말한다. 라쓰, 하민, 사이먼은 여덟 개의 가치 지표를 실례로서 다음과 같이 기록하고 있다. (1) 목적이나 목표, (2) 포부, (3) 태도, (4) 관심, (5) 감정, (6) 신념 내지 확신, (7) 활동, (8) 근심거리, 문제, 장애물.

목적이나 목표 목적이나 목표가 대개 가치 지표인 이유는, 그것들이 일반적인 방향을 나타내기 때문이다. 그럼에도 불구하고 목적이나 목표는 일곱 과정이 가치를 발달시키는 데 적용될 수 있는지 여부를 알기 위해 학생과 더불어 조사될 수 있다. 목표에 대한 진술을 나타내는 전형적인 핵심 낱말들은 다음과 같다.

우리는 …하는 일에 대하여 생각하고 있다.
15일에 나는 …하려고 한다.
도심지에 있는 동안 우리는 …
나는 …할 계획을 위해서 글을 썼다.
이러한 …을 얻게 될 때, 나는 …을 하려고 한다.
우리는 그로부터 … 소식 듣기를 기다리고 있다.
정말 토요일이 오기는 올까?
나는 …하고 싶다.[9]

포부 포부는 어쩌면 가능한 장기간의 애착을 나타낼 것이다. 교사는 다시 한 번 학생들이 가치화의 일곱 과정을 통하여 이 같은 애착의 깊이를 고찰하는 데 있어서 도움을 줄 수 있다. 포부에 대한 진술을 나타내는 전형적인 핵심 낱말들을 보면,

앞으로 …
내가 어른이 되면 …
언젠가 나는 …을 하려고 한다.
나의 장기 계획은 …
대략 십년이 지나면, 나는 …
모든 일이 잘 진행된다면 …
가까운 날 중에 … [10]

태도 때때로 우리는 무엇인가에 대하여 찬성하거나 반대할 수 있는데, 이는 보통 그것에 대한 태도에 해당한다. 태도에 대한 진술을 나타내는 전형적인 핵심 낱말들을 보면,

나는 …에 찬성한다.
나는 …에 반대한다.
내 느낌은 …
… 경우에, 내 생각은 …
그것을 바라보는 나의 방식은 …
만일 네가 나에게 묻는다면 …
나의 의견은 …
나의 선택은 …
그것을 행하는 나의 방식은 …
나는 …을 확신한다.
나는 …이라고 믿는다.[11]

관심 관심은 어떤 것에 대하여 보다 의도 없는 자연스러운 태도를 보인다. 관심이 일반적인 경향을 나타낼 수 있지만 좀처럼 가치로 간주되지는 않는다. 그에 대한 진술에서의 전형적인 핵심 낱말들을 보면,

나는 … 만들기를(또는 하기를) 좋아한다.
나의 취미는 …이다.
네, 저는 …하기를 신청합니다.
나는 참으로 …에 대한 읽기를 즐긴다.
만일 마음대로 고를 수 있다면, 나는 …할 표를 살 것이다.
대부분의 주말마다 나는 … 열중한다.
방과 후 매일 저녁에 나는 …
정말이지 아무 것도 …보다 나를 기분 좋게 해주는 것은 없다.
나는 …에 관한 목록을 구했다.[12]

감정 감정은 보다 깊은 가치에의 전념을 나타낼 수 있거나 아니면 그럴 수 없는 현재의 정서를 반영한다. 감정은 그것이 가치에 해당하는지 여부를 알아보기 위해서 일곱 개의 기준에 따라 고찰될 필요가 있다.

감정을 포함하는 진술을 나타내는바 전형적인 핵심 낱말들은,

만일 … 경우라면, 나는 기분이 나쁠 것 같다.
… 때, 나는 화가 났다.
나는 …에 대하여 좋은 소식을 들었다.
… 때, 나는 힘들게 지냈다.
샐리가 …했다는 점을 귀담아 들어봐라.
…이면 좋겠다.
… 때, 나는 죄의식을 느낀다.[13]

신념 내지 확신 외관상으로는 신념이 가치인 것처럼 보이기도 하지만, 종종 당사자가 신념을 존중하지 않거나 혹은 그 신념을 자유롭게 선택하지 않았을 수도 있다. 따라서 그것이 반드시 가치인 것은 아니다.

활동 활동 역시 가치에 해당할 수 있다. 다만 검사를 해본 후에 한해서, 우리는 활동이 기본적인 가치를 반영하고 있는지 여부에 대하여 확인할 수 있을 것이다. 예컨대 어떤 사람이 교회 의식에 참석하고는 있지만, 이 참석이 개인의 선택에 따른 것이 아닐지도 모른다. 그러므로 활동이 하나의 가치를 나타낼 수 있겠지만 그렇지 않을 수도 있다. 활동에 대한 진술을 나타내는 전형적인 핵심 낱말들은,

방과 후에, 나는 대개 …
지난 주말에, 우리는 …
근무 시간이 끝나고서, 나는 …에 갔다.
할로윈 축제 때 우리가 했던 가장 멋진 일들 중 하나는 …
어제 오후 내내 …
우리는 진짜 …하며 놀고 싶다.[14]

근심거리, 문제, 장애물 이것들은 관심사를 가리키고 있지만, 대개 잘 발달된 가치를 표현하지는 않는다.

가치 지표는 종종 일반적인 교실의 담화에서 드러나며, 학생들이 소중히 한다고 믿는 것에 대한 실마리를 이른다. 학생들로 하여금 이 같은 가치 지표를 드러내도록 기회를 제공하는 일이야말로 야기될 필요가 있는 환경의 몫이며, 가치 명료화의 지지자들이 취하는 기법과 전략의 목표이기도 하다.

1) 명료화 응답

가치 명료화 과정이 토론을 동반하기 때문에, 교사는 자신의 가치 체계를 '올바른' 대답으로 부과하지 않도록 유의해야 한다. 모든 사람이 존중되고 신뢰받으며 자유롭게 말하든지 아니면 침묵 중에 다른 이의 의견을 듣든지 하는 분위기를 이루는 것은 하나의 필요조건이다. 참여자들은 다른 이의 생각이나 감정을 용인한다고 해서 그것이 곧 동의를 의미하지는 않음을 인정해야 한다. 명료화 과정은 자발적인 노력이며 각자의 프라이버시를 존중한다.

가치 명료화 전략의 목표는 위협적이지 않은 대화를 만들어내는 데 있다. 대화가 부드럽다는 것은 대결이나 부단히 조사하는 일이 정당화되지 않음을 뜻한다. 콜버그 모형에서의 토론 등 다른 모형에서의 토론이나 대화와 달리, 여기서의 대화는 '허용하고 자극적이지만 강요하지는 않은' 것이 희망되고 있다.

이 같은 대화의 좋은 예가 교실에서의 다른 모든 가치 명료화 기법들을 뒷받침하는 '명료화 응답'(clarifying responses)에서 설명된다. 이 응답 전략은 자기 자신의 가치들에 대하여 정교하게 자극하는 것을 의미한다. 여기 명료화 질문의 몇 가지 예가 있다.

• 일곱 개 가치화 과정들에 의해 암시된 명료화 응답들 •

1. 자유롭게 선택하기
   a. 당신 생각에 그 아이디어를 처음 얻은 것은 어디였나요?
   b. 당신은 얼마나 오랫동안 그렇게 느꼈나요?
   c. 당신이 해야 한다고 말한 것을 하지 않으려 한다면 사람들이 뭐라고 말할까요?
   d. 당신은 누군가로부터 도움을 받고 있나요? 도움이 더 필요한가요? 내가 도울까요?
   e. 이렇게 느끼는 사람이 당신 동료들 중 당신 혼자인가요?
2. 대안들로부터 선택하기
   a. 당신이 이것을 고르기 이전에 뭔가 다른 것을 생각해봤나요?
   b. 당신이 결정을 내리기 이전에 얼마나 오랫동안 주위를 둘러보았나요?
   c. 어려운 결정이었나요? 무엇이 최종 결정에 영향을 주었나요? 누가 도와주었나요? 더 도움이 필요하나요?
   d. 당신은 다른 가능한 대안에 대하여 생각해봤나요?
   e. 당신의 선택 이면에 뭔가 이유들이 있나요?
3. 사려 깊게 그리고 반성하여 선택하기
   a. 사용할 수 있는 각 대안의 결과들은 무엇이던가요?
   b. 이점에 대해서 많이 생각해봤나요? 당신의 생각이 어떻게 움직이던가요?
   c. 이것이 내가 당신이 …(진술을 설명한다)…을 말한다고 이해하는 바인가요?
   d. 당신은 …(학생들이 진술의 곡해를 수정할 만큼 충분히 명료한지를 알기 위해 진술을 곡해한다)…을 의미하고 있는가요?
   e. 당신의 선택에는 어떤 가정들이 포함되어 있나요? 그것들을 살펴봅시다.
4. 존중하기 및 소중히 여기기
   a. 당신은 그렇게 느끼는 점이 기쁜가요?
   b. 당신은 얼마나 오랫동안 그것을 원했나요?
   c. 그것은 어떤 점이 좋은가요? 어떤 목적에 이바지하나요? 당신에게 왜 중요하나요?
   d. 모든 사람들이 당신 방식처럼 그것을 해야 하나요?
5. 확언하기
   a. 당신은 느낀 바를 언젠가 학급 동료들에게 이야기할 수 있나요?
   b. 당신은 그 아이디어를 지지하는 탄원서에 기꺼이 서명할 수 있나요?

c. 당신은 …(아이디어를 반복한다)…을 믿는다고 말하는 건가요?
d. 당신이 …(아이디어를 반복한다)…을 믿는다고 말하는 것을 의미하지 않나요?
e. 당신의 방식을 믿는 사람이라면 용기를 내어 말해야 하나요?

6. 선택에 입각하여 행동하기
   a. 나는 당신이 추구하는 바에 대해서 들어 알게 되었는데, 이제 당신이 그에 관하여 할 수 있는 무언가가 있나요? 내가 도울까요?
   b. 당신이 취할 첫 번째 수단, 두 번째 수단은 무엇인가요?
   c. 이 아이디어를 지지하면서 당신의 돈 약간을 기꺼이 내놓으려 하나요?
   d. 당신 행동의 결과에 대하여 고찰해본 적이 있나요?
   e. 이와 동일한 목적을 위해 세워진 조직들이 있나요? 참가할 수 있나요?
7. 반복하기
   a. 당신은 꽤 오랫동안 이렇게 느껴왔나요?
   b. 이미 무언가를 행해왔나요? 자주 행하나요?
   c. 그에 대하여 더 많이 행할 계획은 무엇인가요?
   d. 당신은 다른 사람들에게 권하여 그것에 흥미를 갖고 열중하게 해야 하나요?
   e. 시간적으로나 금전적으로 그렇게 해올 가치가 있던가요?[15]

명료화 응답은 다음과 같은 요소들의 특징이 있다.

① 명료화 응답은 도덕을 가르치는 일 내지 옳거나 그른 응답에 초점을 맞추는 일을 피한다.
② 명료화 응답의 목표는 학생들에게 스스로 결정하도록 책임을 부과하는 데 있다.
③ 명료화 응답은 학생들이 반드시 응답하기를 기대하지는 않으며 그(그녀)가 통과하기를 허용한다.
④ 명료화 응답의 목적은 매우 제한되어 있다. 그 지향점은 행동의 변화가 아니라 기분의 조성이다.
⑤ 명료화 응답은 학생들을 면담하는 일이 아니라 사고를 자극하는 일에 사용된다.
⑥ 확대 토론은 대개 명료화 응답에서 생기지 않으며 단지 짧은 대화 속에 있을 뿐이다. 실제로 교사는 대개 '멋지게 타이르기' 등으로 대화를 중지한다.

⑦ 명료화 응답은 개인에게 지향되어 있다. 그것은 집단 토론에서보다는 일대일의 만남에서 가장 유익하다.

⑧ 교사가 모든 사람이 교실에서 말하거나 행하는 모든 것에 응답하지는 않는다.

⑨ 명료화 응답은 학생들로 하여금 '올바른' 대답을 향하여 움직이도록 시도하지 않는다. 그것은 교사가 학생들로 하여금 자신이 마음에 간직하고 있는 대답을 향해 움직이게 하는 질문들을 포함하지 않는다.

⑩ 명료화 응답에 어떤 고정된 패턴이 있는 것은 아니다. 그것은 대화가 진행되는 가운데 자연스럽게 일어나야 하며 기계적인 방식으로 이용되어서는 안 된다.[16]

여기 명료화 응답을 사용하는 교사의 한 예가 있다.

교사 : 과학에 대해서 너는 정확하게 뭘 좋아하니?

학생 : 특히요? 음. 뭐랄까, 확실하진 않아요. 제가 그저 일반적으로 과학을 좋아한다고 생각해요.

교사 : 과학을 재미있게 즐기기 위하여 학교 밖에서 뭔가를 하니?

학생 : 아니요, 실은 없어요.

교사 : 리즈야 고맙다. 이제 수업으로 돌아가 볼게.[17]

명료화 응답 기법은 본질적으로 일대일 대화이다.

2) 가치지

가치지(values sheets; 價値紙)는 또 하나의 실행 가능한 전략이다. 라쓰는 학생들이 자신의 고유한 응답을 종이에 써볼 것을 제안한다. 비공식적인 토론이 따를 수 있지만, 가치지에서의 강조점은 쓰기 및 개인적 반성에 있다. 토론이 가치지와 더불어 사용될 경우라면, 라쓰는 학생들의 작은 집단이 더 위협적으로 되기 쉬운 큰 집단의 토론보다 낫다고 제안한다. 다음은 하나의 가치지이다.

• 가치지 9. 시민적 자유에 관하여 •

1958년의 국방교육조례는 교육 목적으로 연방 정부의 대부금 받기를 원하는 학생들은 "나는 무력이나 폭력 또는 불법적 내지 위헌적 방법으로 미국 정부의 타도를 생각하거나 가르치는 어떤 조직에 대해서도 신뢰하지 않고 그 구성원이 아니며 그것을 지지하지 않는다."고 진술하는 선서에 서명해야 한다고 명문화하였다.

1. 이러한 요구 조건에 대하여 어떻게 생각합니까? (하나에 체크하시오.)
   ____ 정당한 것 같다. 나는 이런 선서에 꺼려하지 않고 서명할 것이다.
   ____ 부당한 것 같지만, 그렇게 심각하지는 않다. 야단법석거리는 아니다.
   ____ 매우 심각하게 부당한 것 같다. 나는 이런 조건으로는 돈을 받지 않을 것이며, 법이 바뀌어야 한다고 생각한다.
   ____ (다른 의견이 있는 경우, 여기에 쓰시오.)

2. 몇몇 사람들은 이 같은 '충성 서약'을 심각한 것으로 여겼으며 그것을 근거로 하여 돈 받는 일을 거부하였다. 실제로 미국 내 32개의 주요 대학들이 특히 동 요구 조건을 문제 삼아 해당 프로그램에 참여하기를 철회하거나 거절한다고 공식적으로 교육성에 통보하였다. 다른 63개의 학교들은 참여하기는 했지만 마지못하여 그렇게 하였다.
당신은 왜 몇몇 학교들이 그 서약에 항의하였다고 생각합니까?

3. 이 규정은 1962년 회기 중에 의회에 의해 폐지되었다. 케네디 대통령은 폐지에 서명하면서 동 서약이 대학생들에게 '모욕적인' 것이라고 말하였다.
당신은 어떤 상황에서 정부가 국민들이 반대할 경우 법을 바꿔야 한다고 생각합니까?

4. 이 문제에 대한 당신의 심정을 좀 더 논해보시오. 아마도 당신은 시민과 정부 간의 일반적인 관계에 대해서, 아니면 위에 서술된 특수한 상황에 처해 있을 경우 당신이라면 어떻게 했었을 것인지에 대해서, 또는 향후에 이런 상황이라면 어떻게 할 것인지에 대해서 토론하기를 원할 것입니다.[18]

3) 가치 연속

대규모의 집단 토론을 포함할 수 있는 전략들이 있다. 예컨대 가치 연속(values continuum) 전략은 학급 전체를 관여하게 할 수 있을 것이다.

목표

가치 연속은 어떤 주어진 쟁점에 관하여 있음직한 대안들의 범위를 개발하는 데 도움이 된다. 학생들은 대부분의 쟁점들의 경우 많은 회색빛 종류들이 있다는 점을, 그리고 자신들이 이것 아니면 저것 식의 흑백 사고-교실에서 논의의 여지가 있는 쟁점들이 토론될 때 종종 발생하는-로부터 움직일 가망성이 크다는 점을 실감하기 시작한다. 연속은 또한 학생들로 하여금 자신의 의견과 신념을 공개적으로 확언해보도록 촉진한다.

절차

하나의 쟁점이 교사나 학급 어느 한쪽에 의해서 확인된다. 이 쟁점은 학급 토론 중에 나타나거나 혹은 교사에 의하여 미리 준비될 수 있을 것이다. 우리는 정부의 경제 통제라는 쟁점-흔히 사회주의 대 자본주의로서 회상되어 온-을 하나의 예로서 사용하고자 한다.

교사는 칠판에 긴 선 하나를 그린다. 그리고 그는 혹은 학급 전체와 함께, 그 쟁점에 대한 두 개의 정반대되는 견해들을 정한다. 예를 들어, 한쪽 끝의 견해를 "경제 업무에 대하여 정부가 전적으로 통제함", 다른 쪽 끝의 견해를 "경제 시스템에 대하여 정부의 통제가 전혀 없음"으로 한다. 두 견해들을 아래에 보이는 것처럼 선의 양쪽 끝에 배치한다.

전적으로 통제함 .... 통제가 전혀 없음

그런 연후에 교사는 연속선상에 일련의 점들을 표시하며 다음과 같이 말한다. "양쪽 끝의 두 점 사이에는 많은 위치들이 있어요. 내가 학급을 돌면서

여러분에게 자신은 이 쟁점에 대하여 어느 위치에 있는지 물을 거예요. 자신의 입장에 관하여 이유를 대지 않고 간단하게 말하면 돼요. 자기 생각에 얼마만큼의 통제가 바람직한지, 자신이 연속선상에서 스스로를 어디에 배치하고 싶은지 내게 말해주세요. 나중에 여러분은 자신의 입장에 대한 이유들을 나눌 수 있어요. 물론 본인이 원하면 그냥 통과할 수도 있고요."

교사는 교실을 돌아다니거나 봉사자에게 부탁하거나 한다.

학생들은 선 위에 자신의 이름을 표하고, 그 표지가 나타내는 바를 간략하게 말한다. 만일 열 명 가운데 다섯 명이 응답한다면, 이는 의견의 확산을 얻기에 그리고 모든 이에게 자신의 입장을 결정할 시간을 주기에 충분한 셈이다. 교사 역시 선 위에 자신의 이름을 표한 다음 입장을 설명할 수 있으며, 아니면 그냥 통과할 수도 있다.

이쯤이면 학급 내 모든 학생들은 쟁점에 대하여 스스로 고찰했다고 보이며, 자유자재의 토론이 쉽게 시작된다.[19]

토론 전략과 더불어 네 단계의 진행이 활용될 수 있을 것이다. 첫째, 화제를 선정한다. 토론을 시작하기 위한 방법들은 인용문 사용하기, 제목 없는 그림, 연극이나 영화의 장면, 자극적인 질문 등을 포함한다. 둘째, 학생들은 말하기 전에 생각할 기회를 가져야 한다. 이는 때때로 학생들로 하여금 전략이나 질문에 대한 자신의 반응을 쓰게 하는 일을 동반할 수 있다. 셋째, 학급은 소집단별로 혹은 전체 집단으로서 질문에 대해 토론할 수 있다. 소집단들은 초기의 짧은 시간동안 이용될 수 있으며, 이어서 학급이 전체로서 함께할 수 있다. 넷째, 학생들은 착석하여 다음과 같은 물음들을 통해 경험을 숙고할 수 있다.

나는 …을 배웠다.
나는 …을 알게 되었다.
나는 …에 대하여 호기심을 갖기 시작한다.

나는 …에 대하여 놀랐다.[20]

4) 가치 투표

가치 투표(values voting)의 경우 교사는 학급을 상대로, 각자가 가치 쟁점에 대해서 얼마나 다르게 느끼고 있는지를 알아보기 위해 조사한다. 가치 투표는 또한 학생들에게 자신의 가치를 공개적으로 확언하도록 허용한다.

교사는 하나의 질문을 큰 소리로 읽어주고, 학생들은 동 쟁점에 대하여 긍정하는 경우에는 손을 듦으로써, 아니면 의견을 달리하는 경우에는 엄지손가락으로 아래쪽을 가리킴으로써 투표할 수 있다. 결정을 내리지 못한 학생들은 팔짱을 낄 수 있다. 몇몇 질문들이 다음의 것들을 포함하여 이용될 수 있을 것이다. 여러분 중에 얼마나 많은 사람들이

① 십대들에게 자신의 복장을 선택하도록 허용해야 한다고 생각하나요?
② 본인이 양육되어온 것보다 더 엄하게 본인의 자녀를 양육할 예정인가요?
③ 하루에 세 시간 이상 텔레비전을 시청하나요?
④ 가장 자격을 갖춘 사람이 보통은 학교 선거에서 승리한다고 생각하나요?
⑤ 속임수가 정당화되는 때들이 있다고 생각하나요?
⑥ 불쾌한 향기를 풍기는 누군가에게 말을 건넬 수 있나요?
⑦ 일을 꾸준히 진행하는 것이 사회적으로 성공하기 위해 중요하다고 생각하나요?
⑧ 규칙적으로 종교 의식에 참여하여 그것을 향유하나요?[21]

5) 순위 정하기

순위 정하기(rank order) 전략은 학생들에게 경쟁하는 여러 선택들로부터 가치를 고르도록, 그런 다음에 그 가치를 확언하도록 요구한다. 학생들은 순위 정하기의 문제들을 완성한 이후에 소집단별로 또는 학급 전체로서 그 선택들에 대하여 토론할 수 있다. 순위 정하기의 몇 가지 샘플을 보면

1. 토요일 오후에 어디에서 지내길 바라나요?
   ____ 바닷가
   ____ 숲속
   ____ 할인 판매장
2. 어떤 학습 방법이 최선인가요?
   ____ 강의
   ____ 자주적인 공부
   ____ 세미나
3. 오늘날의 경우 어떤 것에 가장 낮은 우선권을 줄 건가요?
   ____ 우주
   ____ 빈곤
   ____ 방위
   ____ 생태학[22]

6) 양자택일의 강요된 선택

이 경우 학생은 두 개의 대안들 중 하나를 고른다. 교사는 원한다면 교실의 양쪽 측면에 두 대안들을 배치할 수 있으며, 이제 학생들은 자신의 관점을 나타내는 어느 한쪽 측면으로 움직일 수 있을 것이다. 양자택일의 강요된 선택(either-or forced choice)의 몇 가지 샘플은 다음의

것들을 포함한다.

학생은
____ 1. 절약하는 쪽인가요, 아니면 소비하는 쪽인가요?
____ 2. 뉴욕시를 좋아하나요, 아니면 콜로라도를 좋아하나요?
____ 3. 고독인 쪽인가요, 아니면 집단인 쪽인가요?
____ 4. 장미꽃을 좋아하나요, 아니면 데이지꽃을 좋아하나요?
____ 5. 아침 식사를 좋아하나요, 아니면 저녁 식사를 좋아하나요?
____ 6. 여름을 좋아하나요, 아니면 겨울을 좋아하나요?[23]

7) 가치 집중 게임

가치 명료화의 전략들 가운데 어떤 것들은 듣는 기술에 초점을 맞춘다. 가치 집중 게임(values focus game) 전략은 학생들에게 "나는 ……집단의 사람들과 함께할 때 가장 기분이 좋아."와 같은 핵심 문장에 대하여 반응하도록 요구한다. 그런 다음에 세 사람씩의 모둠들이 형성되고, 각 학생은 모둠 내 다른 두 사람에게 5분 동안 최대한으로 주의를 기울여야 한다. 이 과정에 대하여 다음 세 가지의 규칙이 중요하다.

1. **집중하기(focusing)의 규칙** 모둠의 각 구성원은 5분이라는 시간 동안 집중 인물이 될 수 있다. 집중 인물로부터 그의 시간이 다될 때까지 혹은 그가 그만하라고 요구할 때까지 모둠의 주의가 바뀌지 않도록 한다. 눈은 집중 인물과 마음 편한 동일한 수준에서 가까이 유지하도록 한다. 집중 인물에게 질문을 할 수도 있는데, 질문으로 인하여 초점이 모둠 내 다른 구성원에게로 바뀌지 않도록 조

심한다.

2. **용인**(acceptance)**의 규칙** 집중 인물에 대하여 따뜻한 느낌을 주고 격려하며 용인하는 자세를 갖는다. 마음으로부터 도움 받을 때 고개를 끄덕이고, 미소를 짓고, 이해하였다는 표정을 지어보이는 것은 받아들이고 있음을 소통하는 일이다. 설사 집중 인물과 의견을 달리하더라도, 토론의 게임 부분 동안에는 불일치 내지 부정적인 감정을 표시하지 않는다. 나중에 이를 위한 시간이 있을 것이다.
3. **끌어내기**(drawing out)**의 규칙** 집중 인물의 입장, 감정, 신념 등을 이해하려고 시도한다. 집중 인물로 하여금 감정을 드러낸 이유를 명료화하도록 도와줄 질문을 한다. 내가 던지는 질문이 초점을 나 자신에게로 바꾸지는 않음을, 또 그 질문이 내가 집중 인물에 대해서 혹은 그가 말하는 바에 대해서 가질 수 있는 부정적인 감정을 나타내지는 않음을 확인한다.[24]

8) 미완성의 문장

미완성의 문장(unfinished sentences) 전략은 학생들이 일정한 태도, 목적 등을 탐색하도록 돕는다. 이 활동으로부터 때때로 나타나는 것이 발달 중인 가치를 알아차리는 일이다. 완성될 수 있는 문장들은 다음을 포함한다.

1. 토요일이면 나는 …을 좋아한다.
2. 만일 내가 사는 시간이 24시간뿐이라면 …
3. 만일 내게 자동차가 있다면 …
4. 나는 사람들이 …할 때 가장 기분이 좋다.

5. 만일 내가 백만 달러를 가지고 있다면, 나는 …
6. 비밀인데 내가 바라는 것은 …
7. 내 자녀들은 …을 하지 말아야 할 것이다.[25]

교사는 이제 교실을 돌아다니면서 학생들에게 문장들을 큰 소리를 내며 완성지어 보라고 요구한다. 학생들은 자유롭게 통과할 수 있다.

3. 조사 연구

가치 명료화를 지지하는 사람들은 가치 명료화가 결과적으로 이를 수 있는바 몇 가지 조사 연구의 증거 및 주장을 축적해 왔다.

- 여덟 개의 불분명한 행동 패턴의 예민도(銳敏度) 및 빈도(頻度)에서의 감소
- (약물 사용이나 비협동적인 교실 행위 등) 몇 가지 일탈적 내지 분열적 행동 유형에서의 감소
- (더 많은 자기 수용을 포함하여) 자기 감독 및 자신에 대한 신뢰에서의 증가
- 표현된 가치의 성숙화 (보통 미성숙하다고 판단되는 가치를 탈피하고 보다 성숙하다고 판단되는 가치를 지향함)
- 학습 분위기에서의 향상 (더 많은 참여, 일어나는 일들에 대한 더 많은 책임감, 학습에의 더 많은 관심)
- 사회적 관계에서의 향상 (더 많은 친구, 더 큰 집단 응집력, 다른 이에 대한 더 많은 감정 이입)

- 학습 결과에서의 향상 (특히 삶의 적용 수준에 관한 이해와 학습에 있어서)
- 개인적인 곤경의 분출 (문젯거리 표현하기, 근심거리 토로하기)
- 희망과 신념에서의 증가 (문젯거리들이 해결될 수 있고, 진보가 가능하며, 개인의 능력이 정돈될 수 있다는 자신감의 확대)
- 학생과 교사 관계에서의 향상 (학생들 편에서 선생님들은 도움이 되고 친절하다는 더 큰 감정; 교사들 편에서 학생들은 존중하고 사랑하기에 족하다는 더 큰 감정)[26]

조사 연구를 설계하는 데 있어서의 본래적인 어려움과 적절한 특정의 문제를 인정하면서, 가치 명료화 지지자들은 동 이론의 논쟁점을 지지한다고 믿는바 연구의 요약들을 제공하고 있다.

1977년에 커센바움은 가치 명료화를 지지하는 것으로 믿어지는 열아홉 개의 연구물들을 정밀하게 관찰하였다. 일반적으로 말해서 커센바움의 관찰은 어떤 증거에 관한 의미로 보아 행동에 있어서의 가치 명료화 이론의 진가에 무게를 실어주었다. 그럼에도 불구하고 그가 보고한 연구물들의 대부분은 그 성과 면에서 기껏해야 막연하며, 대부분의 연구자에게 요구되는바 정교화 및 통계적으로 의미 있는 결과가 부족하다. 비슷한 관찰이 『가치와 교수』(Values and Teaching) 1978년판에도 포함되어 있다(〈그림 1〉 참조).

라쓰, 하민, 사이먼은 또한 교사들이 자신의 고유한 비공식적 조사에 관여해볼 것을 제안한다. 예를 들어, 학생들은 가치 관련 행동에 따라 평가될 수 있다. 가치 명료화가 아이들의 목표 및 통합 의식을 향상시키는지 여부를 알아보기 위해서, 교사는 아이들을 그들의 냉담함, 경솔함 등에 따라서 평가할 수 있는 것이다. 하나의 도표가 평가에 이용될 수 있다. 이 도표는 연초에, 그리고 가치 명료화 프로그램을 활용한 후인 연말에 메워질 수 있다. 통제 집단 역시 활용될 수 있을 것이다. 다만 이러한 평가에 영향을 미치는바 교사의 기대치라는 위험은 여전히 남아 있다고 본다.

〈그림 1〉 가치 관련 행동 문제들의 정도를 평가하기 위한 형태

학생 이름 ____________________

지시사항 : 위 학생의 경우 그(그녀)가 아래에 기록된 여덟 개의 행동 유형에서 보이는 빈도(頻度)와 예민도(銳敏度)에 대하여 평가하시오. 평가를 위해서는 제공된 척도를 사용하시오. 각 행동 유형의 의미에 대한 정교한 내용은 원할 경우 얻을 수 있습니다.

냉담함 :	학생이 이 특성을 보이는	**빈도의 척도**
	빈도 ____	0 결코 없음
	학생의 이 행동에 대한	1 거의 없음
	예민도 ____	2 몇 달에 한번 정도
경솔함 :	빈도 ____	3 평균 한 달에 한번
	예민도 ____	4 한 달에 몇 번
확신 없음 :	빈도 ____	5 일주일에 한번
	예민도 ____	6 일주일에 몇 번
변덕스러움 :	빈도 ____	7 매일
	예민도 ____	8 하루에 몇 번
		9 한 시간에 한번
		10 끊임없이
표류함 :	빈도 ____	**예민도의 척도**
	예민도 ____	0 전혀 없음
순응함 :	빈도 ____	1 매우 유순함
	예민도 ____	2 유순함

반항함 :	빈도 ____	3 보통임
	예민도 ____	4 비교적 날카로움
꾸밈 :	빈도 ____	5 날카로움
	예민도 ____	6 매우 날카로움

• 출처 : Louis E. Raths, Merrill Harmin, and Sidney B. Simon, *Values and Teaching* (2판, Columbus, Ohio : Charles E. Merrill, 1978), p.276.

4. 요약 및 평가

지난 십이 년 동안에 가치 명료화에 대하여 많은 글들이 발표되어 왔지만, 동 이론의 기본적인 교의들은 여전히 손상되지 않은 채로 있다. 그 교의들은 아마도 『가치와 교수』에 가장 잘 요약되어 있다.

> 우리는 각 사람은 자신의 가치를 이용 가능한 정돈 상태로부터 얻어내야 한다고 믿는다. 뒤에서 검토되겠지만, 실지로 지적이고 일관된 방식으로 삶에 스며드는 가치들이 어떤 다른 방식으로 산출될 것 같지는 않다. 그러므로 우리들에 관계되는 것은 이러한 결정을 내리는 과정이다. 가드너(John Gardner)는 말하고 있다. "젊은이들에게 자네들의 업무는 옛날의 가치에 대하여 따분하게 지켜보기를 견디는 일이라네 식의 인상을 주지 말고, 우리는 엄하면서도 상쾌한 사실을 그들에게 말해 주어야 한다. 즉 여가에 자신의 가치를 끊임없이 개조하는 것이 젊은이들의 업무라는 사실 말이다." 학생들에게 가치화의 과정을 주는 것은 그들에게 잘 그리고 오래 이바지할 무엇인가를 주는 것이다. … …
>
> 우리의 가치 이론과 그 이론에서 발달한 교수 전략 속에는 하나의 가정이 있다. 그것은 사람들이 선택, 존중, 행위라는 하나의 지적인 과정에 의해서 가치에 도달할 수 있다는 점이다. 적어도 우리는 사람들이 그런 과정을 거쳐 무엇인가에 도달할 수 있음을 가정하며, 저술 안에서의 몇몇 지지와 더불어

우리는 그 무엇인가를 '가치'라고 부르고자 한다.

다만 이 가정-본질적으로 의미론처럼 보일 수 있음-이 동 가정을 하나의 색다른 규칙에 관한 가설에로 변형시키는 활동 중에 실천 지향적인 교실의 교사를 부당하게 괴롭힐 필요는 없다. 만일 아동들이 이 책의 가치화 과정을 사용해 보도록 도움을 받는다면, 우리가 단언하건대 그들은 덜 냉담하고 덜 당황하며 덜 불합리한 방식으로, 그리고 더 적극적이고 더 결단 있으며 더 열정적인 방식으로 행동하게 될 것이다. 누구든지 원한다면 이 가설을 쉽게 시험해볼 수 있을 것이다.[27]

가치 명료화에 문제점들이 없는 것은 아니다. 지난 십여 년에 걸쳐 동 이론의 수용 및 사용이 확산되는 동안, 그에 대한 비판 역시 확대되어 왔다. 비판은 대개 두 개의 관련된 범주-(1) 도덕적인 가치와 도덕에 관계없는 가치 간의 구별, (2) 가치 및 윤리적 상대주의의 문제-가운데 하나가 되고 있다.

첫째는 가치를 일곱 단계의 가치화 과정이라는 기준을 충족시키는 것으로 정의내리는 문제이다. 각 단계에서 어떤 기준이 적절한 행동을 규정할 수 있을까? 이 문제에 관하여 두 개의 보기가 록우드(Alan Lockwood)에[28] 의해 제의되고 있다. 임신중절에 찬성하는 세력이나 반대하는 세력 둘 다 가치 있는 삶을 요구한다. 서로 모순되는 행동을 옹호하는 양쪽의 경우, 양측의 지지자들 모두 삶의 존중에 대한 요구를 주장하는 일이 가능한 것일까? 비슷한 이야기이지만, 근래의 베트남 전쟁에서 북베트남에 대한 폭격을 옹호하는 이들이나 반대하는 이들이나 모두 평화에 관한 존중을 주장할 수 있을까? 만일 이 두 사례의 경우 그 대답이 예라면, 우리는 누군가가 어떻게 행동할 것인지를 돕는 데 있어서 가치를 위한 기준들이 제멋대로라는 점을 알게 된다.

가치에 대한 가치 명료화 이론은 이처럼 동일한 가치가 서로 모순되는 행동을 지지할 수 있다고 주장하는 입장에 설지도 모른다. 이 같은 주장은 가치 명료화의 근본적인 목표 중 한 가지－하나의 명확하고 일관된 행동 지침을 주는 가치들을 발달시키는 것－를 손상시키는 것처럼 보인다.[29]

그러므로 가치 명료화 이론은 개인으로 하여금 처음에 가치 쟁점에 대하여 알게 되도록 돕는 데 성공적일 수 있을지 몰라도, 가치 갈등을 일으키는 수가 있다. 가치 명료화의 당사자들이 각자의 개인적인 관심사(흥미, 취미, 기호)를 강조하기 때문에, 동 이론 내에서의 가치 갈등 문제가 잘 제기되어 오지는 않았다. 그렇지만 이 이론의 역설은 그것이 어떤 가치를 충분히 명료화하도록 도울 뿐만 아니라, '명료화된 가치들'이 자신 안에서나 사람들 사이에서 충돌할 수 있음이 명백할 때 증대된 혼란을 야기하기도 한다는 점에 있다. 그 점에 있어서 이 이론은 갈등의 명료화를 안내함에 대하여 제공하는 바가 거의 없다. 그래도 가치 명료화를 지지하는 이들은 우리의 삶을 위한 가치 길잡이를 결정하도록 도와줄 하나의 과정을 제공하길 바라고 있다. 아이러니하게도 가치 명료화 이론은 복잡한 사회는 가치화의 혼란을 초래하게 마련이라는 원리에 뿌리 두고 있는 한 한층 더한 혼란을 가져올 수도 있다. 인종차별주의, 전쟁, 빈곤, 인권 같은 쟁점들은 가치의 갈등 및 요구의 해결을 입증하고 있는 셈이다. 윤리적 상대주의의 상태에 놓인 경우 사람들은 자신의 권위와 힘을 뚜렷하게 사용할 수 있을 것이다.

예를 들어, 시험 중에 속임수를 용인할 수 있는지의 문제를 제기하는 교사에 대하여 생각해 보자. 어떤 학생들은 자기들 생각에 속임수가 용인될 수 있다고 말할지 모른다. 그러나 이는 교사가 학급을 위해 세워놓은 규칙과 충돌할 수도 있다. 그러므로 가치 명료화를 활용하는 교사는 무엇이 가치화 과정에 대해 공개되는지에 관해서 유의해야 한다. 만일 교사가 속임수라는 쟁점을 토론에 공개하고 학생들이 속임수를 괜찮은 것으로 결정하는 경우, 교사는 그 입장을 받아들이든가 아니면 힘을 사용하여 자기 학급에서는 속임수가 발생할 수 없음을 강요하여야 할 것이다. 만일 가치화에 관하여 공개된 과정과 교사의 입장 사이에서 많은 갈등들이 일어난다면, 학생들은 가치화 과정을 하나의 게임으로 그리고 학교에서 일어날 수 있는 현실적인 쟁점과는 관계없는 것으로 볼지도 모른다. 교사는 쟁점들이 일의 진행에 관한 교사의 개념과 근본적으로 충돌하는 경우 쟁점들을 교실에서 제기될 수 있는 것으로 제한해야 할 것이다. 그렇지 않은 경우 교사는 마침내 권위를 자의적으로 사용해야 하게 될 텐데, 권위의 자의적인 사용이야말로 가치 명료화의 근본적인 윤리를 거스르게 된다.

이 기준들은 교사를 십중팔구 갈등을 최소화하면서 꽤 안전하고 부드러운 가치 쟁점에로 엄격하게 제한한다. 더구나 기준들이 학생들에게 새로운 문제를 제기하는데, '온당한 정도'라든지 '싫은' 혹은 '위험한'이라는 기준들은 각 교사마다 다르게 생각될 수 있기 때문이다. 가치는 상대적이라는 신념을 강화하면서 말이다. 록우드는 명료화 모형에 있어서 상대주의를 조장해가는 이 같은 경향에 대하여 비탄하고 있다.

> 첫째, 개인적 선호와 욕구에 관한 문제들에 주의를 기울이는 가치교육 프로그램은 도덕에 대한 하나의 불완전하고 근시안적인 관점을 나타낸다. 가치 갈등, 갈등의 해결, 도덕적 정당화와 관련된 논쟁을 피하는 프로그램은 인간사에 있어서 가치 쟁점들이 지니는 복잡성을 하찮게 한다. 둘째, 무의식적으로라도 윤리적 상대주의에 입각하는 가치교육 프로그램은 학생들이 자신의 도덕적 관점으로서 윤리적 상대주의를 수용할 수 있다 – 분명히 불안한 장점을 얻는 것임 – 는 가능성을 받아들여야 한다.[30]

위에서 언급된바 도덕적 차원에 관한 내용은 가치 명료화 이론에 있어서 도덕적인 가치와 도덕에 관계없는 가치 간의 구별이 결여되어 있는 점과 관련된다. 도덕에 관계없는 쟁점이건 도덕적인 쟁점이건 동등한 쟁점들이다. 예컨대 가치 투표 기법에서의 질문들을 보자. "여러분 중에 얼마나 많은 사람들이 (1) 자신의 체중을 주시하나요? (2) 시간제 일자리를 바라나요? (3) 합법적인 임신중절을 장려할 작정인가요?" 각 질문은 선호와 관련되어 있지만, 오직 세 번째 것만이 도덕적 질문을 포함한다.

또한 '소망함, 작정임'(would)과 같은 말을 사용하는 것은 도덕적 쟁점에 있어서 '사실'(is)에 대한 관심과 '당위'(ought)에 대한 관심 간의 어떤 혼동을 나타낸다. 당위의 문제, 즉 무엇을 해야 한다는 문제는 대개 도덕적 관심사와 관련되어 있다. 모든 당위의 문제들이 도덕적 쟁점을 규정하는 것은 아니다. "당신은 자신의 체중을 주시해야 하나요?"가 외모 내지 의학적 관심을 부과할지 모르지만 도덕적 쟁점이 아님은 물론이다. 대부분의 가치 명료화 기법들은 '소망이나 작정' 또는 '사실'의 조건에 초점을 맞춘다. 가치지의 전략에서, 학생들에 대한 교수법은 "아래에 있는 여덟 개의 상황 각각을 읽고, 각 경우에 당신이 무엇을 바라거나 할 작정인지 확인해 보시오."와[31] 같은 것이다.

도덕적 차원－의무적인 행동의 정당화에 대한 고찰－에 대한 관심 내지 이해의 부족은 교사가 '왜'라는 질문을 하지 말라는 훈계에서 더욱 강화된다. '왜'라는 질문은 어떤 신념의 기초를 이루는 근거 내지 이유(그 도덕적 토대)에 대하여 묻는 것인데, 가치 명료화는 이런 질문을 그 같은 까닭에서 부인하는 것은 아니다. 오히려 그것의 관심은, 어떤 선택에 대하여 뚜렷한 이유를 갖지 못하는 학생들의 경우 교사를 위해서 또 동료들의 기대치에 순응하기 위해서 이유를 만들어낼 수도 있다는 점에 있다. 이는 학생들의 견해를 신뢰하고 존중하라는 훈계와는 모순되어 보인다.

가치 명료화 접근법은 가치 쟁점들, 특히 도덕과 관계없는 영역에서의 그것들에 대한 강화된 인식 및 민감성을 촉진하는 것으로 보인다. 그것이 제공하는 기법과 전략들은 학생의 반응을 일깨우는 듯하며, 이에 보다 즐겁고 인정 있으며 적절한 교실 분위기를 가져올 수 있게 된다. 이 이론은 본래적인 모순을 갖는 것처럼 보이고 또 가치와 도덕을 규정함에 있어서 제한되어 있지만, 중요한 개인적 및 사회적 관심사들을 불러일으키기 위해 적어도 훌륭한 출발점이라고 이해될 수 있다. 가치 명료화는 또한 교사들에게 인기 있는 접근법이 되어왔는데, 게임 같은 전략들이 교실에서 사용하기 쉽고 또 보다 느긋하면서도 열려있는 분위기를 조성하는 데 도움주기 때문이다. 그다지 가감하지 않고서도 교사는 쉽게 가치 갈등에, 그리고 쟁점들이 야기된 이후 그 같은 갈등의 도덕적 차원에 더욱 초점을 맞출 수 있을 것이다.

5장 가치화 과정 및 명료화 모형 미주

1 Louis E. Raths는 미국의 교육학자로서 뉴욕대학교 교수를 지냈다. John Dewey의 제자이며, 듀이의 저서 『Theory of Valuation』에서 영감을 얻어 '가치 명료화'(value clarification)라는 용어를 최초로 사용하였다. Merrill Harmin은 Raths의 영향을 받은 학자로서 미국 서던일리노이대학교 교수를 지냈다. Sidney B. Simon 역시 Raths의 영향을 받았으며 뉴욕대학교에서 박사학위를 취득한 다음 매사추세츠대학교 교수로 활동하였다. 이 세 사람은 베스트셀러 공저 『Values and Teaching』(1966/1978)으로 유명해졌다. – 역자 주
2 Louis E. Raths, Merrill Harmin & Sidney Simon, *Values and Teaching* (Columbus, Ohio : Merrill, 1978).
3 Ibid., p.10.
4 Howard Kirschenbaum은 미국의 여러 고등학교에서 교사를 지낸 다음 뉴욕주립대학교 교수를 역임하였다. 현재는 로체스터대학교 명예교수이다. 주요 저서로 『Advanced Values Clarification』(1977), 『One Hundred Ways to Enhance Values and Morality in Schools and Youth Settings』(1995) 등이 있다. – 역자 주
5 Howard Kirschenbaum, *Advanced Values Clarification* (La Jolla, Calif. : University Associates, 1977).
6 Raths, et al., *Values and Teaching*, p.26.
7 Ibid.
8 Ibid., pp.27–28.
9 Ibid., p.70.
10 Ibid., p.69.
11 Ibid., p.67.
12 Ibid., p.71.
13 Ibid., pp.68–69.
14 Ibid., p.72.
15 Ibid., pp.64–65.
16 Ibid., p.55.
17 Ibid., p.57.
18 Ibid., p.101.
19 Sidney Simon, Leland Howe & Howard Kirschenbaum, *Values Clarification* (New York : Hart, 1972).
20 Raths, et al., *Values and Teaching*, pp.128–37.
21 Simon, et al., *Values Clarification*, p.39.

22 Ibid., pp.59–60.

23 Ibid., p.95.

24 Ibid., pp.172–73.

25 Ibid., pp.241–42.

26 Raths, et al., *Values and Teaching*, p.249.

27 Ibid., pp.8–9.

28 Alan L. Lockwood는 미국 위스콘신대학교 교수이다. 사회과교육, 도덕교육, 중등교사교육 등에 관심이 많으며, 주요 저서로 『What is Character Education?』(1997), 『The Case for Character Education』(2009) 등이 있다. – 역자 주

29 Alan Lockwood, "A Critical View of Values Clarification", in *Moral Education : It Comes with the Territory*, ed., David Purpel & Kevin Ryan (Berkeley, Calif. : McCutchan, 1976), pp.155–56.

30 Ibid., p.167.

31 Ibid., p.280.

가치 분석

가치 분석은 어찌 보면 이론적 근거 정립 모형의 가까운 사촌 격이다. 두 접근법 모두 가치교육의 철학적 토대에 관심이 있고, 가치에 대한 결정을 내리는 데 있어서 갈등이라는 중심을 인정한다. 또한 두 접근법 모두 이성을 가치 논쟁의 핵심 중재자로서 신뢰하며, 논의의 여지가 있는 공공 쟁점들을 강조하는 경향이 있다. 가치 분석과 이론적 근거 정립을 가장 쉽게 구별 짓는 것은 전자가 교수법에 더 크게 주의를 기울인다는 점이다. 가치 분석은 학생들이 가치 쟁점들을 다루도록 돕기 위해 한 걸음씩의 착실한 절차를 펼치고 있다.

더구나 가치 분석 교수법은 가치 명료화 모형이나 인지적 도덕 발달 모형과는 다른 노선에 따라 발달한다. 가치 분석은 이 모형들 중 그 어느 것보다도 학생들이 가치 판단에 포함된 사실(事實)들을 모으고 심사숙고하도록 돕는 일에 더 직접적으로 관심이 있다. 고려, 가치 명료화, 인지적 도덕 발달 등의 모형들은 또한 전후의 맥락과 결과를 다루지만, 가치 분석에서 다루는 방법은 보다 뚜렷하고 지속된 특성을 보인다.

가치 분석에 대한 완전한 설명은 미국사회과교육협의회(National Council for the Social Studies)의 제41차 연감인 『가치 교육』(Values Education)에 밝

혀져 있다.[1] 동 연감의 구상이 쿰즈(Jerrold Coombs)[2], 뮤스(Milton Meux), 차드윅(James Chadwick)을 포함하여 한 무리의 교육자, 철학자, 심리학자들에 의해 개발되었지만, 간결성을 위하여 우리는 여기서 쿰즈의 접근법에 따라 모형을 설명하게 될 것이다.

쿰즈는 가치 기준(基準)과 가치 원칙(原則)의 사이에 구별을 짓고 있는데, 이는 이 모형에 독특한 점이다. 교수 전략에서 고려할 사항들에로 나아가기 전에 이 같은 구별을 이해하는 일이 중요하다. 쿰즈에 의하면 가치 기준(value criterion)은 가치를 어떤 부류의 조건들에로 돌린다. 일반적으로 이 기준들은 다른 사람들에 대하여 속이기, 거짓말하기, 훔치기, 죽이기, 상처주기 등은 그릇되며, 약속 지키기, 빚 갚기, 건강하기 등은 좋다는 것을 포함한다. 쿰즈가 주목하는 바에 따르면, 가치 기준들은 "일정한 유형의 조건이 모든 상황에서 평가될 수 있는 방식에 대하여 상술하지는 않는다. 가치 기준들은 그 조건이 주요 업무 내지 그에 동등한 다른 업무에 있어서 어떻게 평가될 수 있는지 나타낼 뿐이다."[3] 예를 들어, 거짓말하는 것이 나쁘다는 가치 기준은 일반적으로 인정되며 타당하다. 그러나 거짓말하는 것이 때때로 옳을 수도 있는데, 말하자면 거짓말이 누군가의 생명을 구하거나 혹은 그의 고통을 줄여주는 경우이다. 그러므로 우리는 거짓말하는 것을 하나의 가치 기준으로 간주하는 이 표준을 인정할 수 있으며, 또 그럼에도 그것이 예외적인 상황에서는 적용될 수 없다는 점을 깨달을 수 있는 것이다.

쿰즈는 계속해서 가치 기준이 사실에 대하여 '유발성'(誘發性, valence)을[4] 부여한다고 설명한다. 가치 기준은 사실이 긍정적인 또는 부정적인 평가를 지지하는지의 여부를 결정한다. 예컨대 안락사의 경우에 "살인은 나쁘다"는 가치 기준은 안락사가 살인을 포함한다는 사실에 대하여 부정적인 유발성을 부여한다. 따라서 이 사실은 안락사에 대한 부정적인 평가를 지지한다. 가치의 문제가 단순한지 아니면 복잡한지의 여부는 관련된 사실의 본바탕 및 범위에 따라 정해지는 셈이다. 만일 모든 사실들이 유발성에 있어서 한결같게 긍정적이거나 또는 부정적이라면, 의사 결정하기란 꽤 단순하다. 관련된 사실들이 모순되는 유발성을 지니고 있을 때, 즉 몇몇 사실들은 가치의 대상이 좋음을 암시하는 데 반하여 또 다른 몇몇 사실들은 좋지 않음을 나타낼 때, 의사 결정하기란 어렵게 된다. 그렇다면 평가자는 사실들의 균형을 맞춘 다음에 결정해야 한다.[5]

쿰즈가 제공하는 하나의 예가 이 점을 분명히 하는 데 도움 줄 것이다. 때는 1970년대라고 가정해 보자. 그리고 한 평가자가 미국이 베트남 전쟁에서 철수해야 하는지 여부에 대하여 결정하고자 시도한다고 상상해 보자. 그는 다음의 사실들(f)과 기준들(c)을 받아들이고 있다.

(f) 1. 베트남 전쟁은 본래 내란이다.
(c) 1. 한 국가는 다른 국가의 내란에 관여해서는 안 된다.
(f) 2. 미국의 철수는 살인 비율의 충분한 감소를 가져올 것이다.
(c) 2. 살인하는 것 내지 다수의 살인을 야기하는 것은 나쁘다.
(f) 3. 미국의 철수는 미국 내 시민들의 투쟁 수준을 낮출 것이다.
(c) 3. 안정되고 평화로운 사회는 좋은 사회이다.
(f) 4. 미국의 철수는 국내의 긴급한 사회 문제들에 대처하여 사용될 수 있을 미국의 자원을 자유롭게 할 것이다.
(c) 4. 한 사회가 긴급한 사회 문제들을 취급하는 데 유용한 자원을 갖는 것이 바람직하다.
(f) 5. 미국의 철수는 남부 베트남에서 억압적인 공산주의 사회를 초래할 것이다.
(c) 5. 자유롭지 못한 사회는 바람직하지 않으며 비도덕적이다.
(f) 6. 미국은 공산주의자들의 장악에 저항하여 남부 베트남을 방어하는 데 전념해 왔다.

(c) 6. 국가는 약속을 존중해야 한다.

(f) 7. 미국의 철수는 약함 및 결의 부족의 징조로 해석될 수 있다.

(c) 7. 한 국가는 다른 국가로 하여금 약하거나 우유부단하다고 생각하게 해서는 안된다.[6]

이 편집물에서 평가자는 미국이 베트남 전쟁으로부터 철수해야 한다는 결론에 이를 수 있을 것이다. 쿰즈에 따르면 평가자의 판단은 다음의 '원칙'을 내포하고 있다 : "한 국가는 한 나라를 억압적인 정부로부터 구해낸다는 목적으로 내란에 연루되어서는 안 된다. 만일 그 연루가 전쟁에서 살인의 수준을 늘리고 또한 그 국가의 주의를 긴급한 사회문제들로부터 다른 데로 돌리게 한다면 말이다."[7] 이 복잡한 원칙은 의사 결정 과정의 산출물로서 나왔다. 그것은 그 과정을 결정하는 일보다는 가치 분석의 결과를 나타내는 셈이다. 쿰즈는 가치 판단의 맥락에 이끌어진 것은 가치 원칙이 아니라 가치 기준이라고 주장한다. 각각의 가치 기준(value criterion)은 가치 대상의 특수한 특징에 대하여 긍정적인 또는 부정적인 유발성을 주면서, 그 특징을 평가하기 위한 기초를 제공한다. 가치 원칙(value principle)은 전체로서의 가치 대상에 적용된다. 원칙은 갖가지의 경쟁적인 기준들이 주장하는 바를 심사숙고하지만, 우리가 그 원칙을 아는 것은 오직 어떤 가치 결정이 이루어지고 그 이유가 제시된 연후이다.

제1장에서 암시되었듯이, 쿰즈가 기준과 원칙을 구별하는 것은 셰이버가 가치와 제한된 일반적 입장을 구별하는 것과 비슷하다. 셰이버에게 가치란 어떤 대상, 행동, 특징의 값어치 내지 적절성을 감정하기 위한 기준이다. 셰이버는 우리가 어떤 복잡한 의사 결정을 할 때에 우리는 모순되는 가치들(예를 들면 안정 대 변화, 일하기 대 놀기, 산업 대 생태)의 균형을 맞춰야 한다고 강조한다. 우리가 도달하는 제한된 입장

이란 우리의 가치들이 어떤 상황에서 서로에 대하여 관계하는 방식을 진술하는 것이다. 이 진술이야말로 쿰즈의 원칙 관념과 똑같은 기능에 소용이 되고 있다. '제한된 입장'과 '원칙' 둘 다 하나의 주어진 사건에서 가치의 우선성에 대하여 또렷하게 설명한다.

베트남 전쟁에 대한 쿰즈의 예에로 되돌아 가보면, 원칙은 단순히 "한 국가는 다른 국가의 내란에 연루되어서는 안 된다."라고 진술하지 않는다. 오히려 그것은 "한 국가는 한 나라를 억압적인 정부로부터 구해낸다는 목적으로 내란에 연루되어서는 안 된다. 만일 그 연루가 전쟁에서 살인의 수준을 늘리고 또한 그 국가의 주의를 긴급한 사회 문제들로부터 다른 데로 돌리게 한다면 말이다."고 단언한다. 불간섭이라는 기준 내지 가치는 이렇게 어떤 절대적인 것으로 취급되지 않으며, 다른 주요 고려사항들에 의하여 적용에 있어서 제한되는 하나의 가치로 취급되고 있다. 생각건대 만일 개입이라는 행동이 살인의 수준을 늘리지 않고 국가가 국내의 복지 향상에 전념하는 것을 손상시키지 않는다면, 개입하는 일이 그 원칙에 따라서 정당화될 수도 있을 것이다. 쿰즈의 용어에 있어서 원칙과 셰이버의 어법에 있어서 제한된 입장은 둘 다 하나의 가치 진술 이상으로 가치들의 체계를 반영하고 있다.

콜버그 역시 하나의 도덕적 판단은 개인으로 하여금 논리적 위계 안에 다양한 도덕적 신념들을 두도록 요구한다고 강조한다. 예를 들어, 어떤 사람이 재산권과 인간 생명 둘 다 소중히 여길 수 있다. 재산권의 침해가 생명을 구제하는 일이 되는 결정에 있어서(이를테면 위독한 사람에게 필요한 약을 구하기 위해 누군가가 상점을 약탈해야 할 때), 생명의 가치는 재산의 가치보다 더 높은 우선권을 명한다. 우정과 정직, 권위와 진실, 충성과 정의 등의 가치들은 유사하게 충돌할 수 있다. 그런 충돌을 해결하기 위해서 각 개인은 가치들 간의 논리적 연결을 알아야 하며, 또 어떤 가치가 근본적이고 어떤 가치가 파생적인지를 인지해야 한다. 콜버그에 있어서 도덕적 원칙들은 사람들로 하여금 이러한 가치 정돈을 일관된 방식으로 이루게 해 준다.

1. 가치 분석 및 가치 갈등 해결의 교수 전략

가치 분석에는 여섯 개의 본질적인 절차들이 있다. 그것들은 갈등 해결의 순서에 대한 여섯 개의 과제들의 기초를 이루며 또 그에 필적한다.[8]

가치 분석 과제(Value Analysis Tasks)	갈등 해결 과제(Conflict Resolution Tasks)
1. 가치 문제를 확인하기 및 명료화하기	1. 가치 문제의 해석에 있어서 차이 줄이기
2. 주장된 사실들을 모으기	2. 모아진 주장된 사실들에 있어서 차이 줄이기
3. 주장된 사실들의 진위를 평가하기	3. 주장된 사실들에 대하여 평가된 진위에 있어서 차이 줄이기
4. 사실들의 적절성을 명료화하기	4. 사실들의 적절성에 있어서 차이 줄이기
5. 잠정적인 가치 결정에 도달하기	5. 잠정적인 가치 결정들에 있어서 차이 줄이기
6. 결정 속에 내포된 가치 원칙을 검사하기	6. 가치 원칙들의 수용 가능성을 검사함에 있어서 차이 줄이기

두 개의 전략들이 설사 서로 같다 할지라도, 우리는 이 장에서 그것들 각각을 따로따로 소개할 것이다.

1) 가치 분석 과제

(1) 가치 문제를 확인하기 및 명료화하기

가치 문제들은 종종 막연하고 모호한 용어들로 진술된다. 이러한 혼동은 적어도 두 가지 이유에서 생길 수 있다. 첫째로, 판단을 이루어내는 관점이 분명하지 않은 경우이다. 예컨대 "학생들이 불평거리들을 환기하기 위하여 대학의 건물들을 접수해야 하나요?"라는 질문에서, 우리를 향한 질문이 제안된 행동에 대하여 효과성의 관점에서 평가하라는 것인지 아니면 도덕적 관점에서 평가하라는 것인지 분명치가 않다. 둘째로, 우리에게 판단하도록 질문된 가치 대상이 분명하게 상술되지 않은 경우이다. 예컨대 "약을 사용하는 것이 괜찮나요?"라는 질문을 생각해 보자. 우리는 어떤 특수한 약에 대해 초점을 맞추는지 아니면 일반적인 약들에 대해 초점을 맞추는지 모른다. 학생들이 자신들이 평가하는 것에 대해서 또는 어떤 관점으로부터 평가해야 하는지에 대해서 정확하게 알지 못할 때, 깊이 생각하는 일은 헛되고 비생산적으로 되기 쉽다.

교사들은 가치 문제를 명료화할 필요가 있으며 또한 학생들에게도 그렇게 하도록 가르칠 필요가 있다. 교사라면 판단 기준으로서의 도덕적 관점을 상술함으로써, 그리고 '약'에 대하여 일상적으로 쓰이며 의식을 변화시키는 물질이라는 측면에서 정의내림으로써, 약에 대한 가치 문제를 소개하고 명료화할 것이다. 더 나아가 그 정의를 구체화하기 위하여, 교사는 이 경우에 약이라고 간주될 수 있는 물질과 그렇게 간주될 수 없는 물질들의 예를 제시할 것이다.

때때로 교사와 학생들은 가치 문제를 명료화하는 일에 대하여 책임을 공유해야 한다. 이런 경우에 있어서 교사는 가치 대상에 대한 정확한 정의를 위해 또 적절한 관점을 위해 엄밀히 조사해볼 수 있을 것이다. 명료화 과정은 또한 혼동이 나타나면서 학생들이 스스로 명료화의 중요성을 깨닫도록 의도적으로 늦추어질 수도 있을 것이다.

(2) 주장된 사실들을 모으기

가치 결정에 적절한 사실들을 모으는 일에 착수하기 전에, 학생들은 사실적 진술과 평가적 진술을 구별할 수 있어야 한다. 사실적 진술은 관찰할 수 있는 조건이나 사건을 보고 내지 기술한다. 평가적 진술은 사물을 그 가치에 관해서 평가한다. 평가적 진술이 사람들이 어떤 것에 대하여 어떻게 행동하고 선택하거나 느껴야 하는지에 대한 안내자인데 반하여, 사실적 진술은 이러한 기능을 수행하지 않는다. 이를테면 자동차가 휘발유로 달린다는 것은 하나의 사실(fact)이다. 우리가 자동차에 휘발유를 넣어야 한다고 말하는 것은 하나의 평가(evaluation)이다. 우리는 관찰만을 근거로 해서 어떤 평가를 정당화하거나 입증할 수 없다. 우리가 아무리 많이 자동차를 조사하고 검사하고 찔러보고 해도, 자동차의 바탕 안에서 '해야 한다'는 개념을 발견할 수는 없다. 우리는 관찰에 비추어서 자동차를 휘발유로 채워야 한다는 점을 결정할 수 있을 테지만, 우리가 이 점을 관찰하는 것은 아니다.

학생들이 사실적 주장들과 평가적 주장들 간의 차이에 대해서 분명하기만 하면, 그들은 가능한 한 많은 출처로부터 광범위한 사실들을 모으기를 배울 필요가 있다. 사실들을 모으는 이 단계 동안에, 교사는

1. 학생들로 하여금 다양한 관심사(예를 들어 경제적, 생태적, 미적, 도덕적)에 걸쳐 사실들을 조직하게 하여야 한다.

2. 학생들로 하여금 긍정적 유발성을 갖는지 아니면 부정적 유발성을 갖는지 여부에 근거해서 사실들을 구별하게 하여야 한다.
3. 특수한 사실들을 보다 일반적인 자료 아래에 포함시켜야 한다.
4. 가치 결정에 대하여 갖는 중요성에 따라 사실들의 순위를 매겨야 한다.[9]

이 과정을 단순화 및 체계화하기 위하여 학생들은 자료를 조직하는 하나의 도표를 개발할 수 있다. 표본 도표가 <표 1>에 나타나 있다.

〈표 1〉 가치 대상 'DDT의 사용'에 관한 사실 조립 도표

가치 대상 : DDT의 사용					
기본적 관심사	긍정적		부정적		보조적 가치 판단
	일반적	특수적	일반적	특수적	
생태			•DDT는 먹이 사슬 안에 농축되어 있으므로, 먹이 사슬의 끝에 있는 짐승과 사람은 농축된 DDT를 얻는 셈이다. •DDT는 해충들에 있어서 자연적인 통제와 균형을 파괴한다.	•미시간 호수의 연구 자료 －침전물 속에 0.0085ppm －작은 무척추 동물 속에 0.41ppm －무척추 동물을 먹는 물고기의 살 속에 3-8ppm －물고기를 먹고 사는 갈매기의 지방질 조직 속에 3,177ppm •빗물과 지표면의 물 속에 무한 수준임 －인체의 지방질 조직 속에 5-20ppm	매우 해롭다.
경제	•DDT는 큰 시장을 갖고 있다. •DDT는 대안의 통제 방법들보다 비용이 덜 든다.		•DDT는 이전보다는 비용이 더 든다.	•벌레를 죽이는 힘이 줄어들고 있음을 안다.	유용성과 효과성이 훨씬 덜하다.

가치 대상 : DDT의 사용					
기본적 관심사	긍정적		부정적		보조적 가치 판단
	일반적	특수적	일반적	특수적	
실용	•DDT는 영속성이 있다. •DDT는 넓은 범위의 벌레들을 죽인다.	•물, 세균, 햇빛에 의한 와해를 이겨낸다. •파리, 모기, 면화 씨벌레	•DDT는 벌레를 죽이는 힘이 줄어들고 있다.	•면화에 대한 사용이 1965-1967년 동안 3배 증가하였다. •텍사스에서는 면화 씨벌레를 죽이는 데 요구된 양이 1960-65년에 1000배로 증가하였다.	모험적이고 자기 패배적이다.
	•DDT의 대안들은 비용이 더 들고 그것을 찾는 데 더 재주가 요구된다.	•더 고된 마케팅 방법, 보다 전문화된 통제, 새로운 연구조사가 요구된다.	•DDT는 유용한 대안들을 갖고 있다.	•식물은 벌레에 저항력이 있다. •천적을 도입한다.	
건강	•DDT는 말라리아와 싸운다.	•파나마 및 세계의 다른 지역들에서 경험한 바 있다.	•DDT는 성호르몬의 신진대사에 영향을 미칠 수 있다.	•새와 포유동물은 비슷한 성호르몬 및 조정 장치를 갖고 있다. •인체의 검시에서 높은 수준의 DDT가 있다.	십중팔구 위험하다.

• 출처 : Jerrold R. Coombs & Milton Meux, "Teaching Strategies for Value Analysis", in Lawrence Metcalf, ed., *Values Education : Rationale, Strategies, and Procedures* (Washington, D.C. : National Council for the Social Studies, 1971), p.43.

(3) 주장된 사실들의 진위를 평가하기

가치 결정에 적절한 사실들에는 특수적 사실, 일반적 사실, 조건부적 사실이 포함될 수 있다. 특수적 사실의 주장은 "조지 워싱턴은 미국의 초대 대통령이었다."처럼 한 가지의 사건 내지 상황을 기술한다. 일반적 사실은 그것을 지지하거나 혹은 반박하는 특수적 사실에 참조되어 경험적으로 검사될 수 있는 일반화를 이른다. "DDT는 사람을 죽일 수 있다."는 하나의 일반적 사실로서, DDT를 먹은 사람들을 관찰함으로써 사실임 또는 거짓임이 입증될 수 있다. 조건부적 사실(만일 그렇다면if-then의 주장)은 그 주장의 '그렇다면(then)' 부분과 비슷한 무엇인가가 같은 주장의 '만일(if)' 부분에 상술된 것과 비슷한 사태의 발생을 과거에 따랐는지의 여부를 찾아냄으로써 입증된다. "만일 자동차 노동자들이 그들의 파업을 일 개월 더 연장할 경우, [그렇다면] 자동차 가격은 내년도에 틀림없이 오를 것이다."는 조건부적 사실의 한 예이다.

교사는 학생들이 사실적인 단언에 대하여 비판적인 자세를 발달시키도록 도와줄 필요가 있다. 사실적 진술은 다음과 같은 물음들에 비추어 평가되어야 한다.

1. 학생은 이것이 참되다는 점을 어떻게 아나요?
2. 이것이 참되다는 점을 가리키는 어떤 증거가 있나요?
3. 이것이 그런 경우라고 누가 말하던가요?
4. 우리는 이 사람이 말하는 것을 왜 믿어야 하나요?
5. 다른 권위자들이 그가 말한 바에 의견을 함께하나요?[10]

(4) 사실들의 적절성을 명료화하기

학생들은 일반적인 관점에 의하여 또 그에 입각해서 가치 결정이 이루어지는 특수한 기준에 의하여 사실들의 적절성을 판단해야 한다. 학생들은 일반적으로 아무 관계도 없는 사실들을 가까이에 있는 관점에 따라 생각함으로써 실수하게 된다. 예컨대 어떤 재판관이 미국 연방 대법원의 판사직에 도덕적으로 적임자인지의 여부를 결정하려는 데 있어서, 학생은 동 재판관이 주재한바 절차상의 착오로 인하여 취소된 재판의 건수를 고려할 수도 있다. 설사 이런 사실이 한 재판관의 전체적인 적격성을 평가함에 있어서 유발성을 가질지 모르지만, 그것이 그의 도덕적 적격성에 관한 결정과 반드시 관련된 것은 아니다.

마찬가지로 학생은 관점을 확고하게 마음에 간직하고 있으면서도 어떤 분명치 않은 기준에 근거하여 사실에 접근하는 수가 있다. 예를 들면, 한 학생이 복지는 일해서 벌지 않은 사람들에게 돈을 주는 것이기 때문에 복지란 도덕적으로 나쁘다고 주장할 수 있다. 여기서 학생의 기준은 노력 없이 얻은 돈을 받는 것은 도덕적으로 나쁘다는 점이다. 그러나 이의가 제기되고 있음에도 불구하고 학생은, 벌기 위해서 일한 적이 없는 돈을 상속한 사람들에 대해서 도덕적으로 나쁜 것은 아무 것도 없다는 점을 인정하고 있다. 복지 수령자들이 노력 없이 얻은 돈을 받는다는 것이 이렇게 적합지 않게 되는 이유는, 그것을 지탱하던 기준이 받아들여지지 않기 때문이다.

증거 카드(evidence card)는 사실들의 적절성을 결정하도록 도와주는 하나의 구체적인 방안이다. 여기 증거 카드의 샘플은 다음과 같은 정보를 담고 있다.[11]

가치 판단 : 복지는 도덕적으로 나쁘다. (도덕적 관점)
사　　실 : 복지는 일해서 벌지 않은 사람들에게 돈을 준다.
기　　준 : 일해서 벌지 않은 사람들에게 돈을 주는 책략은 도덕적으로 나쁘다. (도덕적 관점)

카드의 뒷면에는 기준을 신뢰하는 이유들이나 아니면 기준을 부인하는 이유들이 포함될 수 있으며, 마찬가지로 보조 증거와 반대 증거가 포함될 수 있다.

(5) 잠정적인 가치 결정에 도달하기

이것은 앞선 네 가지 과업들의 정점을 이룬다. 잠정적 가치 결정은 단지 지금까지의 분석에 비추어서 내려진 결정이다.

(6) 결정 속에 내포된 가치 원칙을 검사하기

가치 결정이 합리적인 것은 오직 평가자가 결정 속에 내포되어 있는 가치 원칙을 받아들일 수 있는 경우에 한해서이다. 가치 원칙의 적절성을 결정하기 위해서 네 개의 검사가 활용될 수 있다.

▌새로운 사례 검사(new cases test)

가치 원칙은 명쾌하게 공식화되기 마련이다. 이제 평가자는 가치 원칙에 따른 판단에 대하여 그것을 다른 적절한 사례에 적용하고자 시도해 봄으로써 자신이 그 판단을 받아들일 수 있는지 여부를 생각한다.

교사는 학생들이 스스로의 판단에 함축되어 있는 가치 원칙을 털어놓도록, 그리고 비슷한 상황을 인정하면서 가치 원칙이 그런 상황에서도 똑같이 잘 적용되는지 여부를 결정하도록 도와줄 필요가 있다. 예를 들어보자.

학생 : 저는 우리가 연간 소득 보장을 받아서는 안 된다고 생각해요. 왜냐하면 어떤 사람들은 벌기 위해 일하지 않고서도 돈을 얻을 수 있기 때문이에요. (학생은 평가를 하고 있고, 그것을 지지하는 이유를 댄다.)

교사 : 그러면 너는 사람들이 벌기 위해 일하지 않는 경우 돈을 얻어서는 안 된다고 생각하는구나? (교사는 학생의 평가 속에 함축되어 있다고 생각하는 원칙을 공식화한다.)

학생 : 네. (학생은 교사에 의해서 공식화된 원칙을 확언한다.)

교사 : 어떤 사람들은 다량의 돈을 물려받는단다. 그들이 이 돈을 벌기 위해 일하는 것은 아니지. 너는 그들이 그 돈을 얻어서는 안 된다고 생각하니? (교사는 새로운 사례를 확인하고, 학생에게 해당 원칙을 이 사례에 적용함으로써 생기는 평가를 수용할 수 있는지 묻는다.)[12]

▌포섭 검사(subsumption test)

가치 원칙은 명쾌하게 공식화되기 마련이다. 이제 평가자는 이 가치 원칙이 자기가 받아들이는 어떤 보다 일반적인 가치 원칙의 한 예라는 점을 보여주는 사실들을 모으고자 시도한다.

교사 : 그렇다면 너는 해양 생물에게 위험한 그 어떤 상업적 벤처 사업이라도 바람직하지 않다고 생각하고 있구나. (교사는 학생의 평가 속에 함축되어 있는 원칙을 공식화한다.)

학생 : 네. (학생은 교사에 의해서 공식화된 원칙을 확언한다.)

교사 : 왜? (교사는 보다 일반적인 원칙을 탐측한다.)

학생 : 왜냐하면 인간의 삶을 지탱하는 데 필요한 자원을 위태롭게 하는 것은 나쁜 일이기 때문이에요. (학생은 보다 일반적인 가치 원칙을 말한다.)

교사 : 그것이 해양 생물에게 위험한 상업적 벤처 사업들을 바람직하지 않다고 생각하는 것과 무슨 관계가 있지? (교사는 포섭의 논의를 완성해줄 사실들을 끌어내고자 시도한다.)

학생 : 해양 생물은 인간의 삶을 지탱하는 데 필요한 먹을 것과 많은 양의 산소를 만들어내고 있어요.[13]

▌역할 교환 검사(role exchange test)

평가자는 상상력을 발휘하면서 가치 원칙의 적용에 의해 영향을 받는 다른 누군가와 역할을 교환해 본다. 그런 다음에 원칙이 이 역할에 적용되는 경우 자신이 여전히 그 원칙을 받아들일 수 있는지 여부를 생각한다. 예를 보자.

학생 : 저는 대학에 진학하는 사람이면 누구든지 징병에서 면제되어야 한다고 생각해요.

교사 : 네가 돈이 충분히 없었거나 점수가 부족하여 대학에 진학할 수 없었다고 가정해 보렴. 너는 여전히 대학에 진학하는 사람이면 누구든지 징병에서 면제되어야 한다고 생각하고 있을까?[14]

▌보편적 결과 검사(universal consequences test)

평가자는 만일 비슷한 상황에 처해 있는 사람이라면 누구나 평가되고 있는 행동을 할 경우에 그 결과가 어떻게 될 것인지를 상상해 본다. 그런 다음에 평가자는 그 같은 결과들을 받아들일지 여부를 생각한다. 예를 들면,

학생 : 저는 정부가 제가 찬성하지 않는 무엇인가를 위해서 소득세를 쓰려고 할 경우에 소득세의 납부를 거부하는 것이 나쁘다고 생각하지 않아요.

교사 : 만일 사람들이 정부가 자신이 찬성하지 않는 무엇인가를 위해서 소득세를 쓰려고 한다고 생각하여 소득세의 납부를 거부한다면, 정부와 국가에 무슨 일이 일어날 수 있을 것인지에 대하여 생각해 본 적이 있니?[15]

학생들에게 가치 원칙의 적절성을 검사해 보도록 권하면서, 교사는 보다 복잡하고 보다 포괄적이며 보다 일관된 추론을 촉진하게 된다. 가치 분석의 검사들(tests)은 콜버그 모형에서 개발된 탐측 조사들(probes)과 유사하다. 더구나 쿰즈는 이 검사들이 학생들의 발달 단계에 응용되어야 한다는 점을 알고 있다. 자아 발달에 있어서 보다 낮은 단계에 있는 개인들은 문제를 양극화하고 급작스럽게 종결을 추구하며 수단과 목적 간의 구별을 흐리게 하고 높은 신분이나 힘이라는 근거에 의하여 쉽게 흔들리는 경향을 보인다. 조정되지 않은 형식으로 진행될 경우,

가치 분석 검사들은 이런 학생들에게는 도움이라기보다 일종의 습격이라고 여겨질 수 있을 것이다. 교사는 모호성과 복잡성을 견디는 학생들의 역량을 존중해 주어야 한다.

쿰즈는 교사가 자아 발달의 여러 단계들을 조정하는 방법에 대하여 어떤 체계적인 방식으로 상술하지는 않고 있다. 비록 하나의 가능한 길잡이로서 콜버그의 저작물을 언급하기는 하지만 말이다. 다만 두 개의 일반적인 제안을 제외한다면, 독자들이 하나의 발달상으로 민감한 교수법을 만들어 나가야 할 것이다.

2) 갈등 해결 과제

가치 갈등 해결은 쿰즈 모형에 있어서 가치 분석의 중요한 속편을 이룬다. 가치교육에 대한 어떤 다른 모형도 이 영역에 대하여 그렇게 명쾌하게 초점을 맞추고 있지 않다. 갈등 해결에 관한 쿰즈-뮤스 식 설명의 토대는 다음과 같은 전제이다. 즉, 가치 갈등의 원인 그리고 개입된 당사자에 대한 갈등의 '심리적 의미'는 해결 과정과 직접 관련되지 않으며 따라서 무시될 수 있다는 점이다.[16] 그 가정에 따르면, 만일 가치 판단들이 충돌하는 경우 그 갈등의 근원은 가치 분석의 여섯 과제들 중 하나 또는 그 이상의 과제들이 실행된 방식에 있어서의 차이임에 틀림없다. 그것이 함축하고 있는 의미는, 만약에 사람들 모두가 동일한 분석 절차를 따른다면 가치 판단들에 있어서의 차이는 최소화되리라는 점이다.

갈등 해결의 여섯 과제들은 가치 분석의 방법들에 직접 필적한다. 본질적으로 갈등은 학생들이 가치 분석의 기법들을 다루는 데 있어서 차이를 줄임으로써 해결될 수 있을 것이다.

(1) 가치 문제의 해석에 있어서 차이 줄이기

이 절차는 자명하다. 학생들이 서로 다른 관점을 취하거나 가치 대상에 대하여 상이한 의미를 부여할 때, 교사는 그들이 공통된 기초를 발견하도록 혹은 공통된 기초에 실패할 경우 평가가 충돌할 수 있음을 깨닫도록 도와주어야 한다.

(2) 모아진 주장된 사실들에 있어서 차이 줄이기

만일 갈등이 사실적 진술과 평가적 진술의 혼동에서 생긴다면, 교사는 이 두 종류의 단언들 간의 차이를 명백하게 해주어야 한다. 만일 학생들이 서로 다른 근거를 사용한 결과로서 다양한 질과 양을 지닌 증거를 갖고 있다면, 교사는 자료를 공유하도록 격려할 수 있을 것이다.

(3) 주장된 사실들에 대하여 평가된 진위에 있어서 차이 줄이기

사실들에 대하여 평가된 진위에 있어서의 차이는 과학적 방법 내지 증거에 관한 규칙상의 문제에서 생길 수 있다. 이를테면 어느 학생이 상호 관계와 인과 관계를 혼동하는 경우이다. 또는 학생들이 증거에 관한 정확성에 대하여 서로 다른 기준을 사용하는 경우이다. 그들은 하나의 귀납적 결과를 지지하기 위하여 얼마나 많은 사실들이 요구되는지에 대해서 의견을 달리할 수 있다. 교사는 이 같은 긴장의 근원들을 표면에로 끄집어낸 다음, 학생들로 하여금 그것들을 합의에 도달하려는 눈을 가지고서 비판적으로 고찰하도록 권고할 필요가 있다.

(4) 사실들의 적절성에 있어서 차이 줄이기

일반적으로 적절성의 차이는 가치 기준들에 부여된 서로 다른 가중치에 따라 정해진다. 예컨대 건강에 대해서 크게 염두에 두지만 경제 상태에 대해서는 관심이 적은 사람에게 공기 오염이 기종(氣腫)을 일으킬 수 있다는 사실은 제일의 중요성을 갖는다. 보다 경제적 마인드가 강한 사람은 비싼 제어장치를 설비하는 방법을 통하여 공기 오염을 억제하려는 시도들이 자동차의 가격을 올릴 거라는 사실을 최고로 고려할 사항으로서 골라낼 것이다.

교사는 학생들에게 기준들이 강조하는 바에 있어서의 차이를 명료화하도록 하면서 그 같은 차이의 함축적인 의미를 탐구하도록 요구할 수 있다 : "존 그리고 빌, 너희들의 차이가 어떤 함축적 의미를 갖는다고 생각하니? 빌, 네가 DDT에 대한 저 사실이 부적절하다고 생각하는 이상, 그것이 네가 실행하거나 권할 수 있는 행동 혹은 네가 채택하거나 권할 수 있는 계획 등등에 비추어 볼 때 너에게 무엇을 의미하고 있을까?"[17]

전형적으로 보아, 기준들에 있어서의 차이가 주목받을 때 그 차이는 줄어들게 마련이다. 학생들은 모르고서, 어떤 특수한 관심사에 대하여 만일 그들이 그 문제에 관해서 명쾌하게 숙고하였을 경우에 그랬을 것 이상으로 더 우선권을 주는 수가 있다.

(5) 잠정적인 가치 결정들에 있어서 차이 줄이기

이 차이는 학생들이 너무 일찌감치 잠정적인 가치 판단에 이르게 될 때, 또는 잠정적 가치 판단을 지나치게 개괄적인 용어로 공식화하게 될 때 종종 생긴다. 하나의 치유책으로써 교사는 개괄적인 가치 판단이 둘 이상의 명세한 가치 판단들로 분할되어야 한다고 제안할 수 있을 것이다 : "존 그리고 빌, 설사 너희들이 DDT가 좋은[개괄적인 가치 용어임]지의 여부에 대하여 의견을 달리한다 하더라도, DDT가 싸면서도 실용적이라는[둘 다 상세한 가치 용어들임] 점에 대해서는 서로 동의하고 있구나. 다만 DDT가 안전한[상세한 가치 용어임]지의 여부에 대해서 여전히 의견을 달리하는구나."[18]

(6) 가치 원칙들의 수용 가능성을 검사함에 있어서 차이 줄이기

가치 원칙들의 수용 가능성에 있어서의 차이는 "평가자들의 원칙들을 검사하는 데 있어 평가자들에게 공통된 고려 사항 및 경험의 기초를 늘려줌으로써 줄어든다."[19] 본질적으로 학생들은 공통의 새로운 사례들, 공통의 새로운 역할들, 공통의 새로운 결과들을 고려하도록 요구된다.

『가치 교육』(Values Education) 연감에서는 전형적인 갈등 해결 수업의 경우, 가치 원칙들에 있어서의 차이를 탐색하고 합의점을 암시하기 위하여 하나의 역할 교환 검사가 사용되고 있다. 논의 중인 쟁점은 제안된바 최저 연간 소득 보장(GMYI; guaranteed minimum yearly income)에 관한 것이다. 케이쓰와 테리라는 두 학생이 자신의 가치 원칙을 다음과 같이 진술하고 있다.

케이쓰 : 3,410만 명의 사람들을 상대로 이득을 없애지 않고서 탈 빈곤 상태에로 이끌어주는 어떤 GMYI도 바람직합니다. 설사 그것이 일하려는 의욕을 꺾고 탈 빈곤 수준의 소득으로 인하여 물가의 상승을 초래할 수 있어도, 또 십중팔구 국회에서 큰 반대에 부딪치게 될지라도 말입니다.

테 리 : 현재의 발의된 예산안을 넘어 40억 달러에서 70억 달러에 이르는 연방 예산을 늘리고, 보다 많은 사람들을 조세 지원 프로그램에로 더하며, 혜택을 두 배로 하는 어떤 GMYI도 바람직하지 않습니다. 설사 그것이 국가의 복지 지불 수준을 정하고, 의미 있는 수의 저소득 수준의 가정을 탈 빈곤 수준에로 이끌게 될지라도 말입니다.[20]

역할 교환 검사 중에 케이쓰는 중산층 납세자의 관점을 취해 보도록 요구받으며, 테리는 GMYI에 의존하는 빈곤한 사람을 실연해 보도록 요구받는다. 역할 교환 검사가 이루어지는 동안 특히 테리는 이 쟁점을 새로운 눈으로 바라볼 마음이 나게 된다. GMYI에 관한 그의 가치 원칙이 역할 교환이라는 경험의 결과로서 명쾌하게 혹은 정식으로 변한 것은 아니지만 보다 연민을 가진 채 유지되고 있다.

테 리 : 그 계획이 세워졌더라면 이익을 얻을 수 있었을 사람들 편에서 역할 교환이 이루어졌을 때, 나는 내 가치 원칙을 바꾸지는 않았지만 그런 사람들을 감정이입해 보았습니다. 내게 스스로를 지탱할 만큼 충분한 돈이 없을 수도 있다는 깨달음이 나의 도덕적 관심을 높인 대신 경제적 관심을 낮춘 것입니다. 관심사들에 있어서의 이런 변화를 부추긴 내 감정에는 더 많이 가진 채 가족의 복리를 갈망하는 모든 이에 대한 절망 내지 적개심이 포함되어 있습니다.[21]

교사는 테리에게 원래의 가치 원칙에 대하여 어떻게 생각하는지를 묻는다. 테리의 대답이다.

테 리 : 저는 그것이 현재의 방침을 꽤 많이 견디어내길 바랍니다. 다만 제가 그것에 대하여 이야기하면 할수록 경제적 관심보다 도덕적 관심을 갖게 됩니다. 왜냐하면 우리가 경제에 대해서 이야기할 때마

다 케이쓰가 그것을 제기함으로 말미암아 도덕적 관심이 나타날 것이기 때문입니다.[22]

이 대화의 결말은, 테리가 자신의 입장을 계속해서 유지하지만 그것이 하나의 가설이요 제한적인 것(이는 이론적 근거 정립 모형에서 '제한된 결정 내리기'에 관한 셰이버의 논의를 상기시킨다)이라는 점을 크게 의식한다는 사실이다. 케이쓰 역시 GMYI에 대한 자신의 언질을 다시 단언하면서도 인플레라는 위협을 보다 진지하게 받아들인다. 케이쓰와 테리 둘 다 자신들의 차이를 인정하면서 자신들의 공통된 관심사에 대하여 더 알게 된다.

쿰즈와 뮤스는 하나의 가치 갈등을 완전하게 해결하지 못하는 것이 꼭 불완전한 교수법의 징후는 아니라고 조심스럽게 지적한다. 아마도 처음에 모순되는 가치 판단들을 산출했던 가치 상황에서의 요인들(예를 들어 서로 다른 기준들에 서로 다른 가중치를 주기)이 심의 과정의 결론에서 여전히 효과를 나타내고 있는 것이다. 그럼에도 불구하고 전체적인 해결을 이루지 못한 때조차도, 갈등 해결 과정이 효과가 없는 것은 아니다. 갈등에 있어서의 의미 있는 축소가 각 사람들 '마음속에서' 일어날 수 있다는 점이야말로 보다 중요한 성과 중 하나이다. 개인에게 의미 있다면 그 어떤 논의의 여지가 있는 문제라도 둘 이상의 모순되는 가치들을 끌어들이게 마련이다. (GMYI라는 쟁점에서) 테리의 경우 갈등은 그의 경제적 관심과 도덕적 관심 사이에 있었다. 즉, 기준들을 명석하게 표현하는 일과 원칙들을 검사하는 일이 경제적 관심 및 도덕적 관심이 갖는 상대적 중요성을 보다 예리하게 초점에 맞추게 한 것이다. 갈등 해결의 절차는 이처럼 설사 사람 상호간의(interpersonal) 갈등은 아닐지라도, 사람 내부의(intrapersonal) 갈등을 줄일 수 있는 것이다.[23]

덧붙이건대 갈등을 해결하려는 노력은 다른 이들의 관점을 더 많이 이해하게 될 수 있다. 테리의 응답은 이러한 이득을 암시한다.

> 테 리 : 여러분은 제가 이런 갈등 해결이 어떻게 일어난다고 생각하는지 알고 있습니까? 여러분은 하나의 주요한 쟁점을 가지고 있지만(주요한 쟁점을 해결하기란 꽤 어렵다), 좀 더 작은 것들을 차분히 검토한 다음 그것들에 동의하기 시작합니다. 그리고 여러분은 다소의 래포를 형성합니다. 즉 다른 사람이 어떻게 느끼고 있는지에 대하여 알게 되는데, 이점이야말로 그것에 대한 전체적인 몫이지요.[24]

갈등 해결 과제는 이렇게 학생들로 하여금 비슷한 사례와 가설적인 역할에 반영된바, 자신의 새로운 관점에 덧붙여 다른 사람들의 관점도 취해보도록 권한다. 이 점에 있어서 그것은 콜버그와 일관된 방향을 갖는다. 설사 쿰즈가 콜버그보다 사회적 역할 채택 능력에 대하여 더 유동적인 진보를 가정하고, 또 아마도 어린 아동들이 비판적 조사하기 및 원칙 검사하기에서 경험할 수 있는 곤경을 과소평가하는 것처럼 보일지라도 말이다. 그렇지만 분명히 갈등 해결 전략은 도덕 교사가 활용하는 여러 방법 레퍼토리에 하나의 훌륭한 보탬이 되고 있다. 쿰즈의 모형이야말로 이 같은 전략을 포함하는 유일한 모형이다. 그것은 학생들의 집단적 의사 결정 기술을 발달시키는 데 있어, 또 보다 적절한 도덕적 추론을 촉진시키는 데 있어 효과적일 수 있을 듯하다.

2. 요약 및 평가

가치 분석의 기본적인 강점은 그것이 가치 문제들, 특히 복잡한 공공 정책의 쟁점들－많은 사실들 및 있음직한 결과들을 포함하는－을 분석하기 위하여 하나의 상세하고 한걸음 한걸음의 착실한 절차를 제공한다는 데 있다. 여섯 개의 절차에 관여하면서 개개인은 합리성이라는 정밀한 기준들에 근거를 둔 판단에 이르게 된다. 어떤 다른 모형도 가치쟁점을 다루기 위한 절차에 대해서 이렇게 철저하게 서술하지 못하고 있다.

그럼에도 불구하고 이 접근법의 강점은 또한 하나의 약점이 될 수도 있다. 학생들은 가치 분석을 일종의 학문적 연습이라고 생각할 수 있을 것이다. 상상컨대 학생들이 교실 안에서는 분석적인 절차들을 통해서 움직이다가도 교실 밖에서는 계속하여 불합리한 방식으로 행동할 수 있는 것이다. 가치교육에 있어서 다른 계획들이 이 문제를 감정한 적이 있다. 뉴만(F. Newmann)이 주의하였듯이 학생들은 고도로 체계화된 가치 분석 절차를 자신의 현실적인 관심사와 관련되어 있지만 주변적으로 그럴 뿐인 하나의 '게임' 정도로 간주할 수도 있다. 자신의 일상적인 삶 속에서 딜레마나 가치 문제에 직면할 때, 학생들은 사실 도표나 증거 카드를 만들어볼 시간적 여유를 갖지 못한다. 아마도 가치 분석의 일상적 문제에로의 이동이 실행될 수 있지만, 쿰즈는 이런 논점을 다루지 않는다.

두 번째의 한계는 정의적인 성분이 부족하다는 점이다. 쿰즈가 감정과 명쾌하게 관련된바 자아심리학자들의 조사 결과들에 대하여 참고하면서도, 자아 발달에 관한 그의 논의는 개념적 내지 인지적 관심사에로 제한되어 있다. 그는 감정이입, 진정성, 정체성 파악 등과 같은 자아 관련 기능들을 소홀히 한다. 가치 상황에 대한 학생들의 감정을 끌어들이는 문제, 공상과 상상력이 가치 분석에서 동원될 수 있는 방법에 관한 문제에 대해 거의 주목하지 않고 있는 것이다. 이 접근법은 냉혹할 만큼 논리적이다. 배타적으로 사용될 경우 많은 쟁점들이 학생들을 소외시킨다고 말할 정도에 이르기까지 '지성 편중'으로 될 수도 있다. 이상적으로 본다면 쿰즈의 모델은 정의적인 관심사들을 수용하기 위해 고려 모형, 가치 명료화 등 다른 접근법들에 의해 보충될 수 있을 것이다.

6장 가치 분석 미주

1 Lawrence Metcalf, ed., *Values Education : Rationale, Strategies, and Procedures* (Washington, D.C. : National Council for the Social Studies, 1971).

2 Jerrold R. Coombs는 캐나다 브리티시콜럼비아대학교 교수 시절에 도덕교육, 법 관련교육에 관심을 기울였으며, 가치 교육 및 연구 학회(AVER)의 창립멤버 중 한 사람이다. 주요 저서로 『Applied Ethics : A Reader』(1993) 등이 있다. – 역자 주

3 Jerrold Coombs, "Objectives of Value Analysis", in Metcalf, *Values Education*, p.17.

4 K. Lewin 등의 심리학에서 중시되는 개념이다. 어떤 대상이나 활동이 개체를 끌어당기는 혹은 멀리하는 경향을 가질 때, 그 대상이나 활동은 양(+)의 유발성 혹은 음(–)의 유발성을 갖는다고 말한다. 행동가(行動價)라고도 한다. – 역자 주

5 Jerrold Coombs, ibid., p.15.

6 Ibid. pp.16–17.

7 Ibid., p.17.

8 Jerrold R. Coombs & Milton Meux, "Teaching Strategies for Value Analysis", in Metcalf, *Values Education*, p.29; Milton Meux, "Resolving Value Conflicts" in ibid., pp.122–23.

9 Coombs & Meux, "Teaching Strategies for Value Analysis", p.40.

10 Ibid., p.46.

11 Ibid., p.52.

12 Ibid., pp.56–57.

13 Ibid., p.55.

14 Ibid., p.59.

15 Ibid., p.60.

16 Milton Meux, "Resolving Value Conflicts", in Metcalf, *Values Education*, p.122.

17 Ibid., pp.129–30.

18 Ibid., p.131.

19 Ibid.

20 Ibid., p.144.

21 Ibid., p.147.

22 Ibid.

23 Ibid., p.163.

24 Ibid., p.164.

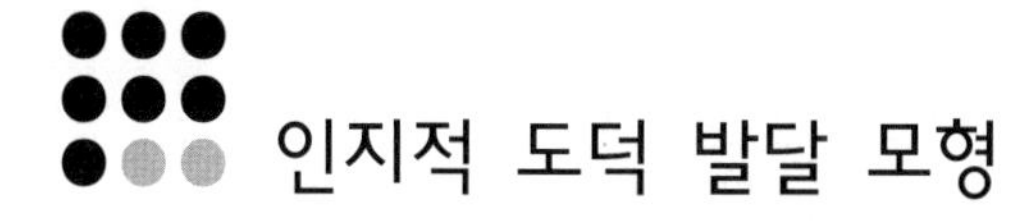

인지적 도덕 발달 모형

앞의 장들은 도덕교육 모형의 구성에 있어서 여러 가지 차원들에 집중하였다. 즉 민주주의의 맥락 안에서의 도덕교육, 가치 쟁점을 명료화하는 능력을 증대시키는 것으로서의 도덕교육, 다른 사람을 고려하는 바로서의 도덕교육, 자료 및 논리적 조사를 활용하는 도덕교육 등. 콜버그(Lawrence Kohlberg)의 인지적 도덕 발달 모형은 이러한 관심사들 각각에 유의하면서 도덕적 추론의 발달이라는 하나의 새로운 강조점을 도입하고 있다. 콜버그는 도덕 발달에 대하여 포괄적으로 설명하고 아울러 도덕교육을 위한 하나의 모형을 구성하기 위하여 철학, 심리학, 교육적 실제에 있어서의 노력을 결합하였다.

도덕교육에 대한 콜버그의 접근법은 도덕적 가치와 도덕에 무관한 가치를 명확하게 구별하기, 그리고 도덕적 의사 결정에 있어서 갈등의 역할을 정확하게 나타내기에 의존한다. 콜버그의 도덕 발달 및 도덕교육에 관한 이론은 도덕 판단을 하나의 본래적으로 자율적인 사고 과정에 해당하는 것으로 여긴다. 콜버그의 주장에 따르면 도덕적 사고는 그 고유한 용어로 이해되어야 하며, 어떤 일반적인 가치화 과정을 표현하는 것으로 단순하게 이해되어서는 안 된다. 더구나 도덕 판단은 경쟁하는 가치들 사이에서 선택하는 일을 필연적으로 포함하게 마련이다. 도덕적 가치들을 알아차리는 일이야말로 이 가치들-그것들이 구체적인 선택의 상황에서 갈등할 때 서로서로 부딪치는-을 심사숙고하는바 보다 중대한 책임을 지향하여 한 걸음 나아가는 일이다.

우리가 콜버그의 이론을 도덕 발달에 관한 이론이라고 부르고 있지만, 보다 정확하게 말하면 그것은 도덕 판단(判斷)의 발달에 관한 이론이다. 전통적으로 도덕은 '착한' 성품 혹은 '정당한' 행동과 동등하다고 생각되어 왔다. 콜버그에게 있어 도덕은 논리적 과정-그것을 통해 우리가 도덕적 갈등을 이해하고 해결하는-의 측면에서 가장 강력하게 설명되고 있다. 도덕은 그 안에서 도덕적 선택들이 정당화되는 형태에 따라 정해진다. 예를 들어, 한 학생이 정직과 신의의 가치들에 긍정적이라고 하자. 그러나 그가 도덕 판단을 위해 자신의 능력을 발휘하는 것은, 오직 어떤 확실치 않은 상황이 그로 하여금 이 가치들을 서로 충돌하게 배치하여 어느 쪽인가에 우선권을 배당하도록 강요할 때의 경우이다. 이런 상황은 만일 그 학생이 자기 친구가 시험을 치르는 중에 커닝하는 것을 발견한 경우에 일어날 수 있을 것이다. 정직과 신의에 관한 관념들이 서로 엇갈린 메시지를 보낼 것이다. 학생은 선생님께 부정행위에 대하여 말씀드려야 할까, 아니면 친구의 신임을 지켜야 할까? 한 개인의 도덕 판단의 질을 나타내는 것은 선택 그 자체가 아니라, 그가 선택을 정당화하는 추론의 유형이다.

콜버그의 접근법을 도덕적 가치화에 있어서 이성을 강조하는 다른 모형들과 구별하는 것은 그의 도덕 판단 단계들에 관한 학설이다. 콜버그는 단순히 아동들이 논거에 근거하여 가치 선택하기를 배워야 한다거나 논거에 근거하여 가치 갈등을 조정하기를 배워야 한다고 말하지 않는다. 그는 경험에 입각하여 중간 유년기로부터 성인기에 이르기까지의 도덕 추론의 구조와 그 변형에 대하여 묘사하고 있다. 콜버그는 도덕적 정당성에 대한 일곱 살 아동의 정의와 열일곱 살 청년의 그것은 근본적으로 다르다고 설명한다. 도덕교육자는 이러한 발달상의 차이들을 기억하도록 유의해야 한다.

콜버그 이론의 중심에는 '단계'(stage)의 개념이 있다. 단계는 추론의 구조를 나타내며 다음의 특징들을 내포한다.

1. 단계들은 '구조화된 전체'로서 사고의 조직된 체계이다. 이는 개인이 자신의 도덕 판단 수준에 있어서 일관되어 있음을 의미한다.
2. 단계들은 변하지 않는 계열을 이룬다. 충격 상태를 제외한 모든 상황에서 움직임은 항상 전진하며 결코 후진하지 않는다. 개인은 단계들을 결코 뛰어넘지 않으며, 움직임은 항상 다음 단계로 나아간다.
3. 단계들은 '계층적인 통합'이다. 보다 높은 단계에서의 사고는 그 안에 보다 낮은 단계의 사고를 포함 내지 함축한다. 최고의 가능한 단계에서 작용하거나 혹은 최고의 가능한 단계를 선호하는 경향이 있다.

나중의 단계는 그것이 삶이 수용하는 다양한 사실, 관심, 가능성 등을 보다 적절하게 조직할 수 있기 때문에 이전의 단계보다 '더 높다'는 점을 주목하는 것이 중요하다. 앞으로 알게 되겠지만 콜버그의 입장에 의하면, 도덕 판단의 보다 높은 단계들은 보다 낮은 단계들에 비하여 철학적 감각에서 뿐만 아니라 사회적으로 더 적응할 수 있다는 이유에서 더 우수하다.

단계들의 개념에 대하여 한 가지 더 주목할 것이 있다. 아동들은 그들이 특수한 기술, 지식, 태도를 배우는 방식으로 인지적 단계들을 발달시키지 않는다. 설사 단계들이 그 형성을 위하여 경험에 의존한다 할지라도, 그것들이 아동의 문화와 외부 세계를 직접 반영하는 것은 아니다. 정신 구조는 단지 사회의 산출물에 불과한 게 아니며, 아동과 세계 간에 이루어지는 상호 작용의 결과로서 발달한다. 이러한 상호 작용은 문화 유형을 아동에게 직접 부과하는 데 귀결되기보다는 아동의 인지 조직을 재구성하기에 이른다.[1] 달리 말하여 한 아동이, 마치 자신의 마음이 빈 컨테이너인 듯, 사회의 가치들(예를 들어 재산의 존중, 진리의 중요성)을 받아들이는 것은 아니다. 아동은 이 같은 가치들을 어떤 개인적이고 내면적인 논리에 따라서 받아들이거나 그에 동화한다. 그는 문화의 도덕적 이미지를 단순히 반영하지 않고, 그것을 성인의 해석과는 질적으로 다른 방식으로 해석한다. 동시에 사회 현실에 직면하고 그것을 이해하려고 노력하는 가운데 아동의 사고 구조는 변화한다. 예컨대 게임 놀이를 시작하면서 아동은 점차 공정한 교환이라는 개념을 구성하게 되는 것이다. 다른 사람들과의 상호 작용은 아동으로 하여금 필요한 것으로서의 규칙들에 대한 관점을 발달시키도록 이끈다. 문화가 이런 관점을 부과하는 것은 아니다. 즉 어떤 의미로는 아동이 더욱 더 복잡한 사회 경험에 적응하기 위하여 그것을 자연스럽게 발달시킨다. 단계들은 이렇게 사회 경험을 표현하며, 차례로 사회 경험에 의하여 형태를 이루게 된다. 교사의 임무가 복잡한 이유는, 그가 학생들의 현행의 판단 단계를 올바르게 인식하면서도 단계의 향상을 촉진시켜줄 환경을 조성해야 하기 때문이다.

하나의 도덕 판단 단계는 도덕적 딜레마에 대한 개별적 반응의 전반적인 패턴 안에 반영되어 있다. 그 어떤 연구자나 교사도 한 사람의 도덕적 사고의 단계를 단 하나의 딜레마에 대한 응답을 기초로 하여 단정할 수는 없다. 우리가 이 장에서 도덕 판단에 대한 여섯 단계를 설명할 때, 딜레마에 대한 전형적인 응답들이 각 단계를 어떻게 표현하는지 나타내기 위하여 단지 하나의 딜레마에 집중하는 것은 오직 간단함 및 명쾌함을 위해서이다. 보통 하인츠 딜레마(Heinz dilemma)로 알려진 표본 딜레마가 아동과 성인 모두에게 사용되어 왔다. 그것은 아래의 내용과 같다. 동반된 질문들은 응답자가 문제를 해결해가는 논리를 탐색하기 위하여 설계된 것이다.

유럽에서 어떤 부인이 특수한 종류의 암으로 죽어가고 있었다. 의사들이 보기에 그녀를 살려낼 수 있을 것 같은 약이 하나 있었다. 그 약은 같은 마을의 약제사가 최근에 발견한 라듐 형태의 것이었다. 약을 제조하는 데 많은 비용이 들기도 하였지만, 약제사는 자신이 약을 만드는 데 쓴 비용의 열배를 약값으로 매겨 놓았다. 그는 그 라듐을 위해 200달러를 들였고, 적은 복용량의 약값으로 2,000달러를 매긴 것이었다. 병든 부인의 남편인 하인츠는 돈을 빌리기 위해서 아는 사람을 모두 만나러 다녔지만, 약값의 절반인 1,000달러 정도만을 구할 수 있었다. 그는 약제사를 찾아가 아내가 죽어가고 있음을 말하고, 약을 좀 싼값에 팔든지 아니면 나중에 나머지 약값을 치를 수 있게 해 달라고 청하였다. 그러나 약제사는 이렇게 말했다. "안됩니다. 나는 그 약을 발견했고, 이제 그것으로 돈을 벌려고 합니다." 하인츠는 절망에 빠졌고, 아내를 구할 약을 훔치기 위해 약제사의 점포를 터는 일을 생각하고 있다.

1. 하인츠는 약을 훔쳐야 할까? 왜, 아니라면 왜?
2. 설사 하인츠가 아내를 사랑하지 않는다 해도, 그는 그녀를 위해서 약을 훔쳐야 할까? 왜, 아니라면 왜?
3. 죽어가는 사람이 자신의 아내가 아니고 모르는 사람이라고 가정하자. 하인츠는 모르는 사람을 위해서 약을 훔쳐야 할까? 왜, 아니라면 왜?
4. (당신이 친구를 위해서 약을 훔치는 데 찬성하는 경우 :) 자신이 사랑하는 애완동물이라고 가정하자. 하인츠는 애완동물을 살려내기 위해서 약을 훔쳐야 할까? 왜, 아니라면 왜?
5. 왜 사람들은 다른 사람의 생명을 구하기 위해서 여하튼 할 수 있는 일을 무엇이든지 해야 할까?
6. 하인츠가 훔치는 것은 법을 위반하는 일이다. 그것이 도덕적으로도 나쁘게 만드는 일일까? 왜, 아니라면 왜?

7. 왜 사람들은 일반적으로 법을 어기는 것을 피하기 위해서 여하튼 할 수 있는 일을 무엇이든지 해야 할까?
7a. 이것이 하인츠의 경우와 어떻게 관련이 있을까?

1. 단계들의 정의

콜버그의 이론 틀 안에서, 모든 문화에서의 도덕 발달은 자기중심적 관점으로부터 사회적 관점을 거쳐 보편적 관점에 이르는 세 수준의 진행을 따른다(〈표 2〉 참조). 개인의 도덕 판단은 발달해 가는 동안 가까운 사람들이나 사람들 서로 간을 참조하는 일에 점점 덜 의존하다가 최고의 단계에서 보편적인 정의의 원리들에 정박하게 된다. 최고의 단계들은 도덕적 복잡성을 안정되고 일관된 방식으로 가장 잘 처리할 수 있는 단계들이다.

〈표 2〉 도덕 판단의 6단계

수준 및 단계	단계의 내용		단계의 사회적 관점
	바른 것	바르게 행동하는 이유	
수준 Ⅰ : 인습 이전 단계 1 : 타율적 도덕	처벌이 따르는 규칙 파괴를 피함, 복종을 위한 복종, 인명과 재산에 대한 물리적 손해를 피함	처벌을 피함, 그리고 권위자들의 우월한 힘	**자기중심적 관점**. 다른 사람들의 이익을 고려하지 않거나 그들의 것이 행위자의 것과 다르다는 점을 인정하지 않음; 두 관점을 관련시키지 않음. 행동을 다른 사람들의 심리적 이해관계의 측면에서보다 물리적으로 고려함. 권위자의 관점과 자신의 관점을 혼동함

수준 및 단계	단계의 내용		단계의 사회적 관점
	바른 것	바르게 행동하는 이유	
단계 2 : 개인주의, 수단적 목적 및 교환	누군가에게 당장의 이익이 될 때에 한하여 규칙을 따름; 자신의 이익과 욕구를 충족시키기 위해 행동하고 다른 사람들도 그렇게 하게 함. 바른 것은 또한 공정한 것, 즉 동등한 교환, 거래, 합의임	다른 사람들도 역시 자신의 이익을 갖고 있음을 인정해야 하는 세상에서 자신의 욕구와 이익을 채움	**구체적인 개인주의적 관점.** 누구든 자신이 추구하는 이익들이 있으며 이것들이 충돌한다는 점, 그러므로 바른 것도 (구체적인 개인주의적 의미에서) 상대적이라는 점을 앎
수준 II : 인습 단계 3 : 상호 개인 간 기대, 관계, 개인 간 일치	가까운 사람들이 기대하는 바, 또는 사람들이 일반적으로 아들·형제·친구 등으로서의 역할에 기대하는 바에 맞는 생활을 함. '착한 것'은 중요하며 좋은 동기를 갖는 일, 다른 이들에게 관심을 보이는 일을 뜻함. 그것은 또 신뢰·신의·존중 등 상호 관계를 유지함을 의미함	자신의 눈 및 다른 이들의 눈으로 보기에 착한 사람이 될 필요가 있음. 다른 이들을 위한 자신의 배려. 황금률에 대한 신념. 상투적으로 좋은 행동을 지지하는 규칙이나 권위를 유지하려는 욕망	**다른 개인들과의 관계에서의 개인적 관점.** 개인적 이해관계에 우선하는바 공유된 감정, 협정, 기대치에 대하여 앎. 자신을 다른 이의 입장에 두어보면서 구체적인 황금률을 통하여 여러 관점들을 관련시킴. 아직은 일반화된 체계적 관점을 고려하지 않음
단계 4 : 사회 체계 및 양심	동의해온 것에 대한 현실의 의무들을 이행함. 법은 확고한 사회적 의무들과 충돌하는 극단적인 경우를 제외하고는 지지되어야 함. 바른 것은 사회, 집단, 제도 등에 기여함	제도를 총괄적으로 계속 움직이게 함, "모든 이가 행하는 경우" 체계 안에서 붕괴하는 것을 피함, 자신의 규정된 의무에 응하라는 양심의 명령. (규칙과 권위에 대한 단계 3의 신념과 쉽게 혼동됨)	**개인 간의 합의 내지 동기와 사회적 관점을 구별함.** 역할과 규칙을 규정하는 체계의 관점을 취함. 체계 안의 입장이라는 측면에서 개별 관계들을 고려함
수준 III : 인습 이후 또는 원리화 단계 5 : 사회 계약 혹은 유용성, 개인의 권리	사람들이 다양한 가치와 의견을 가진다는 점, 대부분의 가치와 규칙이 나의 집단과 관련되어 있다는 점을 앎. 이 상대적인 규칙은 공명정대함을 위해서, 그리고 사회	모든 이의 복리 및 권리의 보호를 위하여 법을 만들고 지킨다는 사회적 계약을 이유로 법에 대하여 의무감을 가짐. 가족, 우정, 신뢰, 노동 의무에 대하여 계약상	**사회에 앞서는 관점.** 사회적 집착이나 계약에 앞서 가치와 권리에 대해 합리적 개인이 안다는 관점. 합의, 계약, 객관적 공명정대, 정당한 절차라는 공식적인 메커

	적 계약이므로 대개 지지되어야 함. 다만 생명이나 자유처럼 비상대적인 가치와 권리는 다수의 의견과 상관없이 어느 사회에서나 지지되어야 함	의 전념을 기하고 자유로이 관여하는 감정. 법과 의무는 "최대 다수를 위한 최대의 선"이라는 전반적인 유용성에 관한 합리적 계산에 기초해야 한다는 관심	니즘을 통해 관점들을 통합함. 도덕적 및 법적 관점들을 고려함; 그것들이 때로는 충돌한다는 점을 인정하며, 그것들을 통합하기가 어렵다는 점을 알게 됨
단계 6 : 보편적인 윤리적 원리들	스스로 선택된 윤리적 원리들에 따름. 특정의 법이나 사회적 협정이 대개 유효한 이유는 그것들이 이런 원리들에 근거하기 때문임. 그 원리에 부합하여 행동함. 원리들이란 보편적인 정의의 원리를 말함 : 인권의 평등, 개별적인 인격체로서 인간 존엄성의 존중 등	보편적인 도덕 원리들에 대한 합리적 인간으로서의 신념, 그런 원리들에 인격적으로 전념한다는 의식	사회적 합의가 거기서 나오는 도덕적 견해의 관점. 도덕의 본질을, 또는 인간이 그 자체로서 목적이며 따라서 그렇게 대접받아야 한다는 사실을 인식하는바 모든 합리적 개인의 관점

• 출처 : Lawrence Kohlberg, "Moral Stages and Moralization : The Cognitive-Developmental Approach", in *Moral Development and Behavior : Theory, Research, and Social Issues*, ed., Thomas Lickona (New York : Holt, Rinehart and Winston, 1976), pp.34-35.

1) 인습 이전 수준

인습 이전의 수준에서 개인은 자신의 구체적인 이해관계라는 관점으로부터 도덕적 쟁점에 접근한다. 이 수준에 있는 아동은 사회가 일정한 상황에서 행동하는 데 있어 무엇을 바른 방식이라고 규정하는지에 대해서는 관심이 없으며, 단지 행위의 구체적인 결과(처벌, 보상, 호의의 교환)에만 관심이 있을 뿐이다. 이 관점은 아동이 감당할 수 없는 위험을 피하면서 구체적인 이익을 추구하는 데에 초점을 맞추고 있다.

(1) 단계 1 : 처벌 및 복종의 지향

이 단계에서 추론하는 아동은 오직 물리적인 문제 및 물리적인 해결의 측면에서만 사고한다. 바른 것이란 처벌을 피하는 것이다. 하인츠 딜레마에 대한 전형적인 단계 1의 응답은 하인츠가 권위자에 불복종 '할 수 없다'이다. 왜냐하면 만일 그가 불복종하는 경우 그는 엄하게 처벌받을 것이기 때문이다. 아동은 하인츠가 권위자에 반항할 수 없으며, 뒤따르게 될 처벌이 감당하기에는 너무 클 것으로 믿고 있다.

(2) 단계 2 : 도구적 상대주의자 지향

단계 2 동안에 공정함이라는 새로운 판단 기준이 나타난다. 오직 공정한 것은, 어떤 일을 행할 좋은 이유를 가진 사람의 경우 어느 권위 있는 인물의 독단적인 의지에 의해서 판단되지 않고 바로 그 좋은 이유에 의해서 판단되어야 한다는 점이다. 단계 1의 중심적 가치를 이루는 권위자는 단계 2에서 상대주의적으로 된다. 하나의 권위자도 그가 게임의 규칙, 즉 공정함의 규칙에 따라 처신해야 하는 이상 여느 다른 누구처럼 되는 셈이다.

다만 단계 2의 공정함이라는 규칙은 물리적이고 실용적인 방식으로 해석되고 있다. 호혜(互惠)는 "네가 나의 등을 긁어주니 나도 너의 등을 긁어주겠다."의 문제로서 신의, 감사, 정의 등을 포함하지는 않는다. 공정함이 하나의 도덕적 범주인 것은 확실하지만, 단계 2에서의 그것이 의미하는 바는 누구든지 자신이 할 수 있는 일을 용케도 성공하여 벌받지 않고 무사히 넘길 권리를 갖고 있다는 점이다. 이러한 인습 이전의 관점으로 본다면, 만일 교사가 시험을 치르게 하면서 감독을 소홀히 하는 경우에 학생들이 커닝을 하는 것도 공정하게 된다. 이 단계에 있는 학생은 "내가 그의 답안지를 보고 답을 쓴다한들 그것이 누구에게 상처를 주고 있나요?"하고 물을지도 모른다. 그것이 자신을 해치고 있다는 대답은 아직 이치에 닿지 않고 있다. 만일 그 학생이 점수를 더 얻고 다른 아무도 손해를 보는 일이 없다면, 어떻게 그것이 자신을 해치고 있는 것일까? 손해는 어떤 구체적으로 나타나는 것으로서 이해되기에, 단순히 자신을 해친다는 막연한 의식은 나타나지 않고 있는 것이다. 교사가 학생들에게 커닝이 도덕적으로 나쁘다고 납득시키는 데 있어서 큰 어려움을 갖는 것도 무리는 아니다.

하인츠와 약제사의 경우, 단계 2에 있는 대부분의 주체들은 어떻게 약제사가 하인츠에게 커다란 해를 끼치고 있는지 쉽게 안다. 그들은 하인츠가 아내를 걱정한다면 약을 훔치고 싶은 것이 당연하다고 생각한다. 만일 걱정하지 않는다면 – 이는 하인츠의 일임 – 그는 아마 위험을 무릅쓰지 않을지도 모른다. 왜 걱정하느냐고? 단계 2의 응답자들은 남편이 자신의 아내에 대하여 어떤 의무가 있음을 이해하지 못한다. 오히려 남편은 만일 스스로 원하기만 하면 아내를 위해 훔칠 권리를 갖는다. 더구나 하인츠가 훔친다 해도, 그들의 의견에 의하면 하인츠는 거의 처벌받지 않을 것이다. 어떤 재판관이 하인츠가 훔친 이유를 이해하지 못할까? 훔치는 일에 대하여 아내의 생명을 구하기 위해서보다도 더 나은 이유가 있을까? 인습 이전의 수준에서는 자신의 정당한 요구를 충족시키는 데에 무엇인가 '속았다'고 여겨지는 경우 외에는, 법에 대한 쟁점이 생기지 않는다. 하인츠 딜레마에 있어서 행동이 일어나는 것은 전적으로, 개입된 개인들 – 하인츠, 그의 아내, 약제사, 재판관 – 의 관점으로부터이다.

우리 사회에서 단계 2는 대략 칠팔 세의 나이에서 발달하기 시작하여 초등학교 시절 동안의 지배적인 단계이다. 청년들에 관한 연구에 의하면 단계 2의 추론은 중산층에서 상당히 줄어들지만, 노동자 계층이나 저소득층의 젊은이들 가운데서는 여전히 꽤 지배적인 상태로 남아 있다. 성인들의 경우 그것은 계속하여 잔존하지만 이제 소수의 단계로서 있게 된다.

2) 인습 수준

인습 수준에서 인간은 사회의 한 구성원이라는 관점으로부터 도덕 문제에 접근한다. 개인은 집단이나 사회로 하여금 자신의 행동이 그 도덕적 규범에 부합하도록 기대되고 있음을 깨달으며 고려한다. 그는 처벌이나 비난을 피하고자 그리고 착한 사람 내지 역할 점유자라는 용인된 정의에 따라 행동하고자 노력한다.

(1) 단계 3 : 사람 사이의 일치 혹은 '착한 소년-좋은 소녀' 지향

단계 3에서 도덕적 행동을 위한 동기화는 내게 중요한 타인들의 기대치를 충족시키는 일이 된다. 바른 것을 행할 이유가 변하는 것과 마찬가지로 다른 이들에 대한 관계에 있어서 바른 것이라는 개념도 변한다. 단계 2의 추론 주체들은 단지 다른 누구에게도 부당하게 손해를 주지 않고서 자신의 이익을 추구하는 것을 올바르다고 생각한다. 단계 3에서는 자신과 타인들에 대하여 보다 많은 것이 기대되고 있다. 다른 이들이 내게 적극적인 기대치를 갖는다는 인식은 나로 하여금 대인 관계에 대하여 새로운 관점을 갖도록 유도한다. 두 사람이 관계를 맺게 될 때, 그들은 서로를 신뢰하며 상대방도 관심을 갖고 그 신뢰를 존중하리라 기대한다. 관계는 이익을 똑같이 교환하는 일(단계 2에서 보듯이)

그 이상의 것으로서, 상호 간의 헌신을 포함한다. 그러한 헌신을 깨뜨리거나 신뢰를 위반하는 것은 단계 3의 사람에게는, 단계 2의 사람에게 불공평하게 행동하는 것처럼, 기본적으로 잘못된 행동이다.

하인츠 딜레마는 이 점을 충분히 설명하고 있다. 하인츠가 아내에게 해야 할 의무라는 게 무엇일까? 단계 2의 관점에서 보면 하인츠에게 그 자체로서 의무인 것은 없다. 그는 확실히 자신이 원한다면 아내의 생명을 건지기 위해 훔칠 권리를 갖는다. 그러나 그가 그렇게 하길 원하지 않는다면 아내도 또 그 누구도 하인츠에게 여느 정당한 속박을 가하지 못한다. 단계 3의 관점에서 보면 하인츠는 이 여성과 결혼한 바에 따라서 그녀에게 명확한 헌신을 느낀다. 그는 그녀를 돌보아야 하고 그녀의 생명을 구하기 위해 노력해야 한다. (다만 이것이 그녀를 위해 훔치는 일을 포함하는지의 여부에 대해서는 단계 3의 응답자들의 의견이 일치하지 않는다.) 설사 그가 자신의 아내를 더 이상 사랑하지 않더라도, 그가 한때 그녀를 사랑했고 그녀에게 헌신했다는 사실은 그가 아내에게 관심을 가져야 함을 의미한다.

약제사와 관련하여 단계 2의 응답자들은 그가 기본적으로 이익을 추구할 권리를 가진다고 믿는다. 설사 그가 하인츠에게 기회를 주지 않을 정도로 어리석다 할지라도(그래서 하인츠의 보복을 초래한다 할지라도), 그가 그렇게 할 의무는 없다는 것이다. 이와 달리 단계 3의 응답자들은 종종 약제사에 대하여 생각하는 즉시 화를 낸다. "그는 어떤 사람이에요? 인정머리도 없대요? 그가 개인적으로 하인츠를 알지 못하는 수도 있지만, 약제사로서 또 의료계의 한 구성원으로서 사람들의 치료를 돕는 데 전념했겠지요. 그런데 그는 순전히 이기적인 이유에서 하인츠를 외면하고 있잖아요." 단계 3의 관점에서 보면 이기주의는 또 다른 형태로 신뢰와 헌신을 위반하는 것으로서 거의 언제나 나쁜 것이다.

단계 3은 사춘기 이전에 발달하기 시작하여 청년기 동안에 지배적인 단계를 이루며, 단계 4와 더불어 우리 사회에서 대부분의 성인들의 경우에 지배적인 단계로 남아 있다. 단계 3이 서로 알고 지내는 사람들 간에 일어나는 대부분의 갈등을 다루는 데 적절한 방법이라고 판명된 이상, 그것은 일종의 성숙한 (또는 균형이 유지된) 구조인 셈이다. 그 부적절함이 드러나는 것은 개인이 사회적 수준에 입각하여 문제를 처리해야 할 때이다. 이런 문제에 대해서는 단계 4 및 그 이상의 단계들이 보다 적절하다고 알려져 있다.

(2) 단계 4 : 사회 체계 및 양심

단계 3의 역할 채택이 주로 '내게 중요한' 타인(significant other)의 제3자적 관점 채택 능력이라는 특징이 있다면, 단계 4의 역할 채택은 주로 '일반화된' 타인(generalized other)의 공유된 관점 채택 능력이라는 특징이 있다. 즉 개인은 자신이 관여하는 사회 체계−자신이 소속되어 있는 사회와 여러 제도들−에 대한 관점을 취하는 것이다.

사회 문제를 전체의 체계라는 관점에서 바라보는 능력은 대개 도덕 판단을 위한 새로운 기초를 제공해 준다. 다시 하인츠 딜레마로 돌아가 보자. 단계 3의 응답자들은 남편으로서의 하인츠의 헌신에, 그리고 약제사의 몰인정함 및 그가 직업에 대한 기대치에 맞춰 살지 못함에 우선적으로 관심이 있다. 응답자들은 하인츠의 결정이 사회 체계에 어떻게 영향을 미치는지에 대해서는 대개 관심이 없다. 그러나 단계 4의 관점에서는 사회 체계에 대한 영향이 주요한 관심사가 된다. 이 단계의 사람들은 하인츠가 자기 아내의 생명을 구하기 위해 거들 의무가 있다는 점, 그리고 약제사가 인정머리 없이 행동했다는 점에 동의한다. 그러면서도 그들은 또한 만일 약을 훔치는 경우 하인츠가 사회의 도덕적 질서를 약화시킬 수 있다는 점을 걱정한다. 법이 그들에 있어서 하나의 중심 가치로 나타나는 것이다. 그들이 반드시 '법과 질서'라는 입장의 대변자인 것은 아니다. 그럼에도 불구하고 그들은 여느 사회든 사회적 및 도덕적 합의들을 통해 서로 결속되며 그 중 많은 합의들이 성문화되어 있다는 점, 또 그 같은 합의들을 깨뜨리는 여느 행동도 사회 체계의 연대와 결합을 매우 위협한다는 점을 인정한다.

이것이 단계 4의 응답자들 대부분이 하인츠가 아내를 살려내기 위해 훔치는 짓을 해서는 안 된다고 결정함을 말하는 것은 아니다. 왜냐하면 그들이 법의 주요성을 인정하는 만큼 생명이라는 가치의 주요성을 인정하기 때문이다. 어떤 점에서 이런 딜레마는 단계 4에서 해결하기가 가장 힘들다. 응답자들은 인간의 생명은 신성하며 법의 목적도 종종 생명의 신성함을 지키는 데 있다고 명확히 이해한다. 따라서 법의 가치와 생명의 가치가 공공연히 충돌할 때 그들은 둘 사이에서의 선택을 놓고 고뇌하게 된다.

단계 4의 추론은 청년 중기 이전에 발달하기 시작한다. 단계 4는 매우 균형 잡힌 단계이며 종종 성인들이 발달하는 최고의 단계로 알려져 있다. 그것은 개인 간의 쟁점과 마찬가지로 사회의 쟁점을 적절하게 다룬다. 그럼에도 불구하고 콜버그의 생각에 따르면, 그것은 어떤 법 내지 신념의 체계가 기본적인 인간의 권리와 충돌하게 되는 상황들을 다루기 위해서 충분하지는 않다. 만일 어떤 사람이 법률 체계가 몇몇 사람들에게 기본적인 인간의 권리를 계획적으로 부인하는 사회에 살고 있는 경우, 그 사람은 사회적 및 법적 질서를 보존할 목적으로 부당한 법이라고 생각되는 것에 저항하거나 위반해서는 안 된다는 점에 동의해야 하는 것일까? 단계 4의 추론은 이 문제에 대하여 적절한 대답을 갖고 있지 못하다. 왜냐하면 이 단계의 사람들은 변화를 위하되 체계의 한도 내에서 일한다는 것에 찬성하면서도, 만일 체계 자체가 부당한 차별 대우에 근거하는 경우 지지와 반대 사이에서의 선택을 피할 수 없게 되기 때문이다. 콜버그는 단계 4의 추론 구조 안에는 지지를 넘어 반대를 선택할 아무런 기준이 없다고 믿는다. 그리하여 그는 이 같은 도덕적 갈등을 보다 적절하게 다룰 수 있는 인습 이후의 단계들을 묘사하고 있다.

3) 인습 이후, 자율적인, 원리화된 수준

이 수준에서 개인은 일종의 사회에 앞선 관점으로부터 도덕 문제에 접근한다. 즉 그는 자신이 사는 사회의 정해진 규범과 법을 초월하여 생각할 수 있으며, "좋은 사회가 그에 기초를 두는 원리들이 무엇일까?"하고 물을 수 있게 된다.

(1) 단계 5와 단계 6 : 사회 계약 및 보편적인 윤리적 원리

이들은 원리화된 도덕 추론의 단계들로서 콜버그의 이론에서 가장 논의의 여지가 있는 단계들이다. 이 단계들이 철학적 배경에서 유도되고 있으나, 몇몇 도덕 철학자들은 콜버그의 '최고' 단계들의 공식화에 의견을 달리한다. 이 단계들에 대해서는 다른 단계들에 비하여 경험적 자료들이 적으며, 이에 심리학자들은 보다 심각하게 이의를 제기하고 있다.

단계 5는 바른 행위에 대하여 일반적인 개인의 권리 측면에서, 그리고 전체 사회를 통하여 비판적으로 검토되고 결정된 표준의 측면에서 정의를 내린다. 도덕적 의무는 사회 계약의 관점으로부터 이해된다. 이 개념이 갖는 이점은 그것이 각각의 관계에 관한 의무에 대하여 대개 단계 4에서 행해지는 것과 달리, 어떤 고정된 법칙을 규정하려고 시도하지 않는다는 점에 있다. 오히려 법적 및 사회적 언질들은 계약의 각 당사자가 자유로이 스스로에게 의무 지우는 그 무엇이라고 간주된다. 다른 이들도 똑같이 자유로이 스스로에게 의무를 지운다는 점을 알면서 말이다. 당사자들의 상호 합의가 서로에 대한 스스로의 의무의 본질을 규정하는 셈이다. 공법의 형태를 취하든 아니면 우정이나 혼인처럼 보다 개인적인 약정의 형태를 취하든, 계약은 만일 그것이 생명이나 자유와 같은 기본적인 인권의 폐기를 동반하지 않는다면 본래적으로 좋거나 나쁜 것이 아니다. 기본적인 인권을 폐기하는 계약은 도덕적으로 무효일 것이다. 그러므로 예컨대 어떤 사람이 자발적으로 매매를 통해서 노예의 신세가 된다 하더라도, 상대방이 그를 노예 상태로 유지시킬 도덕적 권리를 갖는 것은 아니다.

다음은 하인츠 딜레마에 대한 단계5의 한 반응이다.

> 하인츠가 한 일은 나쁘지 않았다. 희귀한 약품들의 분배는 공정의 원칙에 따라 조절되어야 한다. 이러한 조절이 없었기에 약제사는 자신의 법적인 권리에 저촉되지 않았으며, 그 상황에서 스스로 아무런 도덕적 불평거리도 없다. 약제사의 행위가 사회 안에서 강력하게 부당한 것이 아니었다면, 그는 여전히 자신의 도덕적 권리에 저촉되지 않았다. 하인츠의 행위가 나쁘지 않았지만, 그런 행동이 그의 의무도 아니었다. 이 사례에서 하인츠가 약을 훔치는 것이 나쁘지는 않았지만, 그의 의무의 요구를 넘고 있다. 즉 그것은 일종의 초과 근무와도 같은 직무 이상의 행위이다.[2]

이 응답자는 어느 사회에서나 이상적으로 합의되어야 하는 점으로부터 시작한다. 즉 "희귀한 약품들의 분배는 공정의 원칙에 따라 조절되어야 한다." 그러나 이것이 하인츠의 사회에서 합의된 원칙은 아니었기에, 약제사는 "자신의 도덕적 권리에 저촉되지는 않았다." 하인츠가 약을 훔쳐야 할 아무런 의무도 갖지 않는 이유는 그것이 남편과 아내 사이에 흔히 있는 계약의 부분은 아니기 때문이다. 그럼에도 불구하고 만일 그가 약을 훔친다면, 그것은 일종의 '직무 이상의 행위'로서 의무의 요구를 넘는 착한 행동이 될 것이다.

이러한 응답에 대한 불만 나아가 사회 계약의 개념에 근거하는 도덕 추론에 대한 불만은 콜버그로 하여금 '보다 높은' 단계 6을 공식화하도록 이끌었다. 단계 6에 대한 콜버그의 사고는 하버드의 철학자 롤즈(John Rawls)에[3] 의하여 강력하게 영향을 받았다. 콜버그는 단계 6 추론의 예로서 하인츠 딜레마에 대한 다음의 응답을 인용한다.

> 만일 남편이 아내에 대하여 매우 친밀하거나 애정 깊은 느낌이 없는 경우에도 약을 훔쳐야 할까?
>
> 그래요. 아내의 생명이라는 가치가 어떤 인간적인 유대와는 상관없지요. 인간 생명의 가치는 그것이 도덕적 행위자라는 역할 안에서 행동하는바 합리적 존재에 대하여, 절대적인 도덕적 '당위'의 유일하게 가능한 근원을 제공한다는 사실에 근거하고 있어요.
>
> 친구 또는 아는 사람이라면 어떨까?
>
> 네. 인간 생명의 가치는 여전히 같거든요.[4]

여기서 차이점은 응답자가 훔치는 행위를 하인츠와 다른 관계자 사이의 어떤 앞선 합의에 따르는 것으로 생각하지 않고, 오히려 그것을 하나의 절대적인 도덕적 '당위'－도덕적 행위자라는 역할을 행하는 합리적 존재라면 누구든지 자신의 의무로 받아들일 것이라는－로 이해한다는 데 있다. 단계 6 사고의 기초가 되는 윤리적 원리들은 주어진 사회 계약의 합의를 초월한다. 이런 원리들은 정의에 대한, 인권의 호혜 및 평등에 대한, 또 개별적인 인격체로서 인간의 존엄성 존중에 대한 보편적인 원칙들이다.

원리화된 수준에서의 도덕 추론이 보다 적절한 이유는 그것이 더 많은 관점들을 고려하며 또한 보다 일관된 방식으로 적용되기 때문이다. 원리화된 접근법은 도덕적 갈등을 단지 자신이 속한 사회나 종교의 구성원으로서의 관점에서가 아니라, (누구에게나 해당되는) 인간의 관점에서 바라본다. 예컨대 자신이 속한 사회의 관점에서라면, 사람들은 자기 나라에 대하여 충성해야 한다고 말하는 것이 이치에 닿을 것이다. 그렇지만 어떤 전통적인 미국인이 소비에트연방 내 반체제 인사에게 저항을 멈추고 그의 조국에 충성해 주기를 바랄 수 있을까? 소비에트 반체제 인사들에 대한 미국에서의 대중적 반응이라면, 분명히 그럴 수 없다. 그럼에도 불구하고 어떻게 우리가 일관되게 자신의 조국에 대한 충성이라는 규칙을 주장하면서도 다른 나라에서의 불충을 격려할 수 있을까? 어떤 이는 그렇게 할 수도 있다. 오직 일차적으로 인권을 보호하는 데 충실하다는 원리를 유지함으로써, 그리고 이차적으로 자신의 조국이 인권을 보호하는 이상 조국에 충실하다는 원리를 유지함으로써 말이다. 그런 연후에 일관되고 보편화 가능한 기준들이 여느 나라의 사람-자기 조국의 행위에 대하여 언제 항의하고 언제 지지할지 결정해야 하는-에게나 적용될 수 있을 것이다.

도덕에 대하여 특별한 정의를 따름으로써 콜버그는 철학을 심리학에로 연결시킬 수 있었다. 그는 철학적 기준들을 통해 '참으로 도덕적'이라고 칭하기 위해서는 도덕 판단의 최고 단계가 어떤 모습이어야 하는가를 묘사할 수 있었다. 그런 정의가 있었기에 그는 도덕 판단이 아동기의 출현 시점으로부터 발달하여 최고의 단계에 이르기까지의 논리적인 움직임들을 추적할 수 있었다. 다만 명쾌함을 이루기 위하여 콜버그는 두 가지 중요한 제한점을 받아들여야 했다. 첫째는 다른 철학자들에 의한 비판으로서 최고 단계들에 대한 그의 정의(定義)가 너무 한정되어 있다는 점이다. 원리화된 도덕에 대하여 콜버그의 설명들보다도 더 많은 가능한 설명들이 있을 것이다. 둘째는 그가 도덕 발달을 도덕 판단의 발달에로 제한하고 있다는 점이다. 도덕 판단이 도덕 발달에 있어서 본질적인 요소일 수 있지만 결코 전체적인 그림은 아니다.

2. 도덕교육 : 콜버그의 교육적 노력에 관한 개요

콜버그의 교육적 노력에는 두 개의 가닥이 있어 왔다. 하나는 도덕적 쟁점의 토론과 도덕적 성장의 자극에 대한 관심을 교실의 교육과정에서 엮어내는 일을 포함한다. 다른 하나는 학교의 관리 과정에 있어서 학생들에게 더 큰 민주적 참여를 허용하도록 학교 환경을 재구성하는 일을 포함한다.

도덕교육의 토론 지향적 프로그램에 대한 경험을 근거로 내린 콜버그의 결론에 따르면, 도덕적 변화는 토론이 참여자들 간에 인지적 갈등을 일으키는 데 성공적일 때 가장 많이 일어나는 것으로 보인다. 자신의 것보다 더 높은 도덕 추론에 기초를 둔 관점들에 노출된 참여자는 원래 입장의 적절성에 대하여 자신감을 갖지 못하게 되고 다른 입장의 장점들을 고려하기 시작한다. 참여자는 이제 단순히 입장을 바꾸는 게 아니라 도덕적 쟁점에 대한 자신의 추론 방식을 재구성하는 과정을 시작하는 것이다.

설사 도덕적 토론 프로그램들이 도덕적 성장을 자극하는 데 성공적이라 하더라도, 분명한 것은 그것들만으로 도덕교육을 위한 교육과정을 구성하지 못한다는 점이다. 그것들은 대개 보다 큰 교육과정에로 통합되어 있지 않으며, 또한 여러 제한된 방법으로 학생들의 교육 경험에 영향을 미치는 것을 지향하지도 않는다. 콜버그는 자신의 목표가 보다 포괄적인 도덕교육 프로그램을 발달시키는 데 있다고 분명하게 진술한다.

> 만일 교실 토론이라는 잠깐의 수업 시간이 도덕 발달에 실질적인 효과를 나타낸다면, 도덕 발달에 대한 학교의 영향력에 대하여 점진적이고 영속적이며 심리적으로 충분한 관심을 기울이는 일이야말로 훨씬 심오한 효과를 나타낼 것이다. 이 같은 관심은 새로운 교육과정 영역을 묘사하는 데보다는 사회과, 법 교육, 철학 및 성 교육 등의 교육과정 영역에 영향을 미칠 수 있을 것이다. 보다 심원하게는 그것이 사회 분위기와 학교의 정의 구조에 영향을 줄 것이다.[5]

1970년 이래로 콜버그와 그의 동료들 및 학생들은 발달상의 도덕교육의 원칙들을 기존의 교육과정 및 새로 시작되는 교육과정에로 확장하는 일을 계속해오고 있다.

이러한 교육과정 작업과 병행하여 '사회 분위기와 학교의 정의 구조에 영향을 주려는' 노력이 있어 왔다. 콜버그의 생각에 의하면 '잠재적 교육과정'은 교육자들이 학생들을 도덕 추론에로 끌어들이는 데 풍부한 기회를 제공한다. 설사 학생들이 사회적·도덕적 쟁점들에 대하여 공부하고 토론함으로써 많은 것을 배울 수 있다 할지라도, 실생활의 사회적·도덕적 쟁점들을 숙고함에 있어서 참여하기의 대용품은 없다.

이 같은 쟁점들은 학교생활이라는 맥락 안에서 자연스럽게 일어나기 때문에, 학생들을 숙고하는 일에 끌어들이기 위해서는 이런 기회들을 활용해야 할 것이라는 게 콜버그의 입장이다. 누군가 학교라는 맥락 안에서 민주주의를 실행할 수 있음에도 불구하고 왜 민주주의에 대해서 그저 가르치기만 하는 것일까?

콜버그는 교육 민주주의에 있어서 두 가지의 실험에 착수하였다. 첫째는 교도소라는 맥락에서의 것이었고, 둘째는 도시 지역의 고등학교 안에 있는 대안학교에 관한 것이었다. 두 개의 실험 프로그램 모두 참여자들의 도덕 발달에 대한 효과 면에서 평가되고 있는 중이다.

3. 도덕교육의 전략[6]

발달 모형에 있어서 도덕교육의 기초는 교사가 학생들에게 스스로의 경험을 통하여 점차 복잡한 방법으로 사고하도록 기회를 만들어주는 데 있다. 학생들로 하여금 더 큰 인지적 복잡화를 지향하도록 동기를 주는 것은 보다 적절한 추론의 유형, 특히 자기들 것보다 한 단계 더 높은 도덕 판단의 단계를 반영하는 추론의 유형에 접하게 하는 일이다. 개인이 도덕적 갈등에 대해서 스스로 해오던 것보다 더 포괄적이고 일관된 접근법들을 고려하지 않을 수 없게 될 때, 인지적 '불균형'이 생겨나게 마련이다. 보다 적절한 논리가 갖는 힘은 마음을 동요시키면서도 매혹적인 법이다. 시간이 지나면서 보다 높은 수준의 사고와의 만남은 보다 진보된 단계의 자기 발달을 자극한다.

인지적 불균형은 개인이 다른 사람의 역할을 채택할 수 있는 능력에서 유래한다. 만일 사람들이 서로 다른 관점들을 가정할 수 없다면 아무런 갈등도 이해하지 못할 것이다. 우리가 주목해온 바와 같이 개인이 다른 이들의 관점을 채택할 수 있는 능력은 연령에 따라 그 질이 변한다. 초등학교 연령의 아동들은 동급생이나 가족 구성원의 입장이 되어 행동해 보는 연습이 필요하다. 중학교 학생들은 집단의 요구에 초점을 맞추는 데서의 도움을 필요로 한다. 고등학교 학생들은 법적 내지 사회적인 견지에서, 혹은 경우에 따라 보다 보편적이고 원리화된 요지에서 갈등을 바라볼 수 있을 것이다. 교사는 학생들이 사회적 관점과 자기 것보다 한 단계 더 높은 추론 수준을 갖는 데에 편안함을 느끼도록 도와야 한다.

학생들로 하여금 보다 포괄적인 사회적 관점과 보다 객관적인 추론의 계열을 발달시키도록 돕기 위하여, 교사는 도덕적 딜레마들을 효과적으로 사용해야 한다. 도덕적 딜레마는 세 가지 종류의 자료들－가설적인 것, 특별한 내용의 것, 현실적인 혹은 실용적인 관심사의 것－을 고찰함으로써 나타난다. 하인츠 딜레마처럼 가설적인 딜레마는 사실에 근거하고 있지 않으면서도 믿을 수 있다. 가설적인 쟁점들을 사용하는 주요한 유용성은 학생들이 개인적으로 거의 난처할 일이 없다는 점, 따라서 보다 기꺼이 공개 토론을 감행하며 관련된 원칙들을 일반화하려 한다는 점에 있다. 내용에 근거한 딜레마는 특정의 연구 분야에서 발견되는 자료들－이를테면 미국사 연구 분야에서 알게 된 트루만 대통령의 원자 폭탄 투하의 결정[7]－에 기초하고 있다. 내용에 근거한 딜레마－도덕에 관한 쟁점은 시간과 공간을 초월한다－의 강점은 학생들에게 그들이 공부의 대상으로 삼은 사람들의 삶에서의 도덕적 중요성을 논증해줄 가능성을 갖는 데 있다. '현실적' 내지 실용적인 딜레마는, "내 친구가 시험을 치르는 중에 커닝하고 있다는 것을 선생님께 말씀드려야 할까?"의 경우처럼, 감정적인 개입을 곧 이야깃거리에 대한 관심을 극대화한다.

학생들로 하여금 그것에 합리적으로 다가가도록 돕는 도덕적 딜레마의 자료들은 교사에게 질문 전략을 솜씨 좋게 사용할 것을 요구한다. 질문하기 내지 탐측하기는 응답자들에게 자신이 주장하는 논리를 탐구 조사해볼 것을, 그리고 그들의 일반적인 사고 유형에 도전하는 정도까지 동급생과 상호작용해볼 것을 권한다. 특히 '적절한' 질문들이 인지적 갈등과 사회적 역할 채택을 자극할 수 있다.

질문에 대해서는 적어도 초기 전략과 심층 전략이라는 두 개의 단계가 있다. 초기 전략은 교사와 학생들에게 도덕적 쟁점에 대한 토론을 선도하며 계속해서 학생들의 도덕적 인식을 발달시킨다. 심층 전략은 도덕 추론에서의 구조적 변화를 이끌 수 있는 토론의 요소들에 초점을 맞춘다.

토론의 초기 단계에서 교사의 역할은 다음과 같다. (1) 학생들이 도덕적 딜레마 또는 질문된 문제를 확실히 이해하게 한다. (2) 학생들이 문제에 내재하는 '도덕적' 성분들에 맞서도록 돕는다. (3) 학생들이 스스로의 판단을 위해 정립한 이론적 근거를 끌어낸다. (4) 서로 상호 작용하도록 다양한 이론적 근거들을 가지고 학생들을 격려한다.

질적으로 다른 문제들과 논평들의 계열화를 이루는 것은 교사가 고려할 중요한 일이다. 이것이 필요한 이유는 교사가 도덕 발달을 자극하기를 원하기 때문이며, 또 도덕적 토론이 위험 부담을 내포하기 때문이다. 동료들의 압력은 종종 위험 무릅쓰기를 방해하며, 만일 집단의 규범이 공개되고 정직한 의사소통을 훼방하는 경우 도덕교육의 목표에 거스를 수도 있다. 질문들에 대한 여러 종류의 제안된 시리즈는 다음과 같다.

1. **도덕적 쟁점 강조하기** 이런 질문들은 대개 대화의 출발을 이루면서 학생들에게 하나의 도덕적 쟁점에 대하여 어떤 입장을 취하도록 묻는다. 질문들은 학생들로 하여금 상황을 갈등의 해결 내지 선택을 요구하는 딜레마로 간주하도록 돕는다. 그것들은 보통 '해야 한다', '마땅하다', '바른 혹은 그릇된'에 관한 물음을 내포한다. 하인츠는 약을 훔쳐야 할까? 다른 사람의 생명을 구하기 위해 훔치는 일이 나쁜 것일까? 그런 상황에서 훔쳤을 경우에 사람들은 처벌받아야 할까? 이 같은 질문들은 해당 딜레마를 도덕적인 것으로 만드는 상황에서 특별한 요소들을 설명하는 데 도움을 준다.

2. **'왜'라는 질문으로 묻기** 이 질문들은 학생들에게 하나의 도덕적 쟁점에 대하여 자신의 입장을 지지하는 이유를 설명하도록 묻는다. 이런 질문들은 학생들에게 자신이 다른 동급생들과 같은 입장을 지닐 수 있지만 매우 다른 이유에서 그럴 수 있음을 알게 하는 기회를 제공한다. 사고 유형에서의 이 같은 다름은 흥미와 대화를 자극하기 시작한다. "딜레마에 대한 너의 해결책이 왜 좋다고 생각하니?"라든가 "문제를 해결하기 위해 네가 행한 것처럼 결정했던 주된 이유가 뭐니?" 등의 질문들은 '왜'라는 질문의 두 가지 평범한 예이다.

3. **상황을 복잡하게 하기** 원래의 도덕 문제를 복잡하게 하는 탐측의 질문 내지 진술에는 두 종류의 것이 있다. 첫째는 처음의 상황에 내재하는 복잡성 및 인지적 갈등을 강화하기 위하여 원래의 문제에 새로운 정보와 상황을 보태는 것이다. 예를 들면 하인츠 딜레마에서 다음의 질문들이 이에 포함될 수 있을 것이다. 만약 하인츠의 아내가 특별히 그에게 약을 훔치라고 (혹은 훔치지 말라고) 말했다면, 그것이 당신의 입

장에 차이를 생기게 하나요? 만약 하인츠의 사건을 심문하는 재판관이 하인츠의 친구였다면, 그것이 그의 판결에 차이를 생기에 할까요? 이런 질문들은 특히 역할 채택이라는 영역에 있어서 보다 큰 사고의 차별화를 자극한다. 학생은 그에 의하여 도덕적 갈등을 해결하는 방법에 대해서 한 가지 이상의 관점을 고려하도록 재촉 받는 셈이다.

복잡하게 하는 둘째 종류의 질문은 학생들로 하여금 이른바 비상탈출구(escape hatching)를 피하도록 돕기 위해 요구된다. 비상탈출구 현상은 대개 학생들이 도덕 딜레마들을 처음 토론할 때 일어난다. 종종 학생들은 옳은 것에 관한 문제에 정면으로 대하는 위험을 무릅쓰는 데 난처함을 느끼곤 한다. 그들은 딜레마 전체를 바꿈으로써 도덕 문제로부터 전적으로 벗어나고 싶어 한다. 일반적으로 그들은 딜레마의 사실들을 변경하려고 시도하는데, 그렇게 함으로써 갈등을 제거하여 효과적으로 문제를 해결하고자 하는 것이다. 예컨대 바다에서 표류 중인 초만원의 구명보트에서 어떤 사람들을 배 밖으로 버릴 것인지를 결정하는 일에 관한 딜레마의 경우, 학생들은 여분의 사람들을 보트의 측면에 밧줄로 묶어두기를 원함으로써 종종 딜레마에 맞서기를 피한다. 이 경우에 학생들로 하여금 도덕 문제에 정면으로 대하도록 돕기 위하여, 교사는 "그러나 당장에 우리는 그들을 보트에 묶을 수 없다고 가정하자." 라든지 "구명보트에 아무런 밧줄이 없다고 가정하자." 등으로 말할 수 있을 것이다. 교사는 또한 딜레마 자체를 복잡하게 할 수도 있다. "밧줄을 잡고 있는 일이 보트를 가라앉히리라고 가정하자. 만일 네가 어떤 어머니와 그녀의 열여덟 살 된 아들 중 하나를 선택해야 한다면, 누가 배 밖으로 던져져야 할까?"

몇몇 학생들은 도덕 문제에 정면으로 맞서서 직접 토론하는 데 난처함을 느낀다는 사실을 교사들이 존중하는 것은 중요하다. 도덕적 쟁점들을 통한 추론이라는 연습은 학생들에게 대개 익숙하지 않으며 때때로 압도적이기까지 하다. 교사의 역할은 도덕적 쟁점에 직면하도록 '강요'하는 데 있지 않으며, 그런 쟁점에 직면하는 과정을 용이하게 하는 데 있다. 시간이 지나면서, 동료 집단이 딜레마에 맞서는 일을 맡도록 돕게 된다.

이상의 세 가지 고려사항들－도덕적 쟁점 강조하기, '왜'라는 질문으로 묻기, 상황을 복잡하게 하기－이야말로 도덕적 토론을 도입하는 일의 '핵심'을 이룬다. 이것들은 도덕 문제에 대한 추론의 폭을 조명하기 위하여 계획된다. 교사가 이러한 도입의 노력에 쓰는 시간이 얼마나 되는가는 특정 집단의 학생들이 지닌 역량과 교사가 토론을 용이하게 이끌어가는 일에 달려 있다.

1) 심층 질문 전략

도덕적 토론 형태의 두 번째 단계는 심층적으로 초점을 맞추는 데 있다. 교사의 질문 기법은 이러한 변화에 병행한다. 심층 질문은 학생들로 하여금 경합하는 주장들 및 맞수를 이루는 이론적 근거들을 해결하려고 노력하게 한다. 질문 정제(精製)하기, 인접 단계의 논의 강조하기, 명료화하기 및 요약하기, 역할 채택의 기법 활용하기라는 네 가지의 일반적인 심층 전략이 이에 해당한다.

(1) 질문 정제(精製)하기

질문은 동일한 쟁점에 대하여 많은 측면들을 탐측해야 한다. '해야 한다' 내지 '왜'라는 질문은 단계의 변화를 자극하기에 충분하지 않다.

학생들은 추론을 이해할 수 있도록 그리고 서로의 논리에 도전할 수 있도록 서로로부터 광범한 논의들을 들을 필요가 있다. 다섯 종류의 심층 탐측 질문이 효과적인 질문 전략에 관심 있는 도덕교육자들에 의해서 인정되어 왔다.

명료화 탐측(clarifying probe)은 특히 학생들이 말한 진술의 의미가 모호하거나 혹은 내용의 배후에 있는 추론을 전달하지 못할 때, 그들에게 자신이 사용하는 용어를 설명하도록 요구한다. 명료화 탐측에서는 교사가 본인의 취지를 학생들의 말 탓으로 돌리지 않도록 하는 것이 중요하다. 한 예가 다음과 같이 제시될 수 있다.

> 학생 : 아니오, 그가 시험 중에 커닝하는 친구에 대해 고자질하면 안 돼요. 그는 곤란해지게 될 거예요.
> 교사 : 어떤 종류의 곤란함일까?
> 학생 : 글쎄요, 그 친구는 더 이상 그를 좋아하지 않을 거예요. 친구는 어떻게든 그에게 보복을 할 거예요. [단계 2의 요소들]

특별 쟁점 탐측(issue-specific probe)은 학생들로 하여금 질문된 문제와 관련 있는 하나의 도덕적 쟁점을 탐구하도록 요구하는 질문 내지 진술이다. '쟁점'은 우리의 도덕 판단에 있어서 초점이 다른 영역이다. 이런 쟁점들에는 권위, 특별 관계나 애정의 역할, 계약 의무, 생명 가치 등이 있다. 특별한 쟁점에 심층적으로 초점을 맞춤으로써 학생들은 스스로의 신념의 근거에 대하여 충분히 탐구할 기회를 갖게 된다. 예들을 보자.

- 당신은 낯선 사람에게 뭔가 의무를 갖고 있나요? 가족이나 친구에 대한 책임과

낯선 사람에 대한 책임 사이에 어떤 차이가 있을까요?

- 왜 사람들은 합법적인 권위에 복종할 책임이 있을까요?

상호 쟁점 탐측(inter-issue probe)은 두 가지 도덕적 쟁점 사이에 있는 갈등의 해결을 격려하는 것이다. 하나의 쟁점을 다른 쟁점에 대해 우선하는 것은 종종 도덕 추론에 대한 두 개의 인접 단계들의 차이를 반영하는데, 이를테면 단계 3에서 우정이라는 가치는 단계 2에서 개념화된 바 자기 자신의 이익을 보호하기라는 가치보다 더 큰 중요성을 지니고 있다. 이 같은 종류의 탐측은 학생들에게 다른 쟁점을 능가하여 하나의 쟁점을 선택하는 일의 이론적 근거가 적절한지 테스트해 볼 것을 권한다. 두 개의 예를 들면,

- 친구에게 충실하기와 법을 준수하기 중 어느 것이 더 중요하나요?

- 만일 누군가의 생명을 구하기 위해 훔치는 일을 피할 수 없는 경우라면, 그런 결정을 정당화 해보겠어요? 어떻게?

역할 전환 탐측(role-switch probe)은 학생들에게 갈등에 있어서 본인이 갖고 있는 관점보다 다른 사람의 관점을 취하도록 요구한다. 이런 종류의 탐측이 학생들의 역할 채택 능력을 자극하는 데 중요한 이유는, 그것이 학생들에게 다른 이의 시각을 통해서 동일한 상황을 이해하도록 시도하는 일을 연습해 보게 하기 때문이다.

- **예. 시험 중에 커닝을 하는 친구에 대해 고자질할 것인지의 상황 활용하기**
  이 상황에서 고자질한다면 그 친구는 당신을 나쁘다고 생각할까요? 잠깐 선생님이 되어 보세요. 선생님은 이 상황에서 당신이 어떻게 해야 한다고 말씀하실까

요, 왜죠? 당신의 부모님이라면 당신이 어떻게 해야 한다고 말씀하실까요? 그 친구의 부모님이라면 해야 할 바른 일이라는 게 무엇이라고 말씀하실까요?

보편적 결과 탐측(universal-consequences probe)은 학생들에게 만일 자신의 추론을 모든 사람들이 그것을 따르도록 적용할 경우 어떤 일이 일어날 것인지 고려하기를 요구한다. 이 탐측은 학생들로 하여금 일반인들에게 똑같이 공정함을 나타낼 수 있는 도덕적 결정에 따라 병행하기를 시도하도록 격려한다. 보편적 결과 탐측은 학생들의 판단이 갖는 논리적 적절성의 한계를 검사한다. 몇 개의 예를 보면,

- 만일 누구든지 자신이 알고 있는 누군가의 생명을 구하기 위해 다른 사람들로부터 훔쳐야겠다고 결정한다면, 어떤 일이 일어날까요?

- 만일 사회에서 누구든지 법을 어기기 시작한다면, 어떤 일이 일어날까요?

- 만일 누구든지 시험 중에 커닝을 한다면, 선생님은 어떻게 교실을 관리할 수 있으며 어떻게 아동들이 공부하는 일을 도울 수 있을까요?

(2) 인접 단계의 논의 강조하기

두 번째 심층 질문 전략은 교사가 도덕 추론의 인접 단계들에 있는 논의들을 강조하는 일에 대한 책임을 포함한다. 한 사람의 도덕적 성장을 자극하는 것은 도덕 추론에 있어서 바로 다음의 더 높은 단계이다. 보다 높은 단계의 학생들이 보다 낮은 단계들에서 추론하는 이들과 상호작용함으로써 추론 능력을 '상실하는' 일은 없을 것이다. 다만 그들 역시 자신의 것보다 더 복잡한 추론 유형의 자극을 필요로 한다.

인접 단계의 논의들을 강조하기 위한 두 가지의 기회가 있다. 첫째는

학생들 스스로가 대화중에 인접 단계들을 사용하는 경우이다. 일단 추론 유형에 있어서의 차이들을 '들어서 알' 수 있게 되면, 교사는 학생들로 하여금 스스로의 사고가 적절한지 탐구하도록 격려하기 시작할 수 있겠다 : "웬디야, 나는 너의 추론이 피터의 추론과 다르다는 점을 알게 되었구나. 왜 네 해결책이 좋다고 생각하는지 다시 한 번 말해줄 수 있겠니? 네 해결책은 피터가 방금 말한 것과 어떻게 다르지?"

인접 단계의 논의들을 강조하기 위한 두 번째의 기회가 생기는 것은 학급이 보다 높은 단계의 논의를 놓치고 있는 경우이다. 교사는 이제 사고 면에서 종종 보다 높은 단계의 요소들을 반영하는 학생들을 상대로 하나의 새로운 쟁점에 관하여 그 관점을 공유하도록 격려할 수 있다 : "카를로야, 너는 어제 사회를 위해 좋은 것에 관해서 말했을 때 우리가 토론했던 문제에 대하여 재미있는 해결책을 주었단다. 너는, 아니면 다른 누구라도, 똑같은 논의가 오늘 토론 중인 사례에로 어떻게 적용될 수 있는지 우리에게 말해줄 수 있니?" 때로는 집단 전체가 주어진 도덕적 갈등에 대하여 한 가지 관점 그 이상으로부터 생각할 수 없어서 아무도 보다 적절한 관점을 내놓지 못하는 경우도 있다. 그렇다면 바로 다음의 보다 높은 단계에서의 논의를 내비치는 것이 교사의 임무일 것이다 : "내가 알기로는 이 경우에 해야 할 바른 일로서 법이 주장하는 바가 무엇인지를 말한 사람이 아무도 없구나. 법은 ……라는 추론에 입각하여 ……라고 말하고 있단다. 이 법률상의 관점에 대하여 어떤 의견들을 좀 들려주겠니?"

(3) 명료화하기 및 요약하기

또 다른 심층 교수 전략은 질문을 주도하여 던지는 일로부터 학생들이 말하는 바를 명료화하고 요약하는 일에로의 교사의 역할 변화를 포함한다. 이러한 토론 단계를 통하여 학생들은 도덕적 갈등의 문제들에 접근하는 방법을 배우게 되는 즉, 그들은 개방형 질문들로[8] 물을 수 있게 되는 것이다. 교사는 토론의 난해한 요소들을 연결하면서 보다 적극적으로 경청하는 이가 되는 셈이다.

교사는 학생들이 동급생들에 의해 제시되는 여러 추론 유형들을 알아채도록 토론을 주의 깊게 지켜볼 필요가 있다. 설사 학생들이 서로의 사고를 자극하는 데 있어서 보다 솔선하기를 익힌다 하더라도, 교사는 인지적 갈등 및 역할 채택의 발달 과정을 용이하게 하는 데에 계속 초점을 유지할 필요가 있다.

11~12학년 심리학 수업에서 있은 다음의 대화는 이 같은 교사의 역할 변화를 설명하고 있다. 학생들은 자살과 안락사에 대하여 장황하게 토론하고 있는 중이다. 그들은 서로에게 논평을 해주고 서로의 사고를 정교하게 만들어 격려해줄 책임이 있다. 이에 교사는 집단을 총괄적으로 연구해볼 수 있을 것이다.

[다시 초점 맞추기; 새로운 도덕적 쟁점 강조하기]	교사	자살 문제도 중요하지만 이제 우리는 안락사 문제에 대해, 그리고 누군가의 생명을 빼앗는 것이 옳은지 또는 어떤 점에서 옳게 여겨질 수 있는지에 대해 집중해 보자.
	마이크	저는 의사가 잘 아는 사이가 아니라는 이유로 그런 일을 하는 게 옳을 수 있다고 생각하지 않아요. 다시 마음이라는 것으로 돌아가 볼게요. 의사는 가까운 사람들의 경우처럼 어떤 사람의 마음을 알지는 못하죠. 이런 문제들을 생각해 내신 선생님처럼 그가 실제로 마음속에 들어가 봤겠어요? 글쎄요, 어떤 사람의 형제 정도라면 알 수도 있으며 바른 결정을 내릴 수 있으리라 생각해요. 그 사람을 진정으로 사랑한다면 자신의 생각대로 하려 하겠지요. … 만일 옳은 일이 그 사람을 죽이는 것이라면, 그것이 자기가 하려는 일이겠지요. [단계 3의 요소들]
	짐	나는 그들에게 안락사를 행하라고 말하는 사람이 되고 싶지는 않아.
	마이크	나는 진짜 극단적인 경우를 말하는 거야, 여자 친구를 막 잃은 경우처럼. 알다시피 내가 너를 죽이려는 것이 괜찮다고 말하는

		게 아니야. 그는 병들어 있어. 넋이 나갔다고. 음식도 주사 바늘을 통해서잖아. 그는 혼자서는 아무 것도 못해. 만일 그가 나에게 요구한다면 …
[마이크의 진술 명료화하기]	카렌 마이크	그렇지만 그가 너에게 요구하지 않을 경우 네가 네 자신에게 분풀이하지는 않겠지. 그럼.
[다른 이들의 관점 채택하기]	봅 마이크	그건 일종의 개인적인 평가야. 네게 그것은 여자 친구를 잃는 일보다 훨씬 나쁜 일이지만, 어떤 사람들에겐 그렇지 않을 수 있어. 나는 도대체 완전히 희망이 없는 경우를 말하고 있어.
[관점 채택 자극하기]	카렌 마이크	누가 판단하는 건대? 그를 매우 잘 아는 누군가가 판단할 수 있겠지.
[상황 복잡하게 하기]	존 리사	매우 잘 아는 사람이 아무도 없다면 어떻게 되는 거니? 본인 스스로가 죽기를 원한다고 말하지 싶어.
[도덕적 쟁점 강조하기]	짐 리사 짐	죽기를 원한다고 말하는 그 이유가 네게 죽을 권리를 준다고? 그래. 네가 어떤 때는 죽기를 원할 수 있지만 다른 때는 기분이 전보다 훨씬 나을 수도 있을 거야. 너는 "아, 이제 모든 것을 끝낼 필요가 있군."하고 혼잣말을 할 수도 있잖아. 네 생각은 다르겠지만 나는 사람이 여전히 살 방법과 살아야 할 이유가 있음에도 불구하고 "나는 스스로를 죽여야 한다."고 결정할 권리를 갖고 있지 않다고 생각해.
[스스로에게 '왜'라는 질문으로 묻기]	마이크	나는 완전히 희망이 없는 때를 말하고 있어. 너는 그들을 보면서 다소 무시하겠지. 우리는 그들을 살려두기 시작한 셈인데, 그것이 네가 해야 할 일이기 때문이야. 너는 그들을 살려두지 않으면 안 돼. 왜냐고? 그것이야말로 네가 해야 할 일이기 때문이지.
[관점 채택 자극하기]	카렌 마이크	누가 네가 결정해야 할 바로 그 사람이라고 말할 수 있는 거니? 네게 죽여 달라고 요구했던 그 사람이지.
[집단의 추론을 명료화하여 요약하기]	교사	그래 너희들은 두 가지 사항에 대해서 말하고 있구나. 그 사람이 죽기를 원해야 한다는 것, 그리고 그와 가깝고 그를 매우 잘 아는 누군가가 그것이 최선의 일이라고 동의해야 한다는 것 말이다. [단계 3의 요소들]

위와 같이 교사의 집단 지향적 관점에로의 역할 변화가 의미하는 것은 교사가 학생들이 나타내는 추론의 단계들을 경청하여 듣는 데에 보다 많은 시간을 할애할 수 있다는 점, 그리고 빠져 있는 추론의 단계들을 확인할 수 있다는 점이다. 귀담아듣는 일은 교사에게 인지적 복잡성

에 관한 바로 다음의 더 높은 수준이 어떤 것이어야 하는지를 아는 데 있어서 보다 큰 확신을 준다.

일단 학생들이 토론 자체를 지속할 수 있는 능력이 있다면, 교사가 어떤 개인적인 의견 내지 도덕적 논의를 도중에 삽입하는 것이 적절하다. 학생들 고유의 관심거리야말로 대개는 교사가 '바른 답'을 갖고 있다는 염려를 줄여준다.

(4) 역할 채택의 질문 및 전략

역할 채택의 질문은 학생들의 관점 채택 능력을 촉진하기 위하여 특별히 고안된 질문을 이른다. 물론 역할 채택은 대부분 질문 전략들의 일부이다. 여기서 우리는 특히 학생들의 관점을 자기중심적인 수준으로부터 다른 이의 사고, 감정, 권리를 고려하는 수준에로 자극한다는 점에 대해서 말하는 것이다.

역할 채택의 기회가 도덕 문제를 토론하는 것에로 제한되어 있지는 않다. 다른 사람의 역할을 채택하는 데 있어 인지 능력이 제한된 학생들을 위해서라면, 실제로 다른 사람의 역할을 맡는 경험을 해보는 일이야말로 스스로의 세계와 다른 사람의 세계 사이에 중요하고 구체적인 연결고리가 될 수 있을 것이다. 교사는 기초적인 수준에서 학생들을 위하여 협동 활동들을 개발할 필요가 있다. 도덕적 갈등에 초점을 두는바 역할 놀이, 토론, 학생들이 기획한 연극, 영화, 슬라이드 등 역시 다른 사람의 입장이 되어보는 현실의 경험을 고무한다. 다른 질문 전략들에 있어서처럼 이런 활동들은, 학생들이 등장인물들이 공연 중에 활용하는 추론에 초점을 맞출 때 가장 유익하다. 역할 놀이－이는 대개 개성과 행동을 강조한다－에 대한 이 중요한 첨가 사항은 학생들에게 다른 사람의 사고를 똑같이 '시험해 볼' 기회를 제공한다. 이 같은 시연(試演)은 자기중심적 사고를 넘어서 움직이는 첫 걸음이 될 수 있다. 역할 놀이 후에 토론하는 일 또한 발달을 자극하는 데 있어서 도움이 되는 이유는, 이것이 학급 전체에 대하여 참여의 기회를 주기 때문이다.

고등학교 학생들 역시 실제적인 역할 채택의 경험으로부터 이로움을 얻을 수 있다. 어린 아동에 대하여 개인 지도 교사의 역할을, 아니면 동료 학생에 대하여 또래 상담원의 역할을 맡아보는 것은 학생들로 하여금 관점 채택의 역량을 발달시키도록 돕는다. 다른 사람을 도우려는 노력이 청소년들로 하여금 그 사람의 눈을 통해서 세상을 바라보도록 격려하는 것이다.

게다가 역할 채택의 기회는 교사가 뭔가 질문을 하였을 경우 그에 대해서 토론하는 가운데 생긴다. 역할 채택 능력이 자기중심적 추론에로 제한되어 있는 청소년들을 상대로 토론을 끌어가기란 어렵다. 왜냐하면 그 청소년들은 이 수준에서 추론하는 보다 어린 아동들보다도 인습 이전의 유형 속에서 더 많은 세월을 보내왔기 때문이다. 만일 청소년이 인습 이전의 도덕 추리로부터 인습적인 도덕 추론에로 움직일 수 있다면, 자기중심적 역할 채택은 이제 다른 이들에 대하여 관심 갖기에로 양보해야 한다. 다른 이들을 이해하는 일의 시작을 자극하는 한 가지 방법은 가족의 유대에 호소하는 것이다. 자신을 넘어 사람들에게 애정을 갖거나 충실하게 되는 것은 가족에 대한 관계에서 처음으로 발달한다.

다음의 예에서 교사는 청소년들이 도덕 추론에 대하여 인습 이전의 수준에 있을 때, 역할 채택에 초점을 맞추는 일이 중요하다는 점을 논증하고 있다. 교사는 학생들의 추론 수준에서의 논리에 따르고자, 아울러 학생들이 스스로 필요로 하는 바를 넘어서 바라볼 수 있는 능력을 자극하고자 노력한다. 아래의 고등학교 사회과 수업은 자동차를 훔친 폭력단의 소년들을 둘러싼 법적 및 도덕적 갈등들에 대하여 토론하고 있다. 학급은 폭력단에서의 관계와 관련하여 우정이라는 쟁점에 대해서 탐구하고 있는 중이다. 우정이라는 이야깃거리와 그에 대한 딜레마는 둘 다 인습 이전의 수준으로부터 인습 수준에로의 도덕 발달을 자극하기 위하여 적절한 내용 선택물이다. 학급 내의 소년 하나가 단계 2의 관점에서 방금 친구에 대하여 정의를 내렸다.

	래리	누구를 친구라고 생각할 수 있는 이상 그는 친구예요. 그를 신뢰할 수 있는 이상 친구는 친구라고 내가 말하는 이유를 알겠어요? 여러분은 [함께] 물건을 훔치러 돌아다닐 수 있죠. 그리고 돌연 그가 변하고 그 짓을 여하튼 저지를 수도 있죠.
[상호 쟁점 탐측]	교사	너는 신뢰가 교도소에 가지 않는 일보다 더 중요하다고 생각하니?
	에드	음, 그건 다른 사람들이 얼마나 중요한지에 달려있어요. 그들이 자신을 신뢰해 주길 바라는지 여부처럼 말이에요.
[명료화 탐측]	교사	그래서 만일 그들이 진정으로 너의 친구들이라면, 신뢰가 너에게 중요할 수 있겠네?
	존	물론이지요. 아마도 어느 한쪽의 상황에서 말을 하는 것이지만, 만일 그들이 제 친구들이라 해도 저는 마음이 썩 내키지는 않을 것 같아요.
	데이비드	저는 제 친구들을 위해서 교도소에 일 년 정도는 있을 수 있어요. 그것이 난문제이긴 하지만, 일 년 정도는 단념할 수 있어요. [단계 3의 요소들]
[인접 단계의 논의들을 강조하기 위해 질문하기]	교사	래리야, 너는 친구들을 경찰에 신고하겠니?
	래리	모든 것은 제가 그를 좋아하는지 여부에 달려있어요. 그렇지 않고 만일 제가 그가 고생하는 걸 보고 싶다면 … [단계 2의 요소들]
[가족의 유대에 대한 역할 채택 호소]	교사	래리야, 너를 신고해야 하는 사람이 너의 형제라면 어떻게 될까?
	래리	저는 제 형제를 밀고하지는 않을 거예요.
[특별 쟁점 탐측]	교사	어떤 차이가 있지?
	존	그게 제 형제라면 그럴 수 없어요. 저는 제 형제를 고자질할 수는 없을 것 같아요.

[특별 쟁점 탐측]	교사	무엇이 형제와 친구 사이에 차별을 두도록 만드는 거니?
	존	피요. 피는 물보다 진하잖아요. 설사 제가 참으로 형제를 싫어하거나 미워하더라도, 그를 고자질할 수는 없을 듯해요. 피는 물보다 진하거든요. [단계 3의 요소들]
	폴	저는 그렇게까지 확신하지는 못해요. 만약 제 형제의 경우라면 제가 제 발로 경찰을 찾아가서 일러바치지는 않을 거예요. 그렇지만 만일 제가 곤란한 처지에 있게 되고 경찰이 압력을 가해온다면 고자질하는 것도 나쁘지는 않다고 생각해요. 그것이 제 잘못은 아니지요. 스스로를 말썽 나게 만든 건 제 형제이고 따라서 그것은 그의 책임이지요. [단계 2의 요소들]

위의 인용문에서 우리는 교사가 보다 광범한 준거 틀을 도입하기 위해, 또 상이한 관점을 가진 다른 학생들로 하여금 함께 상호작용하도록 격려하기 위해 적극적으로 책임지고 있음을 본다. 이론적으로 볼 때 발달상의 견지에서 인지적 자극을 주는 가장 효과적인 방법은 약간 더 복잡한 관점 채택의 수준에서 논평 내지 질문－학생에 의한 것이든 교사에 의한 것이든－을 던지는 일이다. 교사는 학생들에게 사회의 어떤 사람들이 학생들처럼 생각할지에 대하여 묻지 않았다. 그런 질문은 이미 친구들이라는 집단의 관점을 채택할 능력이 있는 학생들에게 보다 자극적일 수 있을 것이다. 오히려 성인인 교사가 학생들의 관점을 채택하기 위해 그들의 우정에 관한 관념을 먼저 명료화하였다. 그런 다음에 그는 학생들 자신의 관점을 넘어설 수 있는 최초의 가능한 관점, 즉 가족의 관점을 소개하였다 : "너를 신고해야 하는 사람이 너의 형제라면 어떻게 될까? … 무엇이 형제와 친구 사이에 차별을 두도록 만드는 거니?" 교사가 래리와 폴로 하여금 존과 데이비드가 우정에 대하여 말해야 하는 바를 듣도록 도와주는 것도 똑같이 중요하였다. 왜냐하면 그들

이 신뢰, 충실, 다른 이들에 대한 의무라는 관념들-이것들은 단계 3에서 상호 역할 채택이라는 특징을 나타내고 있다-을 결합하는 관점을 채택할 수 있는 능력을 논증하고 있기 때문이다.

이상의 네 가지 심층 질문 전략들의 중요성은 그것들이 인지적 갈등을 증가시키며 학생들의 역할 채택 능력을 확장한다는 점에 있다. 설사 우리가 인지적 갈등의 유발 과정-이는 도덕 추론의 재구성을 산출하기 위해 시간을 두고 필요하다-을 설명하기 위하여 여기서 특별한 질문들을 강조해왔다 하더라도, 이런 질문들은 토론의 맥락 안에서 일어난다는 점을 주목하는 것이 중요하다. 학생들 간에 이루어지는 토론은 궁극적으로 그들로 하여금 다양한 수준의 추론에 직면할 수 있게 하며, 대화하는 가운데 어떤 추론을 거친 반응을 공식화 내지 구성하도록 요구한다. 선생님 및 동료들에게 응답해야 할 필요성을 통해서 동기화된 이 같은 구성이야말로 도덕 발달을 위한 조건을 창출해내는 데 도움을 준다.

교실 토론에 대하여 한 가지 염두에 두어야 할 점이 여기에 정리되어 있다. 앞에서 언급한 바와 같이 연구 조사의 자료들에 의하면 토론 프로그램들이 도덕적 성장을 자극시켜 줄 수 있다. 그렇지만 이 같은 프로그램들은 일반적으로 보다 큰 교육과정의 부분이 아니며, 학생들의 교육 전반에 대하여 단지 제한된 효과를 나타낼 뿐이다. 아마도 도덕교육 프로그램의 맥락에서 교실 토론에 관한 콜버그의 견해를 다시 언급하는 것이 현명할 것 같다.

> 만일 잠시 동안의 교실 토론이 도덕 발달에 대하여 실질적인 효과를 나타낼 수 있다면, 도덕 발달에 미치는 학교의 영향력에 관해서 지속적이고 심리적으로 충분한 관심을 갖는 일이야말로 매우 심원한 효과를 갖게 마련이다.

이러한 관심은 새로운 교육과정 영역을 묘사하는 데 보다는 사회과, 법 교육, 철학 및 성교육 등의 교육과정 영역에 영향을 줄 것이다. 보다 깊게는 그것이 사회 분위기 및 학교의 정의 구조에 영향을 미칠 수 있을 것이다.[9]

4. 잠재적 교육과정

학교에는 공식적인 학습과 더불어 계속되는 많은 것들이 있다. 학교는 학생들과 교사가 1주에 5일, 1년에 10개월이라는 유익한 시간을 소비하는 곳이다. 사회의 제도로서 학교는 잭슨(Philip Jackson)이[10] 군중과 칭찬과 힘이라고 칭한 바의 특징이 있다. 학생들은 동년배의 군중들 가운데 구성원으로서 사는 것을 배워야 하고; 자신의 동료와 교사의 칭찬을 얻고 비난을 피하기 위해 열심히 일해야 하며; 학교 체계에 의해 세워진 규칙과 권위 구조에 묵묵히 따르거나 교묘하게 빠져나가기를 배워야 한다. 학생들은 아마도 형식적 교육과정으로부터[11] 배우는 것 이상으로, 이러한 '잠재적 교육과정'(hidden curriculum)으로부터 사회적 행동과 도덕적 가치에 대하여 많은 것을 배운다.

콜버그는 잠재적 교육과정이 교육자들로 하여금 도덕 학습에 있어서 학생들을 관여하게 하도록 풍부한 기회를 제공하는 것으로 믿고 있다. 이에 관해서 볼 때 콜버그의 노력은 맥페일이 논의하는바 다른 사람을 고려하고 중히 여기는 방법의 학습에 대하여, 또 동료들로부터의 잠재적인 도덕 학습에 대하여 같은 관심을 보인다는 점의 증거가 되는 셈이다. 비록 학생들이 사회적·도덕적 쟁점에 대하여 읽고 토론함으로써 많은 것을 배울 수 있다 할지라도, 실생활에서의 사회적·도덕적 쟁점에 참여하는 일을 대체하는 것은 없다. 이 같은 쟁점들이 학교생활의 맥락 안에서 자연스럽게 일어난다는 이유로, 콜버그는 학생들을 상대로 숙고하여 토의하게 하는 일에 관여시키는 기회를 활용하도록 제안한다. 학교라는 맥락 안에서 민주주의를 실천할 수 있음에도 불구하고, 왜 우리는 민주주의에 대해서 그저 가르치기만 하는 것일까? 셰이버처럼 콜버그도 민주주의 안에서의 민주주의를 위한 교육이라는 관념에 크게 주목하고 있다. 또 제8장에서 살펴볼 도덕교육의 사회 행위 모형처럼, 콜버그의 모형 역시 행위 내지 행동의 성분을 갖는다. 이런 차원의 것은 '정의 공동체' 학교의 창설로 묘사되어 있다.

5. 정의 공동체 접근[12]

이 접근법은 발달상의 도덕교육을 실행하기 위해서라면 뭔가 도움이 되는 교실 분위기가 설정되어야 한다는 점을 제안하고 있다. 도덕적 쟁점들은 교실 토론에서 충분히 인지되고 고려되어야 한다. 인지적 갈등을 자극하기 위해서는 탐측 질문들이 활용되어야 한다. 단일의 토론들은 교육과정에로 엮어 맞춰져야 하고, 교실 안에서 일어나는 갈등을 해결하는 수단으로서 이용되어야 한다. 그러나 도덕적 쟁점들이 교실의 출입구에서 끝나는 것은 아니다. 그것들은 종종 학교 전체 또는 적어도 학교 내의 큰 부서들을 포함한다. 만일 인종 내지 사회 계층의 긴장, 절도나 예술·문화 파괴 사건, 학문 정책 혹은 간이식당의 운영 방식에 불만인 사람이 있다면, 이런 문제들의 근원은 단일의 교실에 있는 게 아니라 학교에 있다. 교실과 마찬가지로 학교도 도덕적 분위기를 갖고 있는데, 설사 모든 학교들을 바꾸는 일이 훨씬 어렵다 하더라도 몇몇 문제들은 단지 하나의 학교 수준에서 다루어질 수도 있다.

우리는 콜버그의 이론에 비추어서 그 구조를 바꾸고자 시도해온 큰 규모의 학교를 아직 알지 못한다. 그럼에도 불구하고 콜버그 이론의 관점들을 합체시키는 대안적인 '학교 안의 학교'를 창설하려는 노력들은 있었다. 콜버그는 매사추세츠 주 케임브리지에 있는 한 대안 고등학교에 관여해 왔다.

콜버그와 동료들은 도덕교육에 대한 '정의 공동체'(just community) 접근법을 실행하고자 시도하고 있다. 이 학교는 1974년에 시작하였으며 육칠십 명의 (9학년에서 12학년에 이르는) 학생들과 여섯 명의 교직원을 포함한다. 학교 운영의 중심에는 민주적 관리에 대한 관심, 일상의 학교생활 업무에서 생겨나는 도덕적 토론의 기회에 대한 관심이 있다.

학교는 1974년 9월에 육십 명의 학생 및 여섯 명의 교직원으로 출발하였는데, 이들은 모두 자진하여 참여하였다. 수업은 케임브리지고등학교 내 두 개의 인접한 교실들에서 이루어졌다. 학생들에게는 영어 및 사회과에서 매일 두 시간의 핵심 과정을 이수하도록 요구되었으며, 선택과목들 또한 제공되었으나 학생들은 다수의 과목들을 정규 수업에서 이수하였다. 교직원들은 시간을 안배하여 대안 학교에서의 업무와 정규 학교에서의 업무를 이행하였다. 이처럼 교직원들이나 학생들 모두 양쪽 학교의 구성원으로서 이중의 신분을 유지하였다.

1) 민주적 관리

민주적 관리는 정의 공동체 접근법의 핵심에 자리하고 있다. 학생들 및 교사들이 전통적인 권위 유형에 의존하기를 극복하려면 의사 결정의 책임을 민주적으로 공유하는 일을 배워야 한다.

전통적으로 학교에서는 교사들 및 관리자들이 의사 결정을 한다. 그들은 스스로를 위하여 힘을 요구하며 스스로의 결정과 규칙을 시행할 책임을 진다. 그들은 이러한 결정을 하게 된 이론적 근거를 학생들에게 설명하기 위하여 시간을 낼 수도 있지만 그렇게 하지 않을 수도 있다. 어느 쪽의 경우이든 그들은, 학생들이 규칙을 이해하고 동의하든 그렇지 않든 간에 규칙에 묵묵히 따르기를 기대한다. 학생들에게는 교직원의 결정에 대하여 수동적으로 복종하든지, 적극적으로 거부하든지, 아니면 미묘하게 훼방하든지의 선택이 남아있다.

설사 이러한 전통적 권위 유형이 관리상의 관점으로 보아 비교적 효과적이라고 알려져 있다 하더라도, 도덕 발달 이론의 관점에서 볼 경우 그것을 권장할 근거는 거의 없다. 수동적으로 용인하기라든지 부정적으로 거부하기 등이 학생들의 도덕 발달을 촉진할 것 같은 자세는 아니다. 학생들이 의사 결정 과정의 바깥쪽에 서 있는 한, 만들어진 결정에 대하여 책임을 느끼지는 않을 것이다. 그들은 스스로에 대하여 규칙을 지지해야 할 '도덕적' 의무가 있다고 생각하지는 않을 것이며, 단지 규칙에 따르거나 처벌을 피해야 할 '실용적' 의무가 있을 뿐이라고 생각할 것이다.

케임브리지의 대안 학교는 일종의 직접 민주제로서 관리된다. 학교 내의 모든 구성원은 일주일에 한번 두 시간의 공동체 모임에서 만나며, 이 모임에서 학교의 관리 방법에 대한 기본적인 결정들이 이루어진다. 비록 보다 큰 학교의 규칙들이 효력 있다 할지라도, 공동체는 이런 규칙들을 해석하고 스스로의 방식에 따라 시행할 권리를 행사한다. 따라서 수업 결손이나 약물 사용 등이 보다 큰 학교에서는 효력이 없지만, 대안 학교에서는 이런 규칙들이 다수가 그 필요성에 관하여 동의하는 경우 철저한 토론을 거친 후에 한해서 공동체에 의해 채용되었다. 처음에 공동체는 모든 사람에게 법 지정 수업 결손을 열 번 허용－이는 케임브리지고등학교에서 허용된 것보다 훨씬 많다－한다는 하나의 개혁 정책을 투표하여 결정하였다. 그런데 동 정책이 학급의 관리를 방해하였을 때, 공동체는 그 방침을 바꾸고 단 한 번의 법 지정 수업 결손도 허용하지 않았다. 이후 그것이 시행 불가능한 것으로 판명되자 네 번의 수업 결손 허용이라는 절충안이 받아들여졌다. 여러 차례의 회의에서 교사들이 보다 적은 수업 결손의 허용을 변호하였지만, 다수의 학생들은 그렇게 결정하였다.

학생들은 결정들을 시행하기도 한다. 아무도 교장실에 호출당하는 일이 없으며 교사를 면회하러 가야할 일도 없다. 규칙을 위반하는 사람은 공동체에 대하여 책임이 있다. 처음에 학생들은 서로를 징계하는 것에 대하여 마음이 내키지 않았다. 그러나 너무 많은 학생들의 분열 또는 결석으로 인하여 학급이 원활하게 관리될 수 없다는 점이 명백해지자, 그들은 과도한 행동을 저지른 동료들을 징계하기 시작하였다. 스스로 학습하는 데 대하여 또 학교를 유지하는 데 대하여 투자한다는 점이 동료들을 마지못해 처리한다는 의식을 압도하였다.

칠팔십 명을 상대로 하는 공동체 모임을 민주적으로 관리하기란 어려운 일이다. 그것에는 몇 가지 필요조건들이 요구된다. (1) 학생들의 관심이 지속될 것; (2) 명확하면서도 융통성 있는 절차상의 규칙이 있을 것; (3) 쟁점이 명쾌하게 산출되고, 구체적 제안들에 대한 찬부(贊否) 양론이 논의될 수 있을 것; (4) 학생들 및 교직원은 쟁점에 대해서 자신의 주장을 위한 이유를 나타내며 토론할 것, 그리고 개인적인 동기에 입각하여 서로를 공격하는 일은 피할 것; (5) 누구든지 공동체의 결정은 실행될 것이며 상급 기관이나 반대하는 소수 집단에 의해서 전복되는 일은 없으리라고 생각할 것.

케임브리지 학교의 경우 1974년 가을에 이 조건들 중 아무 것도 없었다. 어떤 절차상의 규칙도 확립되어 있지 않았으며, 교직원들이 모임을 관리하였다. 학생들의 발언은 교직원의 그것보다 훨씬 적었으며, 학생들이 의견을 표현하였을 때도 이런저런 이유로 지지되지 않았다. 투표는 성급하게 이뤄지기 일쑤였다. 학생들은 교직원을 신뢰하지 않았으며 자신들이 지닌 다수라는 힘을 학교를 일찍 파하는 일 따위를 결정하기 위한 표결에 사용하였다. 일 년의 세월이 흐르고 단지 서서히, 앞에 나열된 조건들이 생겨나게 되었다.

일단 공동체가 의사 결정과 규칙의 채택에 착수하자, 교직원과 학생 양측 모두 그것을 지지할 것으로 예상되었다. 다만 지지하는 일이 항상 이루어지지는 않았다. 규칙의 위반을 다루기 위하여 공동체는 각 소집단별 학생 대표 한명씩과 두 명의 교직원으로 구성된 일종의 윤번제의 징계위원회를 설치하였다. 예를 들어 만일 학생이 학급을 분열시키거나 혹은 약물을 사용하다 발견되는 경우 또는 교직원이 학생에게 학대행위를 한 것으로 고발된 경우, 사건은 주별 모임 때 위원회에 회부된다. 만약 연루된 사람이 초범인 경우라면, 위원회는 당사자들 간에 화해를 이루도록 해본다. 위반의 전과가 있는 경우라면 위원회는 공동체에 대하여 어떤 처벌을 권고한다. 공동체는 사건을 경청하고 당사자들로 하여금 자신의 입장을 발표하게 하며, 쟁점에 대해서 토론을 한 뒤에 결정을 내린다. 종종 위반자에게는 손해를 배상하고 자신의 습관을 바꿔볼 모든 기회가 부여되지만, 그런 방법을 다 써버린 경우 학부모가 소환되며 학생은 퇴학 처분을 받게 된다.

콜버그는 학교를 운영하는 이런 방법을 '올바르다'고 생각하는데, 왜냐하면 그것이 참으로 민주적일 뿐만 아니라 공동체의 결정이 학생들에게 도움 될 수 있는 도덕 추론의 최고 수준에서 이루어질 수 있기 때문이다. 이것이 어떤 원리화된 수준의 경우를 말하는 것은 아니다. 왜냐하면 이 학교의 어떤 학생도 단계 4를 넘어서 발달하지 않았으며 대부분 단계 3의 수준에서 추론하였기 때문이다. 교직원의 직무는 보다 높은 단계의 추론을 부과하는 것이 아니라, 학생들이 이해할 수 있는 가장 확실한 추론을 제공하는 것, 또 학생들로 하여금 공동체의 결정에 이르는 데 있어서 최선의 도덕 추론을 발휘하도록 그들을 계속하여 격려하는 것이다. 이 점이 이루어질 때 그리고 학생들이 스스로의 결정들 이면에 서서 그것들을 시행할 때, 우리는 학교가 하나의 정의 공동체로서 운영된다고 말할 수 있다.

2) 활동 중인 케임브리지 학교

활동 중의 이 학교에 대한 보다 구체적인 감각을 묘사하기 위하여, 공동체가 처음의 2년 동안에 있은 도둑질의 문제를 어떻게 다루었는지 살펴보자.

학생들이 다른 이의 물건을 훔치는 것은 많은 고등학교에서처럼 케임브리지에서 흔한 문제이다. 첫해 12월에 대안 학교에서 일하는 한 인턴이 양초를 만들기 위하여 한 무리의 학생들을 집으로 초대하였다. 다음 날 인턴의 룸메이트는 그녀에게 귀고리 다섯 짝이 없어졌다고 말했다. 어느 다른 손님이나 침입자도 없었기에 둘은 학생 하나가 그것들을 가져갔으리라고 의심하였다. 그렇지만 인턴이 학교에서 이 문제를 제기했을 때, 어떤 정보가 있다고 자진해서 나서는 사람은 아무도 없었다.

한 달 후에는 한 학생이 학교에 은반지들이 든 상자를 가져와서 주위 사람들에게 보여주었다. 그런데 수업 중 반지 하나가 '사라졌다.' 학생들이 말할 수 있는 사실은 반지가 창밖으로 던져졌다는 것이었다.

이런 사건들의 결과로서 1월의 공동체 모임에서는 도둑질이 쟁점으로 제기되었다. 회의는 한 모임이 내놓은 제안으로 열렸는데, 이는 "도둑질한 사람들은 징계위원회에 넘겨져야 하며, 물건은 반환되든지 아니면 보상되어야 한다."는 것이었다. 처벌을 어떤 식으로 할 것인지에 대해서 얼마간의 토론이 있었지만, 교직원이 중간에 들어 조정할 때까지는 더 이상 아무 것도 일어나지 않았다. 이 모임들에 정기적으로 참여해온 콜버그가 물었다. "아마도 누군가는 도둑질이 계속되어 오는 이유를 설명할 수 있을 겁니다. 사람들은 그것이 나쁘고 또 공동체를 침해하는 일이라고 생각하지 않나요?"

학생들의 반응이 누그러졌다. 한 학생의 대답이 이어졌다. "저는 선생님이 그 점에 대해서 걱정할 필요는 없다고 생각해요. 일의 진상은 그것이 일어났다는 점이고요, 그것이 왜 일어났는지에 대해 걱정하는 것은 그럴 만한 가치가 없다고 봐요."

그렇지만 교직원은 주장하였다. "나는 훔치기가 개인적인 용건이라고 생각하지 않아요. 그건 공동체의 일이지요. 사람들이 공동체 내에서 다른 이로부터 훔치기를 하는 누군가에 대하여 모순된 신뢰의 수준을 가져야 한다는 것이 공동체에 의한 어떤 감정만큼 징계의 쟁점은 아닐 거예요."

오직 한 학생이 신뢰의 수준에서 상기시킨 것은, 다수의 감정이 한 솔직한 소녀의 말에 의해 표현되었다는 점이었다. 그 소녀는 "이것은 한 덩어리의 우스꽝스러운 모순이에요. 여러분은 [도둑질에 대하여] 어떤 규칙을 만들 수 있지만, 누구든지 당황할 필요는 없다고 봐요 … 누군가는 이 학교에서 여러분에게 항상 의지하게 마련이지요."라고 말했다.

토론은 도둑질에 대하여 규칙을 만드는 것에로 되돌아 왔다. 비록 그 누구도 잘 되어 가리라 확신하지는 않았지만, 모두들 규칙을 만들고 그 위반에 대한 처벌을 규정하는 일이야말로 맨 먼저 해야 할 처치라는 데 동의하였다. 어느 학생의 논의는 이러하였다. "만일 도둑질과 관련하여 당사자의 부모님을 소환한다면, 다음에 당사자는 그것에 대해서 판단할 것이고 도둑질도 그만큼 줄겠지요."

이런 논의와 함께 모임은 끝났지만, 문제는 남아있었다. 첫해 내내 그리고 두 번째 해가 시작될 때까지 도둑질은 계속되었던 것이다.

두 번째 해의 10월에는 한 여학생의 지갑에서 9달러가 없어졌다. 그녀는 학생 하나가 돈을 빼갔다고 상당히 확신하고 있었지만, 아무도 그것을 인정하려하지 않았다. 이 사건을 토의하기 위하여 공동체 회의가 소집되었다.

회의를 개시한 소집단들의 보고는 도둑질 같은 행동이야말로 그들의 공동체 의식을 분열시킨다는 학생들 측의 관심을 나타냈다. "우리는 말했지요. '누구든지 15센트씩 내놓아야 한다, 왜냐하면 그렇게 하는 것이 여러분에게 상처를 주지 않을 것이기 때문이다'라고요." 즉 모든 구성원이 15센트씩을 내놓으면, 도둑질당한 9달러를 그 학생에게 돌려줄 수 있는 셈이었다. 이러한 집단적 배상을 위한 이론적 해석은 흥미로웠다.

> 약 50명이 되는 사람들 누구나 그녀에게 돈을 돌려주기 위해서 15센트를 내야 한다. 왜냐하면 그것은 그녀의 잘못이 아니기 때문이다. 그것이 모든 사람의 잘못인 이유는, 사람들이 공동체에 대하여 참으로 마음을 쓰지 않기 때문이다. 사람들은 스스로를 완전히 개별자라고, 따라서 공동체에 개입될 필요가 없다고 생각한다. 그러나 누구든지 그녀가 도둑질 당했다는 점에 관심을 가져야 한다.

한 학생에 의한 이 같은 진술과 그에 대하여 다른 학생들로부터 받은 지지야말로 정의 공동체를 지향하는 학교의 발전에 있어서 하나의 전환점을 이루었다. 처음으로 학생들이 스스로가 학교에서 계속되었던 일에 대하여 책임이 있다는 의식을 표현하였던 것이다. 만일 누군가가 돈을 도둑맞았다면, 그건 공동체에 대하여 충분히 관심을 갖지 않은 모든 이의 잘못이라는 얘기였다. 놀랍게도 이 진술은 절도란 자기 돈을 도둑맞게 내버려둔 소녀나 그 돈을 훔친 개인의 책임이라고 생각한 학생들에 의해 도전받았다. 그러나 대부분의 학생들은 만약에 그 돈이 정해진 날짜까지 반환되지 않을 경우 모든 구성원들이 돈을 배상하기 위하여 15센트를 내놓는다는 일종의 타협안에 동의하였다.

이것이 하나의 전환점을 이루었다는 점은 회의가 있은 후에 일어난 사건들에 의해 확증되었다. 일주일이 지나는 동안에 자백한 사람은 아무도 없었으며, 이제 모든 이가 돈을 내놓아야 할 것처럼 여겨졌다. 그때에 몇몇 학생들이 자신들은 그 돈을 훔친 사람을 알고 있다고 고백하였으며, 그 사람에게 비밀리에 말을 건네 보겠다고 약속하였다. 이것이 실패로 끝났다고 판명되자, 그들은 범죄자에 대하여 참을 수 없게 되었으며, 결국 집단에 그녀의 이름을 밝혔다. 마침내 그녀는 동료들에 의하여 퇴학 처분을 받았다. 더욱 중요한 점은 학교에서 더 이상의 도둑질 사건이 없게 된 사실이었다. 학생들이 전적으로 도둑질을 맹세하여 끊은 것은 아니었지만, 회의 중에 한 학생이 표현한 협정에 합의하게 되었다. 그것은 "만일 당신이 훔치기를 원한다면, 자신만의 여가 시간에 훔쳐라 그리고 학교에서는 훔치지 마라."였다.

첫해로부터 두 번째 해로의 경과는 위의 회의들에서 나타난 바와 같이 수수하지만 의미 있었다. 우리는 그 점을 다음의 항목들에서 알 수 있다.

1. 학생들은 도둑질을 공동체 문제로 다루는 데 있어서 두 번째 해에 보다 적극적인 역할을 맡았다. 그들은 만일 사람들이 물건에 대하여 서로를 신뢰할 수 없다면 공유할 수 없는 친밀함을 만들어냈다.
2. 회의의 질이 나아졌다. 왜냐하면 학생들은 여러 가지 행위들을 제안했을 뿐만 아니라 그 제안들을 채택해야 하는 이유에 대하여 추론하면서 그것들을 지지했기 때문이다. 학생들은 서로의 입장과 논거에 대하여 대응하였다.
3. 판단으로부터 행동에 이르는 결정이 이루어졌다. 첫해에 규칙과 처벌이 도둑질을 막지 못했던 데 반하여, 둘째 해에는 하나의 규범이 학생들 사이에 전개되었으며 학교에서 도둑질이 일어나지 않았다. 훔친 사람의 이름을 밝힌 것은 그들이 이 규범을 기꺼이 시행하고자 한다는 점을 의미하였다.

경과는 수수하였다. 거리에서의 절도가 많이 일어나는 주변에서 우리가 모든 절도 행위를 당장 제거하기를 기대할 수는 없을 것이다. 그럼에도 불구하고 하나의 중요한 진보가 이루어졌다. 왜냐하면 학생들 모두가 학교에서 도둑질하지 않기로 동의했기 때문이며, 또 그 규범들을 지지하는 데 마음을 쓰기 위하여 하나의 공공시설에 충분히 애착을 갖게 되었기 때문이다. 우리는 규범을 구상하는 일에서 보인 학생들의 적극적인 역할이야말로 그들이 규범이 시행되도록 전념하는 데에 본질적이었다고 생각한다.

6. 요약 및 평가

학교의 정책 결정에 대한 도덕적 심의에 학생들을 관여시키기 위한 과정으로써 하나의 공동체를 형성하는 일은 복잡하고 시간이 걸리는 과정이다. 그것은 학교 교육의 본질적인 목표로서 인지적 도덕 발달에 전념하는 것을 필요로 한다. 이 점에 있어서 과연 콜버그의 '정의 공동체' 관념은 그의 도덕교육 이론의 중심 언저리에 있는 셈이다. 학생들을 학교의 잠재적인 도덕 생활에 관여시키는 것이 초기의 도덕적 토론의 성과에 힘을 실어주는지 여부를 결정하기 위한 연구가 요즈음 수행되고 있다.

콜버그 연구의 위력은 그가 철학, 심리학, 교육학을 통합하고 있기에, 실행을 위한 원리가 그에 입각하여 시작할 어떤 확실한 이론적 기초를 갖는다는 사실에서 나온다. 인지적 도덕 발달 모형의 주요 장점 중 하나는 그것이 도덕적 쟁점들에, 개개의 가치 갈등들의 해결에 최대한의 주의를 집중한다는 점에 있다. 게다가 발달상의 접근법은 인간의 발달이 복잡하다는 점을, 또 사회적 요인과 시간이 도덕 추론에 있어서 강력한 성분들이라는 점을 인정한다. 그럼에도 불구하고 이론적 측면 및 실제적 측면 모두에서 문제들은 남아있다.

몇몇 비평가들은 콜버그의 도덕 철학이, 이 같은 도덕으로서의 정의에 관한 이론이 보편적이라고 주장할 수 있을지를 둘러싼 서구의 문화적 선입견과 의심에 해당한다고 암시해 왔다. 다른 비평가들은 콜버그의 문화 횡적 연구 방법론의 타당성에 이의를 제기하며, 이를 이유로 도덕 발달의 단계들이 지니는 보편적 성질에 관한 주장에 대하여 의심한다. 이런 문제들에 대한 논쟁은 앞으로 의미 있는 수의 문화 횡적 및 종적 연구들이 보고될 때까지 계속될 것이다.

보다 실천적인 영역에서 볼 때 콜버그 모형 역시 여러 문제들을 일으킨다. 동 이론에 별로 훈련되어 있지 않은 교사들은 자신의 학생들을 선불리 낙인찍음으로써 발달 단계들을 오용하기 쉽다. 아동들을 이런 방식으로 유형화하는 것은 일종의 음흉한 짓이 되는 셈이다. 비록 동 모형의 의도되지 않은 부작용이긴 하지만 말이다.

낙인이라는 논점과 관련되어 있는 것이 평가의 문제이다. 도덕 추론의 재구성이 있었는지의 여부를 교사가 어떻게 안다는 것일까? 우리네 학교들은 '측정할 수 있는' 성장에로 매우 지향되어 있기 때문에, 교사는 장기간(흔히 5년까지)의 학습을 포함하고 또 정확하게 측정하기도 어려운 한 가지 모형을 채택하는 일이 어떤 낭패라고 이해할지도 모른다.

교사는 또한 콜버그의 연구에 고유한 교수 모형의 성질에 의하여 실망하게 될 수도 있다. 교사는 학생들에게 지식과 '바른' 답을 제공하는 데에, 그리고 개인 내부의 갈등이나 개인 간의 갈등을 해결하는 데에 보다 관습적으로 지향되어 있기에, 인지 갈등의 격려자가 되는 일이 어렵다고 이해할 수도 있을 것이다. 즉 콜버그 이론은 학생들로 하여금 하나의 모순되는 관점을 통하여 현재의 사고 수준에서 직면하게 되기를 요구한다. 이는 어떤 학생을 불쾌함에로, 또 학생들과 교사 양측이 이전에 경험하지 못한 모호함을 지니고 살아야 할 필요성에로 이끌게 된다. 많은 교사들이 이 같은 갈등 유발의 역할에 대하여 불편함을 느끼고 있는 것이다.

콜버그의 모형은 추론에 상당한 주의를 집중시킨다. 동 이론이 또한 정서 및 행동의 역할을 고려하고 있지만, 추론과 정서와 행동 셋 사이의 연계가 충분히 명확한 것은 아니다. 정의 공동체 안에서의 발달과 학습 효과에 관한 콜버그의 최신 연구가 이 측면들을 함께 결합시키기 시작할 것으로 생각된다.

요약컨대 콜버그의 연구는 앞선 모형들에 의해 제기된 많은 쟁점들을 혼합하고 있다. 민주주의의 맥락 안에서 도덕교육을 위한 강한 이론적 근거; 학생들로 하여금 자신 및 다른 이들의 도덕적 가치에 감응하여 변화하게 함; 추리력을 활용하여 도덕적 갈등을 해결함; 다른 사람들의 권리, 관점, 감정을 고려함; 추론, 정서, 행동을 연결하는 데 대한 관심. 콜버그 모형이 가장 포괄적인 철학적 및 심리적 이론 근거를 제공하지만, 학교에서 동 모형을 적용하는 일은 이 책에 있는 대안 모형들 속에 갖추어진 많은 전략들을 혼합함으로써 강화될 수 있을 것이다.

7장 인지적 도덕 발달 모형 미주

1 Lawrence Kohlberg, "The Adolescent as a Philosopher", *Daedalus*, Fall 1971, p.1059.

2 Lawrence Kohlberg, "The Claim to Moral Adequacy of a Highest Stage of Moral Judgement", *Journal of Philosophy*, 40 (1973), p.639.

3 John Rawls, *A Theory of Justice* (Cambridge, Mass. : Harvard University Press, 1971).

4 Kohlberg, "The Claim to Moral Adequacy", p.641.

5 Moshe Blatt & Lawrence Kohlberg, "The Effects of Classroom Moral Discussion on Children's Levels of Moral Judgement", *Journal of Moral Education*, 4 (1975), p.153.

6 이 부분은 Richard H Hersh, Diana Pritchard Paolitto & Joseph Reimer, *Promoting Moral Growth : From Piaget to Kohlberg* (New York : Longman, 1979), chap.5에 나온 것이다.

7 Harry S. Truman(1884~1972)은 1945년 4월~1953년 1월 동안에 미국의 제33대 대통령을 지냈다. 그의 재임 초기에 일본과의 전쟁에서 일본의 나가사키와 히로시마에 원자 폭탄이 투하되었다. - 역자 주

8 개방형 질문(open-ended question)은 자유로이 생각대로 대답할 수 있는 형태의 질문으로서, 자신의 지식과 감정 등을 활용하여 풍부하고 의미 있게 응답하도록 격려하기 위해 계획된다. 이와 대립되는 것이 폐쇄형 질문(closed-ended question)으로서, 이는 짧거나 단일 낱말 형태의 응답을 장려할 때 쓰인다. 개방형 질문은 폐쇄형 질문에 비하여 덜 선도적인 반면에 보다 객관적인 경향을 가지며, 대개 '왜, 어떻게, …에 대해 말해보렴' 등의 형식으로 이루어진다. 예를 들어, "너는 이번 선거에서 누구를 찍을래?"는 폐쇄형 질문이며, "너는 이번 선거에서 두 후보에 대하여 어떻게 생각하니?"는 개방형 질문이다. 마찬가지로 "네 상관과의 관계에 대해서 말해줄래?"는 개방형 질문이며, "네 상관과 잘 지내니?"는 폐쇄형 질문이다. - 역자 주

9 Blatt & Kohlberg, "The Effects of Classroom Moral Discussion", p.153.

10 Philip W. Jackson은 'hidden curriculum'이라는 말을 처음 만들어 쓴 미국의 사회학자이다. 그는 자신의 저서 『Life in Classrooms』(1968)에서 잠재적 교육과정의 모습을 군중, 칭찬, 힘이라는 세 가지로 요약하였다. 프랑스의 Emile Durkheim의 영향을 받았으며, 학교가 갖는 사회화의 기능을 학교생활의 세 특성과 연계하였다. 학생들은 동년배 군중들의 한 구성원으로서 부단한 평가와 경쟁에, 또 유력함이나 무력함에 노출되어 있다는 점을 위의 세 용어들을 통하여 지적하고 있다. - 역자 주

11 형식적 교육과정(formal curriculum)이란 학교의 계획된 의도에 의해 학생에게 제공되는 교육의 내용 및 경향을 말한다. 잠재적 교육과정(hidden curriculum)과 구별하여 공식적 교육과정, 표면적 교육과정, 구조화된 교육과정, 계획된 교육과정 등으로도 불린다. - 역자 주

12 이 부분은 Hersh, Paolitto & Reimer, *Promoting Moral Growth*, chap.7에 나온 것이다.

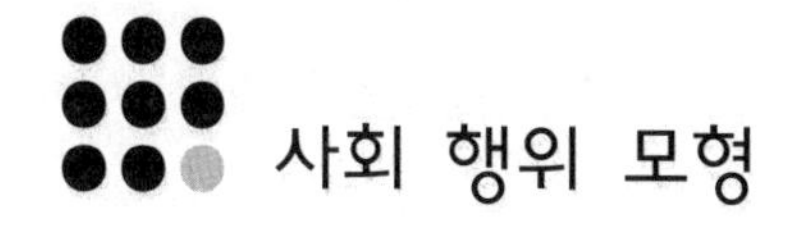

사회 행위 모형

뉴만(Fred Newmann)에[1] 의해 개발된 도덕교육의 사회 행위 모형은 앞의 장들에서 논의된 몇 가지 차원들을 통합하고 그것들을 시민적 관여와 관련시킨다. 예를 들어 동 모형은 집단 토론 기술의 중요성, 신뢰나 전념 같은 여러 가지의 정의적 쟁점들, 도덕적 추론 기술의 필요성 등에 대하여 논한다. 이 접근법은 학생들에게 공공 정책에 영향을 미치는 방법을 가르치는 데 지향을 두고 있다.

앞에서 살펴본 접근법들 중 일부는 행위의 성분을 갖는다. 예컨대 콜버그는 도덕적 행위를 강조하는 환경으로서 정의 공동체 학교를 발전시켰다. 가치 명료화 과정의 기본적인 요소는 자신의 가치와 합당하게 일관된 방식으로 행동하는 것이다. 그러나 오직 뉴만 모형에 있어서만 시민 행위에 일차적인 초점이 있다. 공적 업무에 대하여 '숙고하기' 내지 '적극적인 관심 갖기'를 장려하는 수준을 넘어, 뉴만 접근법은 공공 업무에 관해서 영향력을 발휘할 각 시민의 권리를 강조한다. 뉴만의 주장에 따르면 여태까지 시민 교육은 효과적인 행위를 다루지 않았으며 시민성의 다른 측면에 초점을 맞추어 왔다.

이 같은 중점의 하나가 학문적 훈련에 대해서 이루어졌다. 학생들은 역사와 사회과학에 대한 지식을 얻었다. 또 다른 초점은 법적·정치적 구조에 대하여 맞춰졌다. 공민이나 법률에 관한 과정들이 학생들에게 체계의 공식적인 측면에 대해서 알려준 것이다. 세 번째의 중점은 전쟁, 범죄, 빈곤 같은 사회적 쟁점들에 대해서 있었다. 네 번째는 확실한 결론에 이르는 지적 과정들을 강조하였다. 학생들은 논리적 추론, 경험적인 주장들의 확인, 논의의 일관성, 홍보 등을 공부하였다. 이런 분석적인 기술들이 민주적 과정에 참여하는 일로 전이될 거라는 가정이 있었던 셈이다.[2]

종전에 이런 접근법들은 대개 시민의 비(非)활동성을 강화하였다. 이 같은 비활동성을 극복하기 위해서 뉴만 접근법이 활동 자체를 강조하는 것은 아니다. 뉴만 접근법은 그보다는 기본적인 목적을 '환경적 능력'(environmental competence)에 둔다. 환경적 능력이란 환경에 대하여 특별한 영향을 초래하는 행위를 포함한다. 뉴만은 시민교육이 능력의 개발보다는 주로 자기 지향의 업무(즉 개인적 가치를 명료화하기)에 초점을 맞추어 왔다고 생각하고 있다. 환경적 능력은 다음과 같이 분류될 수 있다.

A. 육체적 능력 – 물건에 영향을 갖는 능력
 1. 미적(그림 그리기)
 2. 기능적(집 짓기)
B. 개인 상호간의 능력 – 사람에 영향을 갖는 능력
 1. 양육의 관계(아기나 친구 돌보기)
 2. 경제의 관계(자동차 판매하기)
C. 시민적 능력 – 공공 업무에서 영향을 갖는 능력
 1. 공공의 선거 과정(후보자가 선거에서 이기도록 돕기)
 2. 이익 집단 내부(소비자 보호 집단의 우선권 바꾸기)[3]

사회 행위 모형의 초점은 마지막 범주인 시민 행위에 맞춰져 있다.

1. 이론

왜 환경적 능력을 추구하는가? 뉴만은 시민 행위 프로그램을 지지함에 있어서 몇 가지 주안점들을 내놓는다.

1) 도덕성

뉴만은 환경에 영향력을 발휘하는 능력과 자신을 도덕적 행위자로 생각할 수 있는 정도 사이에는 어떤 직접적인 관계가 있다고 암시한다. 뉴만의 정의에 따르면, 도덕적 행위자란 "자신의 이익과 다른 이들의 이익 사이에, 또는 갈등하는 당사자들의 권리 사이에 있음직한 갈등이 내포되는 상황에서 스스로가 해야 할 바에 대하여 숙고하는 사람"이다.[4] 불행하게도 많은 젊은이들은 자신이 환경에 대하여 영향을 미칠 수 있다고 생각하지 않으며 따라서 도덕 문제들에 관해서 관심이 없다.

아마도 학생들은 환경, 시민의 권리, 경제적 개발을 둘러싼 부정(不正)을 알아차릴 수 있을 것이다. 그러나 스스로 이런 문제에 대하여 영향을 미칠 수 없다고 여기기 때문에, 그들은 그 문제가 자신의 삶과 관련되어 있다고 생각하지 않는다. 만일 도덕적 쟁점이 의미를 가지려면, 개인들이 스스로가 어떤 방식으로든 그 문제에 영향을 미칠 수 있다고 여겨야 한다. 환경적 능력에 대한 감(感)을 갖는 일이야말로 도덕적 감수성의 발달에 절대 필요하다.

2) 심리적 발달

만일 누군가 도덕적 행위자가 되기를 바란다면 환경에 영향을 미치는 능력은 중요할 뿐만 아니라 그 사람의 심리적 발달에도 없어서는 안 된다. 뉴만은 화이트(Robert White)의[5] 연구－그의 연구는 인간 행동이 상당 부분 소임을 감당할 수 있다고 느낄 필요성에 의하여 설명 가능하다는 관념을 지지한다－에 주목하고 있다. (이 점은 인간 활동의 대부분이 기본적인 본능상의 추진력에 대처하기 위한 시도라는 신념과 대조된다.) 능력에 대한 감을 얻는 수완은 자아 강점(ego strength)을 개발하는 데, 혹은 "환경의 피해자가 될 수 있기보다 환경에 작용할 수 있다는 자신감으로 말미암아, 인지된 '위험 요인' 내지 '위협'과 관련된 불안을 극복하는 능력"을[6] 개발하는 데 절대 필요하다.

3) 피치자의 동의

피치자(被治者)의 동의는 각각의 "시민은 지도자를 주기적으로 선발하는 일을 통해서, 그리고 특수한 쟁점의 결과에 영향을 미치기 위해 직접 참여하는 일을 통해서 권력의 사용에 영향을 미치는 데에 동등한 기회를 갖는다."는[7] 점을 필요로 한다. 피치자의 동의는 동등한 권리들은 침해되지 않는다는 점을, 또 관념과 정책은 공공 영역에서 판단된다는 점을 보증하고자 시도한다. 낮은 수준의 시민 참여는 이 원칙을 위태롭게 한다. 일반적인 참여가 낮을 때, 특수 이익의 집단들이 정책 과정을 통제하거나 조종할 수도 있다. 뉴만 프로그램은 사회 행위 기술들을 발달시키는 것이 피치자의 동의를 용이하게 함으로써 민주적 과정을 개선할 수 있다는 전제에 기초를 둔다. '사회 행위'가 투쟁적인 불복

형태를 의미하지는 않으며, 그것은 보다 일반적으로 공공 업무에서의 영향력 발휘를 지향하는바 모든 행동을 포괄하는 뜻으로 해석된다. 사회 행위는 따라서 다음의 것들을 포함할 수 있다.

> 전화를 통한 대화, 편지 쓰기, 회의 참석, 조사 및 연구, 공공단체들 앞에서 증언하기, 호별 방문 선거운동, 기금 마련을 위한 방편 산출, 교섭 및 협상; 그리고 보다 투쟁적인 형태와 연관된 공적으로 명백한 활동. 사회 행위는 학교 안팎에서 일어날 수 있는데, 학교 밖에서의 경우 그것이 꼭 길거리에서 일어날 필요는 없으며 가정, 사무실, 작업장에서도 가능할 것이다. 사회 행위는 여러 장소들 간에 이동하기 또는 한 장소에서 집중하기를 포함한다.[8]

다만 사회 행위라고 칭하기 위해서는 위의 활동들이 특정의 방향에서 공공 정책에 영향을 미치기 위한 전략의 일부가 되어야 한다. 쟁점들은 다양할 수 있을 것이다.

> 학생들은 보다 나은 자전거 길, 개량된 저소득층의 주거, '보다 자유스러운' 학교, 약물 상담센터의 개소, 특정 공무원의 선출 등을 위해 일하고 싶어할 것이다. 그들은 야간 외출 금지의 법령, 고층 아파트, 특정 회사의 신용대부 영업, 학교의 복장 규약 등에 반대하고 싶을 수도 있을 것이다.[9]

뉴만은 다른 능력들이 무시되어서는 안 되지만 환경적 능력이 학교의 중요한 목적이어야 한다고 제안한다. 그는 시민 행위에 관한 하나의 강력한 사례를 다른 목표들에 희생되거나 종속되어서는 안 될 우선 사항으로 여기고 있는 것이다.

뉴만 모형을 이루는 주요한 성분들이 <그림 2>에 그려져 있다. 그림에서 첫 번째 조치는 도덕적 심의 및 사회 정책 조사에 기초한 정책 목표를 공식화하는 일이다. 목표를 공식화(예를 들어, 낙태 반대 법률들의 폐지)하고 나면, 시민은 목표를 실행하기 위해 지지를 모은다. 이것은 정치적 과정에 대한 지식, 변호 기술, 집단 과정 기술, 관리 기술을 포함한다. 시민 행위에 관여하는 일은 또한 다루어져야 할 일정한 심리-철학적 관심사를 표면에로 불러일으킬 수 있을 것이다. 전체적인 과정의 결과로서 현실의 정책 성과들이 나오는 셈이다.

〈그림 2〉 공공 업무에서 영향력을 발휘하는 데 필요한 능력의 영역

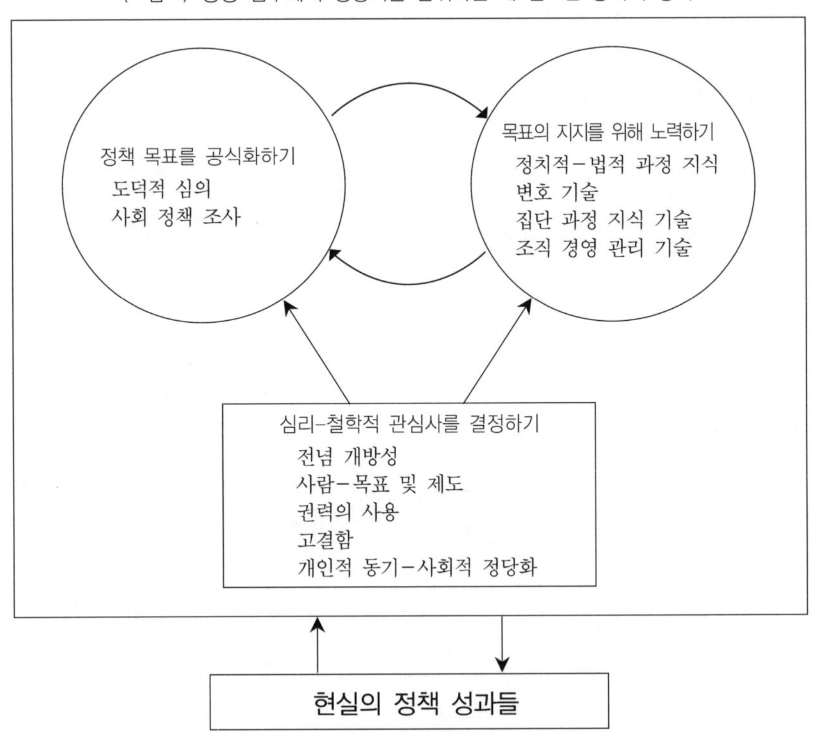

• 출처 : Fred M. Newmann, *Education for Citizen Action : Challenge for Secondary Curriculum* (Berkeley, Calif. : McCutchan, 1975), p.77.

4) 정책 목표를 공식화하기

정책 목표를 공식화하는 업무에는 두 가지의 기본적인 요소가 있는데, 그것은 도덕적 심의와 사회 정책 조사이다.

도덕적 심의(moral deliberation)에 관하여, 뉴만은 개인들이 자신의 정책과 원칙에 대해서 논리적으로 설명되고 공개적인 논쟁을 벌이는 일을 각오하고 있어야 한다고 제안한다. 그에 따르면 효과적인 도덕적 심의를 이루어내기 위해서는 합리적 논의가 실재적인 가치들과 결합되어야 한다. 요컨대 뉴만은 윤리적 상대주의를 거부하며, 어떤 가치 내지 원칙(예를 들어 생명에 대한 권리)이 다른 가치 내지 원칙(예를 들어 재산에 대한 권리)을 능가하여 우선되어야 한다는 입장-콜버그의 그것과 비슷한-에 서고 있다. 뉴만은 가치들이 서로 경쟁한다는 점을, 그리고 오직 실재적인 가치들에 대한 합리적 논의와 애착을 통해서만 도덕적 심의가 윤리적으로 정당한 목표에 이른다는 점을 인정한다.

사회 정책 조사(social policy research)는 어떤 정책의 결과에 대하여 확인하고자 시도한다. 학생들은 여러 대안으로 제시된 사회 행위들의 있음직한 결과(예를 들어 인종 간 구분 없이 버스타기가 학생들의 성취도에 대하여 미치는 효과)에 대하여 살펴보게 된다. 이 같은 조사는 때때로 임시적이고 모순되는 조사 결과를 산출하는데, 개인들이 종종 제한된 정보에 근거하여 결론을 내려야 하기 때문이다.

5) 자신의 목표의 지지를 위해 노력하기

도덕적 심의와 사회 정책 조사를 통하여 한 가지 입장을 개발하였으면, 이제 그는 바라는바 목표를 성취하기 위해서 많은 활동에 착수해야 한다. 사회적 행동가라면 게임의 규칙(rules of game)에 정통하게 되어야 한다. 이는 하나의 의안이 법률이 되는 방법, 결의 사항이 호감을 얻을 수 있는 방법 등에 대하여 아는 것을 포함한다. 비공식적이고 덜 공개적인 채널을 통하여 영향력을 발휘하는 일 - 예를 들어, 인맥, 자금, 교섭 능력에 있어서 자원을 가진바 내편이 될 수 있는 중요 인물들의 경우 - 에 대하여 아는 것도 마찬가지로 중요하다.

지지를 얻기 위해 노력하기에서 변호 기술(advocacy skills) 역시 중요하다. 이런 기술은 어떤 지향하는 바를 체계적이고 합리적인 방법으로 변론하는 능력과 관련되어 있다. 변호 기술은 또한 사람들로 하여금 목표가 전하고자 하는 메시지를 인정할 수 있도록, 그리고 그 입장에 감정적으로나 인지적으로 좋은 반응을 나타낼 수 있도록 사실을 설득하는 일을 포함한다.

각자 지지를 위한 노력을 시작함에 따라, 집단 과정에 관한 지식과 기술(group-process knowledge and skills) 또한 중요하게 된다. 이는 개인이 기존의 조직에 참가해야 하는지 아니면 어떤 새로운 집단을 구성해야 하는지 여부에 대하여 결정하는 일을 포함한다. 만일 새로운 집단을 구성하는 경우에는 집단의 멤버십, 내부의 권위, 책임의 분배 등과 같은 문제들을 고려할 필요가 있다. 집단 안에서의 개인 상호간의 행동에 대하여 알아두는 것도 고려해야 할 것이다. 이는 집단의 기능을 돕는 행동은 무엇이고 방해하는 행동은 무엇인지에 대하여 배우는 것은 물론, 이렇게 습득한 지식을 개인 상호간의 행동에로 조정하는 방법을 배우는 것을 의미한다. 예를 들면 듣기 기술의 경우, 다른 집단 구성원들의 생각과 감정을 명료화하고자 노력하면서, 개인이 집단의 견해를 만들어내는 데 기여한 바를 요약하면서, 또 솔직하고 개방된 집단 안에서 피드백을 주고받으면서, 관련된 가르침들이 제공될 수 있을 것이다.

끝으로 조직-관리 기술(organization-management skills)이 필요하다. 예를 들어보자.

> 호별 방문 선거운동의 적당한 시간은 언제일까? 우편이나 전화를 이용한 캠페인이 보다 효과적일 수 있을까? 우리는 얼마나 빨리 언론과 접촉해야 하며, 언론에는 무엇을 말해야 할까? 우리는 빵을 구워 팔거나 혹은 특별 기부금을 간청함으로써 보다 많은 기금을 마련할 수 있을까? 우리는 그 사람이 약속한 말을 믿거나 아니면 말한 것에 서명하도록 재촉해야 할까?[10]

뉴만은 지지를 얻기 위해 노력하는 데 요구되는 기술들이 교육과정의 개발을 위한 광범한 일정을 제공해 준다고 암시한다. 다만 학생들이 앞에서 언급된 모든 기술들에 유능하게 될 수 있으리라고 기대하는 것은 좀 무리일 것 같다.

6) 심리-철학적 관심사를 결정하기

개인이 사회 행위에 관여하게 되면서, 많은 관심사가 발생할 수 있다. 뉴만은 이 같은 관심사를 심리-철학적 관심사로 간주한다. 개인이 시민 행위에 있어서 효과적으로 작용하게 될 수 있으려면, 이런 관심사를 직시해야 한다.

이 같은 관심사의 하나는 전념(commitment)과 개방성(openness)을 포함한다. 이는 어떤 프로젝트에 전념하는 것과 건설적인 비판에 대하여 적당한 양의 개방성을 유지하는 것 사이에 적절한 균형을 개발하는 일을 의미한다. 여기서 위험한 측면이 있다면 그것은, 사람들이 자신이 전념하는 바에 대하여 강박 관념에 사로잡힐 수 있다는 점, 아니면 반대로 너무 개방적인 나머지 자신이 전념하는 바가 이중성을 지닌다고 암시할 수 있다는 점이다.

또 하나의 딜레마는 사람(persons) 대(對) 목표(causes) 혹은 제도(institutions)에 대하여 고려하는 일을 포함한다. 때때로 개인들은 어떤 프로젝트나 목표에 너무 열중한 결과로 자신의 반대자를 타도하거나 비난해야 할 대상으로 보게 되기도 한다. 개인들은 행위 프로젝트에 관여된 모든 사람에 대하여 어떤 연민 의식을 유지하는 것이 필요하다. 그럼에도 불구하고 또한 중요한 것은 행동 대원들이 활동의 전반적인 취지를 잊지 말아야 한다는 점, 그리고 다른 이들의 요구에 지나치게 민감하게 되지 말아야 한다는 점이다.

인간적인 민감성과 관련된 것이 개인의 고결함(integrity)이라는 문제이다. 때때로 사회 행위 프로젝트 동안에 각자는 자신의 근본적인 고결함을 상하게 할 수 있는 선택 앞에 직면하게 될 수 있다. 기꺼이 양보하는 것도 중요하지만, 누구나 입장을 어느 정도까지 수정해야 하는지에 대해서는 한계가 있기 마련이다. 각자는 하나의 결정이 자신의 근본적인 가치와 정체성을 상하게 할 때, 스스로 대안적인 접근 방법들을 살펴보아야 할 것이다.

각자는 또한 프로젝트에 있어서 권력의 사용(use of power)에 대하여 고찰해 보아야 한다. 예를 들면, 누가 리더가 될 것이며 누가 추종자가 될 것인가? 리더로서 등장하는 사람은 리더십의 역할을 남용하지 않도록 조심해야 한다. 의사 결정의 책임이 있는 사람은 또한 권력이 다른 사람들에게 '상처를 줄' 수 있음을 깨닫게 될 것이다. 만일 어느 조직이 자금을 제한하고 오직 한명의 간부만을 둘 수밖에 없다면, 리더는 몇몇 훌륭한 자격을 갖춘 지원자들을 외면해야 할 것이다.

사회 행위 프로젝트에서 일어날 수 있는 마지막 문제는 개인적 동기(personal motives)와 사회적 정당화(social justifications) 간의 관계이다. 사람들이 어떤 사회 행위 프로젝트를 추구하는 데 있어서 자신의 동기를 아는 것은 중요하다. 뉴만은 시민 행위에 관여하는 학생들 사이에는 독학, 과제의 완성, 기분 전환, 칩거 등과 같은 동기들이 있음을 발견하였다. 때때로 개인적 동기가 전체의 프로젝트와 충돌하는 수도 있을 것이다. 예컨대, 자신의 근본적인 동기가 정치 과정에 대하여 배우는 데 있는 학생은 한 후보자를 위해서 서기의 일을 하는 것을 원치 않을지도 모른다. 왜냐하면 그 학생은 보다 정도가 높은 차원의 토론에 참여함으로써 더욱 많은 것을 배울 수 있기 때문이다. 이것은 선거에서 이긴다는 목표와 충돌할 수도 있을 것이다. 학생들은 주어진 프로젝트에서의 자신의 역할을 결정하기 이전에 이 같은 충돌에 대하여 고찰해볼 필요가 있다.

비록 뉴만이 자신의 모형을 얼마간의 성분들로 나누긴 하였지만, 그가 협동이나 집단 활동을 희생하면서까지 개별적인 기술과 능력의 개발을 옹호하는 것은 아니다.

2. 실제

뉴만은 자신의 접근법을 위스콘신 주의 매디슨에 있는 한 중등학교 과정인 지역사회 쟁점 프로그램(Community Issues Program)에서 실행하였다. 동 프로그램을 다른 환경에서 실행하는 일에 관하여 뉴만은 사회 행위의 성분들과 중등학교 교육과정상의 과목들 간의 연관성을 제안하는데, 이는 <표 3>에 나타나 있다. 이상적으로 하나의 연속적인 계열성이 세워질 수 있을 것이다. 뉴만은 다음의 접근법을 제의한다.

〈표 3〉 사회 행위 성분들의 교육과정 과목들에 대한 연관성

사회 행위의 성분	관련 과목	도움 줄 수 있는 추가 과목들
도덕적 심의	사회과* (영어)	철학 문학
사회 정책 조사	사회과 (과학, 수학)	고려중인 정책과 관련된 모든 과목
정치적-법적 과정	사회과	법학 사회학
변호	영어 (말하기, 신문 잡지 기고)	법학 선전 활동 역사
집단 과정	영어 심리학	사회학 사회심리학 지역사회 조직
조직-경영-관리	없음	영업 관리 회계학 노사 관계
심리-철학적 관심사	없음	역사 철학 문학(전기) 종교 심리학 상담

• 출처 : Fred M. Newmann, *Education for Citizen Action : Challenge for Secondary Curriculum* (Berkeley, Calif. : McCutchan, 1975), p.113. *사회과는 역사와 많은 사회과학 과목들(사회학, 인류학, 정치학, 심리학, 경제학 등)을 총괄하여 가리킨다.

첫째 학기 : 정치적－법적 과정 코스(Political–legal process course)
커뮤니케이션 코스(Communications course)
지역사회 봉사 인턴십(Community service internship)

둘째 학기 : 시민 행위 프로젝트(Citizen action project)
문학 행위 프로젝트(Action in literature project)
공공 메시지(Public message)[11]

위의 과정들에서 개발될 수 있는 능력은 다음의 것들을 포함한다.

1. 말로써 및 글로써 효과적으로 상호 의사소통한다.
2. 공공의 관심이 되는 문제들에 대한 정보를 수집하고 논리적으로 해석한다.
3. 정치적-법적 의사 결정 과정들을 묘사한다.
4. 논의의 여지가 있는 공공의 쟁점이나 전략에 대한 개인적 결정을 정의 및 입헌민주주의의 원칙들과 관련지어 합리적으로 정당화한다.
5. 다른 사람들과 협력하여 일한다.
6. 자신과 다른 사람의 구체적인 개인적 경험들을 시민 행위에서 부딪친 개인의 딜레마를 해결하는 데 도움되는 방식으로, 그리고 그 경험들을 보다 일반적인 인간적 쟁점과 관련시키는 방식으로 논의한다.
7. 특별한 쟁점에 대하여 영향력을 발휘하도록 요구되는 경우 정선된 전문적 기술들을 활용한다.[12]

교육과정은 1년짜리 프로그램을 포함하는데, 학생들은 거의 전 시간-예컨대 오전 9시 30분부터 오후 2시까지-을 이에 따라 보낸다. 학생들은 영어에서 2학점, 사회과에서 2학점을 취득하며, 수학, 과학, 외국어에서 추가의 과정을 이수할 시간을 갖게 된다. 뉴만과 그의 동료들은 또한 동 프로그램에 대하여 대략 육십 명의 학생들에게 문호를 개방할 것, 아울러 두 명의 전담 교사들을 통해 관리할 것을 권장하고 있다. 프로그램의 과정들은 다음의 항목들에 묘사되어 있다.

1. 정치적-법적 과정 코스 첫째 학기에 14주 동안 매주 3회 오전에 실행한다. 여기서 학생들은 정치 체계의 실재(實在)에 대하여 배우게 된다. 법안 통과 혹은 부결을 위한 로비 운동하기나 교섭하기와 같은 비공식적 과정에 대해서 뿐만 아니라 체계의 공식적인 구조에 대해서 살펴본다. 학생들은 또한 현장 체험을 통하여 사회 행위에서의 이 같은 과정들을 관찰할 '직접적인' 기회를 갖게 된다. 이런 체험에는 회의 참석하기나 인터뷰 수행하기 등이 포함될 수 있을 것이다. 정치적-법적 과정 코스는 또한 자료를 수집하는 기술 개발하기, 타당한 결론 끌어내기에 초점을 맞출 수 있다. 도덕적 심의에 관한 기술(제7장 참조) 역시 프로그램의 이 부분에서 다루어지며, 학생은 논의의 여지가 있는 쟁점에 대한 입장 논문을 설명할 기회를 갖게 된다.

2. 커뮤니케이션 코스 첫째 학기에 16주 동안 매주 4회 오후에 실행한다. 여기서 학생들은 글을 통해서, 말을 통해서, 그리고 말 이외의 표현을 통해서 상호 의사소통하는 기술을 발달시키게 된다. 이런 기술들은 개인 내부, 개인 상호, 집단, 대중이라는 네 가지의 맥락에로 적용될 수 있다. 예를 들면 학생은 문제의 감정이나 명료화와 같은 집단 기술에서는 물론, 감정이입이나 호의와 같은 개인 상호간의 도움 기술에서 효험을 볼 수 있을 것이다. 학생이 다른 사람들과 함께 일할 수 있도록 신뢰와 집단의 응집력을 쌓는 일에도 역시 강조점이 주어진다.

3. 지역사회 봉사 인턴십 첫째 학기에 14주 동안 매주 2회 오전에 실행한다. 학생들은 사회 기관, 정부 단체, 공공 이익집단 등에서 자원 업무에 관여하게 된다.

인턴은 전 기간 동안 성인 한사람에 대한 임시 대역의 관계 속에서 일하거나(예컨대, 텔레비전 뉴스 리포터에 대한 보조자로서), 여러 집단들 간에 짧은 업무상의 여행을 할 수 있으며(예컨대, 환경보호기관 내 몇몇 다른 부서들에서 업무 돕기), 특수한 프로젝트에 관여한다든지(예컨대, 이웃 단체를 위하여 자료 수집하기), 고객들을 상대로 직접 사회봉사를 할 수 있을 것이다(예컨대, 어린 아동들을 개인 지도하기 혹은 노인들을 돕기). 배치는 학생들로 하여금 기관의 일상적인 기능에 접하게 해야 하고, 학생들이 기관의 사람들과 적극적으로 의사소통하도록—수동적으로 그들을 관찰하기보다—기회를 제공해야 하며, 학생들이 기관의 임무에 이바지하도록 요구해야 한다.[13]

학생들은 인턴십에 열중하게 되면서 정치적-법적 과정 코스에서의 정부 기관의 제도적 과정을 분석할 수 있으며, 또한 커뮤니케이션 코스에서의 적절한 언어 기술에 입각하여 일할 수 있을 것이다. 매주 오후에 한번 씩 학생들은 "자신의 자원 업무의 경험을 나눌 수 있고, 공통의 문제에 대하여 토론할 수 있으며, 둘째 학기 동안에 시민 행위 프로젝트로 발전할 가능성이 있는 쟁점들을 탐색하기 시작할 것이다."[14]

4. **시민성 행위 프로젝트** 둘째 학기에 10주 동안 매주 4회 오전에 실행한다. 프로그램의 이 부분에서 학생들은 공공 정책에 영향을 미치기 위하여 노력할 것이다.

프로젝트는 정치적 후보자를 위해 일하기, 특수한 청년 단체를 설립하기, 관리 규정을 개정하기, 법률 제정을 위해 로비 활동하기 등을 포함한다. 쟁점들은 국가 기관, 주 기관, 지방 기관에 관계될 수 있으며, 물론 학교에 대해서도 관계될 수 있다. 예를 들어, 학교 안에서의 학생의 권리, 환경을 보호하기 위한 토지 사용의 제한 규정, 인종간의 협력, 도움이 필요한 젊은이들을 위한 개선된 사회봉사 등이다.[15]

프로젝트는 첫째 학기의 업무로부터 전개할 수 있을 것이다. 프로젝트를 실행하는 동안에 학생들은 또한 선거 운동 기법, 협상 기술, 기금 조성, 회의 운영 방법과 같은 문제에 대하여 기술 클리닉(skill clinics)을 받을 수 있다. 프로젝트 동안에 발생하는 여러 가지 문제들을 다루기 위하여 '프로젝트 상담 수업' 역시 제공될 수 있으며, 이는 학생들에게 심리적인 지지를 가져다 줄 것이다.

5. **문학 행위 프로젝트** 둘째 학기에 10주 동안 매주 2회 오후에 실행한다. 이 과정은 다른 과정들에 비해 보다 일반적인 초점을 가지고 있으며, 의미 있는 사회 변화란 무엇일까? 개인이 중요한 변수일 수 있을까? 사람들은 어떻게 처신해야 할까? 등과 같은 쟁점들을 다룬다. 이 같은 물음들은 소설, 전기, 시, 드라마 등을 통해서 추적될 수 있다. 예컨대 학생들은 시민 불복종에 관하여 간디(M. Gandhi)나[16] 소로우(Henry Thoreau)의[17] 전기를 읽게 되며, 『왕의 모든 백성들』과[18] 같은 소설, 볼드윈(James Baldwin)의[19] 작품 등도 읽게 될 것이다.

6. **공공 메시지** 각각의 시민 행위 집단은 동료들 그리고 크게는 대중과 공유할 수 있는바 스스로의 활동에 대한 최종적인 '메시지'를 밝히게 된다. 학생들은 다양한 매체들에 대해 공부할 것이며, 이 매체들 중 하나에 맞추어 자신의 활동에 대한 보고서를 준비하게 될 것이다. 주안점은 이 프로젝트를 통해서 성취한 바에 주어지며 학생들의 경험을 대중에게 설명하는 데 지향을 둔다.

뉴만은 전체적인 프로그램에 대하여 11~12학년의 학생들에게 문호를 개방하도록 권고한다. 다만 비록 사회 행위 프로그램들이 커다란 중요성을 지닌다 할지라도, 모든 학생들에게 실제 과정의 업무가 필요한 것은 아니라는 점이 암시되고 있는 이유는 동 업무가 학생들의 자유를 부당하게 제한할 수도 있기 때문일 것이다. 뉴만 또한 프로그램의 성과에 대하여 확신할 만큼 충분한 연구가 이루어지지 않았음을 내비치고 있다. 끝으로 권장되고 있는 사항은 동 프로그램에 참여할 학생들을 선발하는 데 있어서 학생의 자기 선택권이 활용되어야 한다는 점이다. 학생들이 과정의 취지를 알아차릴 수 있도록 환경적 능력이라는 중심 목표가 강하게 홍보될 필요가 있다.

1) 학생 프로젝트들

세 가지의 지역사회 관련 프로젝트들이 프로그램과 관계되어 있다. "답사 연구(踏査硏究)의 경우 학생들은 현장 여행, 인터뷰, 초청 연사, 지역사회 기관에서의 비공식적 발언, 여타의 수단 등을 통하여 정보를 수집하면서 지역사회에 대해 조사하게 된다."[20] 자원 봉사(自願奉仕)는 학생을 다른 이들에게 직접 도움 되는 관계로 자리매김 시킨다. 예를 들면 학생들은 양로원, 보육 센터, 개인 지도 프로그램, 근린지역 정화 운동 등에서 일하게 된다. 사회 행위 프로젝트들은 학생들에게 창도(唱導)의 입장을 취하도록, 또 그 입장에 일치하는 변화에 영향을 미치고자 시도하도록 요구한다. 뉴만은 어떤 발달상의 연관성이 세 가지 프로젝트와 더불어 현존할 수 있음을 시사하고 있다. '답사 연구'는 개인이 관련된 정보를 수집하기 위해 지역사회를 연구하기에 보다 자기 지향적이다. '자원 봉사'는 개인이 다른 이들을 돕거나 돌볼 수 있기에 더 많은 참여를 수반한다. 끝으로 '창도 역할'에서 학생들은 보다 광범한 사회적 맥락과 관계된 관심사에 관여하는 자율적인 행위자로서 나타난다.

설사 창도 역할이 환경적 능력이라는 목표에 가장 일치하는 것으로 보일지라도, 다른 프로젝트들도 사회 행위 프로그램을 구성하는 정당한 성분을 이룬다. 뉴만은 활동 중에 어떤 확실한 성과가 발현되어야 한다고 충고한다. 능력 내지 성과에 관한 목록이 <표 4>에 표시되어 있다.

〈표 4〉 7가지 시민 행위 능력에 관한 학생의 능숙성 및 생산성 서류 자료

능력	자료	
	능숙성	생산성
1. 말로써 및 글로써 효과적으로 상호 의사소통한다.	어휘, 서류, 미디어 분석에서의 객관적 검사. 서류 업무와 구두 발표에 관한 교사 등으로부터의 평가 증언. 책자 보고서, 조사 연구, 증서, 초록, 저널 등을 제시	산출된 커뮤니케이션의 수효와 유형에 대한 목록(증서, 보고서, 연설, 의사록, 인터뷰, 팸플릿)
2. 공공의 관심이 되는 문제들에 대한 정보를 수집하고 논리적으로 해석한다.	자료 해석(예컨대 그래프와 도표)과 위치(귀하는 다음의 정보를 어디서 얻고자 하는가, 이 지역사회에서 아니면 다른 곳에서?)에서의 객관적 검사. 입장 진술 – 구두의 및 서류의 – 에 대한 교사 평가	정치적-법적 과정 코스, 인턴십, 행위 프로젝트, 공공 메시지에서 갖춰진 연구 과제에 대한 목록
3. 정치적-법적 의사 결정 과정들을 묘사한다.	인턴십과 행위 프로젝트에서 눈에 띄는 지방 자치단체 및 기관에 관한 객관적 검사. 학생이 적절한 전략을 계획할 수 있는 능력이 있는지에 관한 교사 등으로부터의 증언. 특정의 결정들에 대한 진행 기록 내지 학생 경력	정치적-법적 체계 내 여러 부서들 및 사람들과의 체험에 대한 목록
4. 논의의 여지가 있는 공공의 쟁점이나 전략에 대한 개인적 결정을 정의 및 입헌민주주의의 원칙들과 관련지어 합	쟁점을 확인하는 데 있어서의, 그리고 정의의 원칙(예컨대 평등)이나 입헌민주주의의 원칙(예컨대 다수의 지배에 대한 정당한 절차)	구두로 또는 서류상으로 밝힌 입장의 수효와 유형에 대한 목록

리적으로 정당화한다.	을 적용하는 데 있어서의 기술에 관한 객관적 검사. 논의의 여지가 있는 쟁점에 관해서 어떤 주장을 펼치려는 구두 및 서류상의 시도에 대한 교사 등으로부터의 증언. 입장을 밝힌 서류나 연설을 제시	
5. 다른 사람들과 협력하여 일한다.	집단의 행동을 분석하는 능력에 관한 객관적 검사. 특정의 협력 행동에 관한 교사 등으로부터의 증언. 집단 기술에 대한 자기 분석. 집단 프로젝트의 제시	집단적 노력의 수효와 유형에 대한 목록 및 협력에 기여한 점의 유형에 대한 목록
6. 자신과 다른 사람의 구체적인 개인적 경험들을 시민 행위에 관한 개인의 딜레마를 해결하는 데 도움되는 방식으로, 그리고 보다 일반적인 인간적 쟁점을 탐구하는 방식으로 논의한다.	특수한 체험을 보다 일반적인 쟁점에로 변형하는 것에 관한 검사. 학생들이 문학작품이나 개인적 행위 업무에 대하여 구두 및 서류상으로 분석하는 것에 관한 교사의 증언. 학생 에세이, 일기, 테이프 녹음, 완성된 공공 메시지 등을 제시	원래의 목표였던바 완성된 활동에 대한 목록(예컨대 상담 수업, 문학작품 토론, 행위 프로젝트 인턴십에서의 비평 수업)
7. 특별한 쟁점에 대하여 영향력을 발휘하도록 요구되는바 정선된 전문적 기술들을 활용한다.	사진 찍기, 선거 운동하기, 의회 진행하기 등의 특수 기술에 관한 전문가로부터의 객관적 검사와 증언	관련 기술이 활용되었던 경우에 대한 목록

• 출처 : Fred Newmann, Thomas Bertocci, and Ruthanne M. Landsness, *Skills in Citizen Action : An English-Social Studies Program for Secondary Schools* (Skokie, Ill. : National Textbook, 1977), pp.119-20.

성과를 만들어내는 것이야말로 단지 '체험하는 일' 이상으로 프로젝트에 대하여 보다 체계성 있게 접근하도록 격려한다. 이 성과들은 또한 평가 과정을 돕기도 한다.

프로그램에 대한 평가는 네 가지 영역에 초점을 맞춘다. (1) 능숙성, 즉 시민 행위와 관련된 지식과 기술에 대한 숙달. (2) 프로젝트를 완성하는 일의 중요함을 강조하는 생산성. (3) 프로젝트를 진지하게 다루기 그리고 활동에 충분히 관여하기를 가리키는 지속성. (4) 만족 가능성, 즉 학생이 프로그램에서 얻는 즐거움의 총계. 교직원과 학생들은 모든 기준들이 언제나 알맞으리라고 기대해서는 안 되지만, 프로그램의 기준들에 대해서는 어느 정도 상호 동의된 우선성을 인정하기에 이르러야 한다. 이 네 가지에 대해 평가하는 일은 어렵다. 뉴만은 교직원들이 단 하나의 기준으로서 개인의 능숙성에 초점을 맞추지 않도록 할 것을, 그보다는 전체적인 프로젝트에 관해서 하나의 관점을 유지하도록 노력할 것을 권고한다. 뉴만은 등급을 매기는 일에 대해서는 반대하면서도, 학생들의 노력에 대한 평가는 일정한 수준의 업무 완성하기, 학습을 강화하기 위해 개별적으로 피드백 해주기, 학생의 활동에 대하여 충분히 문서화하기 등을 포함해야 한다고 생각하고 있다.

2) 교사의 역할

시민 행위에 관여하는 교사에 대하여 바라는 요구들은 실질적이다. 일반적으로 교사는 하나의 사회 행위 프로그램에 있어서 네 가지의 다른 역할들을 채택할 수 있다. 가장 평범한 역할은 일반적인 자원(資源)으로서의 그것인데, 교사는 절차나 전략에 관한 정보뿐만 아니라 지역사회 안에서의 인물 · 장소 · 재원에 관한 정보를 제공해 준다. 전문 상담원(相談員)의 역할에서 교사는 모든 프로젝트에서 모든 학생들의 요구에 응답하고자 노력한다. 전문 상담원의 역할은 지역사회와의 접촉 내지 행위 전략에 관한 정보를 다루기보다 감정적인 또는 심리철학적인 딜레마를 다룬다. 세 번째의 역할에서 교사는 특수한 영역(예컨대 환경 또는 인종상의 자기 결정)에서의 전문가(專門家) 자원으로서 행동한다. 이 역할에서 교사는 앞의 두 가지 역할에서보다도 특정의 프로젝트에 더욱 밀접하게 관여하게 된다. 끝으로 행동 대원(行動隊員)으로서의 역할이 있다. 여기서 교사는 공공 정책에 영향을 미치기를 지향하며 프로젝트에 적극적으로 개입하게 된다. 물론 네 가지 역할들의 경우 각각은 스스로와 관련된 일정한 문제를 지니고 있다. 중요한 것은 교사가 자신이 채택한 여느 역할에 대해서도 마음 편하고 진정성을 가져야 한다는 점이다.

3) 프로그램의 관리

좋은 시설을 갖춘 시민 실험실은 프로그램에 크게 기여할 수 있다.

> 다양한 장비들에 접근되어 있음 : 전화, 등사판과 사진 복사기, 카메라, 테이프 녹음기, 서명 및 포스터 장비, 확성기, 서류 정리 진열장, 타자기, 텔레비전, 라디오. 사무용품, 스탬프, 우편물 수취인 명부, 분화된 인명록, 지도, 정선된 법적 신용 조회서, 정기 간행물, 신문 등의 용구들도 이용할 수 있어야 한다. 학생들은 또한 소집단 혹은 대집단별 회의실과 프로젝트 관련 자료들을 보관해 둘 공간도 필요로 한다.[21]

또 다른 관리상의 관심사는 책임 문제이다. 뉴만은 부모와 학생들이 프로그램 수업과 관련하여 있을 수 있는 위험 부담에 대해서 충분히 알고 있어야 한다고 제안한다. 동 프로그램에 대하여 알게 된 다음에, 부모와 학생들은 공개된 조건 하에서 코스에 참여하겠다는 점을 서류상으로 승낙해야 한다. 끝으로 교사와 여타 프로그램 관련 성인들은 프로그램에서 학생들에게 가해지는 위해를 막기 위하여 합리적인 조치를 취해야 한다.

또한 부모, 학생, 교사, 그밖에 소수의 지역사회 리더들로 구성된 시민 자문위원회도 설치될 수 있다. 동 위원회는 일반적인 정책에 대하여 조언하는 데, 그리고 프로그램의 투명성과 안전성에 대하여 공헌하는 데 도움을 줄 수 있을 것이다.

프로그램의 일반적인 원칙 한 가지가 있다면 그것은 학생들을 의사결정에 관여시키는 점이다. 예를 들면 학생들은 프로그램의 스케줄, 공간 장비의 활용, 방문객 및 공공관계에 관한 정책 등을 결정하는 일에 참여할 수 있다. 지역사회 회의는 관리 구조에 있어서 중심적인 자리를 차지해야 한다. 프로그램에 있어서 모든 고용된 교직원과 학생들은 투표권을 가진 구성원이 될 것이다. 프로그램의 회의들은 프로그램 정보에 관한 의사소통, 프로그램 정책에 관한 결정, 사회 활동 등에 초점을 맞출 것이다. 하나의 가능한 관리 구조가 <그림 3>에 표시되어 있다.

〈그림 3〉 관리 구조

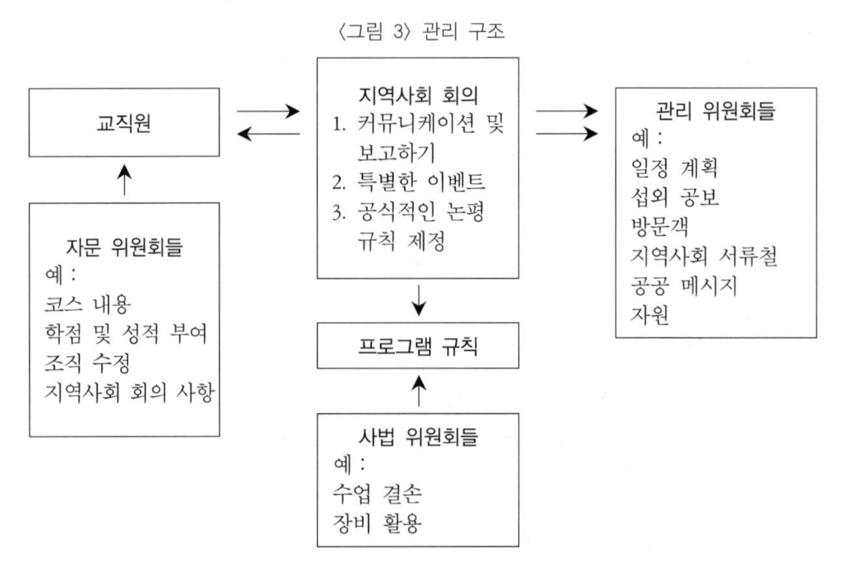

• 출처 : Fred Newmann, Thomas Bertocci, and Ruthanne M. Landsness, *Skills in Citizen Action : An English-Social Studies Program for Secondary Schools* (Skokie, Ill. : National Textbook, 1977), p.111.

3. 요약 및 평가

이것은 하나의 인상적인 모형이다. 뉴만은 모형과 관련된 여러 가지 개념의–심리적, 철학적, 도덕적–쟁점들을 사려 깊게 고찰해 가면서 자신의 행위 지향적 접근법에 관한 이론적 근거를 신중하게 전개하였으며, 그것을 실행하기 위해 설득력 있는 이유를 들어 보였다. 그는 또한 동 모형을 제시함에 있어서 모형을 이루는 성분들에 대하여 포괄적인 토론을 펼쳤으며, 해당 접근법과 관련된 몇몇 문제점들을 회피하지도 않았다. 그는 동 접근법과 관련하여 관리상의 관심사 뿐 아니라 심리적인 쟁점들을 인정하고 있다. 이 같은 논의 역시 접근법에 대하여 얼마간의 장애물을 드러낸다. 예컨대 프로그램의 코스들을 위해서라면 대규모의 실습실이 확보되어 있을 필요가 있다. 등록 학생 수는 줄어들고 비용은 늘어나는 시대에 교육위원회들이 이런 비용을 승인해줄 가망성은 적어 보인다. 또 다른 잠재한 문제는 프로그램의 코스가 학교에서 일으킬 수 있는 '분열'이다. 몇몇 학교에서는 학생들이 회관의 입장허가를 얻는 일조차 어려우며, 학생들로 하여금 학교 밖의 프로젝트를 수행하게 허용한다는 생각이 중대한 관리상의 문제가 될 수도 있다. 이러한 관리상의 '어려움'들이 새로운 프로그램의 실행을 방해할 수 있는 것이다.

한 가지 관련된 논점으로 이 프로그램이 실행되는 학교의 분위기를 빼놓을 수 없다. 만일 학교가 학생들 및 교직원의 민주적 참여를 위한 맥락과 거리가 있다면, 그것은 보다 큰 사회적 맥락에서의 참여를 촉진하는 데 다소 어울리지 않는다.

교육과정과 수업 절차에 대한 뉴만의 논의 역시 다소 막연한즉, 프로그램의 특수한 실례로서 운영 중에 있는 것이 거의 없다는 점이다. 설사 형식면에서(예컨대 코스) 상세하게 윤곽이 그려져 있다 할지라도 교실 활동(예컨대 토론 절차)의 특수한 실례들이 거의 없으며, 이는 프로그램의 실행에 장애가 될 수 있다. 누군가 사회 행위 프로그램을 시작하는 사람은 뉴만이 위스콘신 주 매디슨에서 행했던 작업에서의 교실의 실례로부터 도움을 받을 수 있을 것이다.

위의 문제들에도 불구하고 이 프로그램은 학생들에게 민주적 과정에 적극적으로 참여하는 방법을 제공해 준다. 어떤 다른 모형도 이런 일을 위하여 보다 풍부한 기회를 주지 못한다.

8장 사회 행위 모형 미주

1 Fred M. Newmann은 하버드대학교에서 학위를 마치고 위스콘신대학교 교수를 지냈다. 시티즌십 교육에 관심을 기울여왔으며, 주요 저서로 『Education for Citizen Action』(1975), 『Authentic Achievement』(1996) 등이 있다. - 역자 주

2 Fred M. Newmann, *Education for Citizen Action : Challenge for Secondary Curriculum* (Berkely, Calif. : McCutchan, 1975), pp.4-5.

3 Ibid., p.18.

4 Ibid., p.29.

5 Robert W. White(1904~2001)는 미국의 심리학자로서 하버드대학교 교수를 지냈다. 그는 학술지 Psychological Review의 1959년 9월호(pp.297-333)에 발표한 논문 "Motivation Reconsidered-The Concept of Competence"에서 인간의 행동을 유발하는 주요한 동기로서 능력(competence)을 강조한다. 여기서 말하는 능력은 환경과 효과적으로 상호작용하는 유기체의 역량을 의미한다. 화이트에 따르면 능력은 유기체의 환경과의 상호작용을 통하여 이루어지는 점진적인 학습의 결과이다. - 역자 주

6 Newmann, ibid., p.35.

7 Ibid., p.47.

8 Ibid., pp.54-55.

9 Ibid., p.55.

10 Ibid., p.91.

11 Fred Newmann, Thomas Bertocci & Ruthanne M. Landsness, *Skills in Citizen Action : An English-Social Studies Program for Secondary Schools* (Skokie, Ill. : National Textbook, 1977), pp.9-10.

12 Ibid., p.6.

13 Ibid., pp.48-49.

14 Ibid., p.10.

15 Ibid.

16 Mahatma Gandhi(1869~1948)는 영국의 지배 하에서 국민주의 운동을 이끈 인도의 지도자로서, 특히 비폭력 시민 불복종을 전개하였다. - 역자 주

17 Henry D. Thoreau(1817~1862)는 미국의 작가이며 시인, 철학자, 역사가이다. 그는 1849년에 쓴 『Civil Disobedience』에서 법과 제도의 결함을 해결하기 위해 정당한 방법이 없는 경우 그에 불복종할 수 있다고 강조하였다. 소로우의 사상은 훗날 간디, 케네디 대통령, 킹 목사 등에게 영향을 주었다. - 역자 주

18 소설 『All the King's Men』은 미국의 Robert P. Warren(1905~1989)이 1946년에 쓴 작품이

다. 작가는 스타크라는 주인공이 시골의 선거에서 무명의 후보로 나서면서부터 전국적인 인물이 되기까지 그리고 정적들에 의해 암살당하기까지의 과정을 그린 정치 소설을 통하여 인간의 타락을 고발하고 있다. 워렌은 이 소설로 1947년에 퓰리처상을 받았다. - 역자 주

19 James Baldwin(1924~1987)은 미국의 소설가이자 사회 비평가이다. 그 자신 흑인으로서 미국 사회 내의 인종 갈등 문제, 성 불평등 문제 등에 큰 관심을 보였다. 주요 작품으로 『A Rap on Race』(1971), 『The Evidence of Things Not Seen』(1985) 등이 있다. - 역자 주

20 Newmann, *Education for Citizen Action*, p.143.

21 Ibid., p.126.

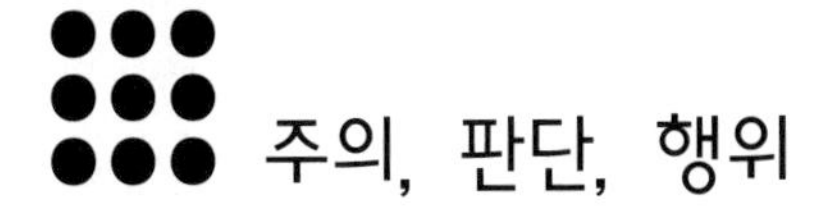

주의, 판단, 행위

우리의 원래 주제였던바 도덕의 실천에 있어서 주의, 판단, 행위의 중요성에로 되돌아 가보자. 우리가 앞에서 연구해온 도덕교육의 모형들 6가지 모두는 이 세 영역에 관심이 있다. 다만 각 모형마다 이러한 관심을 다른 방식으로 나타낼 뿐이다. 이 마지막 장에서 우리는 교사가 도덕의 세 측면을 다루기 위해서는 어떻게 각 모형의 강점들을 정선하여 활용할 수 있는지에 관하여 설명해 보고자 한다.

1. 주의

주의하기를 이해하는 한 가지 방법은 마음이라는 창문을 통해서이다. 이 관점에서 보면 주의란 자신에 대하여 지지하고 타인에 대하여 염려하는 감정을 말한다. "네 이웃을 네 몸같이 사랑하라."는 성경의 가르침이 아마도 주의에 대하여 가장 널리 알려져 있는 표현일 것이다. 주의는 인간성의 감정을, 또 자비심이라는 기질을 구체화하고 있다. 하나의 감정으로서 주의는 우리로 하여금 사람들의 삶에서의 선에 이바지하도록 고무시킨다.

분명히 주의는 감정을 포함한다. 만일 우리가 사람들을 미워한다면 우리는 그들을 이해하려 하거나 도우려 할 아무런 필요성도 느끼지 않을 것이다. 그렇지만 주의는 따뜻한 감정 내지 인정어린 마음 그 이상의 것이다. 그것은 또한 생각하기와 평가하기에 관한 자질이기도 하다. 왜냐하면 우리가 어떤 주어진 상황에서 어느 정도까지 주의할 마음이 나게 되는가 하는 점은 다른 이의 경험의 의미를 이해할 수 있는 스스로의 역량에 크게 달려있기 때문이다. 예를 들어 우리 어른들이 농구 시합에서 결정적인 타격에 실패한 뒤 터벅터벅 떠나는 십대들에게 마음 쓰거나 감정이입을 하기란 쉽다. 우리가 게임에 대해서 알고 농구 같은 활동이 젊은이들에게 중요하다는 점을 이해하는 일이야말로 우리에게 젊은이들의 감정에 대한 현실적 감각을 준다.[1] 어린 아동은 이런 식으로 주의할 수 없다. 이유는 그가 '나쁜' 사람이라서가 아니라 복잡한 동기, 욕구, 위태로운 감정 등을 헤아릴 수 있는 능력이 없기 때문이다. 아니면 교사나 부모들의 경우, 아동이 모래 상자나 정글짐 놀이터, 공기놀이 게임 등을 경험하면서 느끼는 묘한 쾌락과 고통에 대하여 마음 쓴다는 게 종종 얼마나 어려운지를 생각해 보라. 아동에게 전반적으로 관심을 두고 애정을 갖는 것이 그 자체로서 우리로 하여금 이런 활동들이 그에게 지니는 충분한 의미를 알도록 조율하지는 못한다. 우리가 아동의 감정을 통찰하기 위해서는 스스로의 상상력을 펼쳐야 한다. 물론 무엇보다도 사랑이 없다면, 우리는 이해하려고 시도하는 수고조차도 하지 않을 것이다. 요점은 주의가 우리의 감정과 사고를 회복시켜 준다는 점이다. 우리는 다른 사람들의 욕구를 이해하기를 바랄 필요가 있으며, 또한 그것을 이해할 방법을 알아둘 필요가 있다.

어떻게 하면 교사들이 주의하고 싶은 욕구를 고취하고 학생들에 있어서 이해 능력을 촉진할 수 있을까? 이 문제에 최선의 답변을 제시하는 모형은 이론적 근거 정립 모형, 고려 모형, 인지적 도덕 발달 모형이다.

이론적 근거 정립 모형에서 셰이버는 학생들에 있어 주의하려는 동기를 키우는 일의 중요성에 대하여 논의한다. 셰이버의 제안에 의하면 이런 일의 한 가지 방법은 아동들에게 '주의하기' 행동을 연습하게 하는 것이다. 어린 아동들은 학급 동료의 관점을 주의 깊게 경청하기, 청소 시간에 자신의 몫을 행하기, 점심 식사 때 차례 기다리기 등에 대해서 배울 수 있다. 설사 관용이나 상호관계라는 원칙들이 추상적인 형태로 이해되기 이전이라도 말이다. 달리 말해서 아동들은 민주적인 행동들에 대해 합리적으로 정당화하기를 배우는 동안에 그 같은 행동들을 실천할 수 있는 것이다. 학급 동료가 수학 문제를 풀도록 도와주기와 같은 배려 행동을 엄밀하게 시험해보는 가운데, 아동은 구체적으로 주의하기라는 가치를 깨달을 수 있을 것이다. 주의하기 행동들을 일관되게 강화시키고 본받게 함으로써 교사는 아동으로 하여금 주의하려는 욕구를 키우도록 돕는다. 셰이버는 교사라면 또한 학생들로 하여금 특수한 실행의 배후에 있는 '이유'를 알도록 도와야 한다고 강조한다. 시간에 맞춰 등교하기라든지 철자법 수업시간에 식사하지 않기 등의 규칙에 대하여 이유를 묻는 아동의 질문은 지적 및 도덕적 발달의 건강한 표지로서 환영되어야 한다. 그러므로 주의하기 행동에 초점을 맞추는 일은 그런 행동을 해야 할 이유에 대한 논의와 더불어 추구될 필요가 있다. 그럼에도 불구하고 우리는 도덕적 행동들에 대한 본받기를 잘못하여 보지 못할 수도 있다. 민주적 행동 내지 '주의하기' 행동을 특별히 연습하는 일은 보다 일반적인 도덕적 성찰을 가능하게 할 수 있을 것이다.

셰이버가 제안하는 바와 같이 교사 특히 어린 아동들을 지도하는 교사는 때때로 사회 문제에 관한 대안적 해결책을 명쾌하게 본받게 하거나 실연해 보여야 하며, 또한 개인 상호간의 주의하기에 대한 전략에 있어서 직접적인 가르침을 주어야 한다. 심리학자이자 교육자인 리코나(Thomas Lickona)는[2] 다음과 같이 쓰고 있다.

> 교사는 아동들에게 사회 문제를 해결하는 방법을 보여줄 수 있다. 한 연구(Doland & Adelberg, 1967)에서, 어느 성인은 갈등에 대한 대안적 해결책을 실연해 보이기 위하여 꼭두각시 인형을 사용하였다. 서로 교대로 가지고 놀며 양쪽 모두 만족스럽게 되는 것과 반대의 경우로서 장난감 마차를 두고 다투다가 부숴버리는 경우의 본보기였다. 이 작은 드라마를 보고 여러 대안들에 대해 토론을 거친 취학 전 아동들은 자신들의 놀이에서 덜 공격적이면서도 보다 협동적인 자세를 갖게 되었다.
>
> 교사는 또한 문제의 상황을 다루는 방법에 대하여 직접 제안할 수 있다. 좌석을 차지하기 위해 다른 아이를 떠미는 아동에게 교사는 "네가 빌리에게 자리를 옮겨달라고 부탁할 수 있잖니."라고 말할 수 있을 것이다. 자신이 갖고 있는 장난감 대신 다른 아이의 장난감을 원하는 아동에게는 "벤에게 네 것과 서로 교환하자고 부탁할 수 있을 거야."라고 말할 수 있다. 무엇인가에 대해 자신의 권리를 항변하려는 아동에게는 "피터에게 말하렴. 내가 지금 이것을 갖고 노니까 너는 다음 순서일 수 있어."라고, 또 공격의 피해자가 된 아동에게는 "존에게 '기분 나쁘구나! 규칙은 때리기 없기야!'하고 큰소리로 말하렴."이라고 말해줄 수 있을 것이다.[3]

셰이버와 리코나가 묘사한 의미에서, 본받기 내지 직접적 가르침을 사려 있게 활용하는 일이야말로 학생들 사이에 '주의하기 상태'를 촉진할 수 있다.

교사가 도덕적 행동을 본받게 하는 근본적인 방법은 학생들을 향하는 자신의 행동을 통해서이다. 아동들의 경우 일단 집을 나서면, 교사야말로 그들의 삶에서 아마도 유일하게 가장 유력한 도덕의 견본이다. 이에 교사는 '자신이 설교하는 실천'에 대하여 각별한 의무를 갖는다. 근래의 한 현직 워크숍에서 어느 저자는 이러한 언행일치가 항상 이루어지는 것은 아니라는 점을 확신한 바 있다. 학생의 행동에 관심을 가진 그 워크숍 과정에서 교사 참가자들은 자신의 학교에서의 학생들에 대한 세 가지 주요 염려 사항들–교사에 대한 존경심 결여, 저속한 말씨, 너절한 공책–을 감정하였다. 그러나 워크숍이 진행되어 가면서 교사들 또한 자신들이 학생들에 대해 비판했던 각각의 행동들을 나타내는 것이었다. 교사들은 서로에 대해 경청하지 않음으로써 상호 존중이 결여됨을 드러냈고, '저속한 말씨'를 썼으며, 그들의 도표 기록들은 종종 읽을 수 없을 정도였다. 도덕을 가르치는 일이 실천하는 일보다 쉽지만, 이 같은 위선이 결국에는 확실히 역효과를 낼 것으로 생각된다.

도덕적 모범으로서의 교사의 역할은 결정적이다. 다만 아동들이 주의하는 것을 배우는 일은 교사에 대한 관찰을 통해서 뿐만 아니라 총괄적으로 교실 환경에서의 스스로의 경험을 통해서 이루어진다. 맥페일의 고려 접근법이나 콜버그의 인지적 도덕 발달 모형은 학생들로 하여금 다른 이들을 염두에 두도록 자극하는 환경의 특성에 대하여 상세하게 논의하고 있다.

이 두 모형은 주의하기의 발달에 대하여 서로 다른 각도에서 바라본다. 맥페일은 학급이 지니고 있는 정서적 분위기와 주의하기의 '감정' 측면에 초점을 맞추고 있지만, 이에 반하여 콜버그는 환경의 지적인 특성과 주의하기의 인지적 차원에 전념한다. 맥페일의 논의에 의하면, "이성과 논리가 교육하기의 과정에서 중요한 것만큼, 학습의 욕구는 우리가 인격체로서 배려 받으며 관심의 대상이 되고 있다는 감정에서 주로 나온다."[4] 교사는 각 학생이 그 안에서 인정받고 있다고 생각하며 편안함을 느끼는 그런 분위기를 만들기 위해 노력하여야 한다. 콜버그 역시 상호 신뢰하는 분위기가 주의하기의 발달을 위하여 없어서는 안 될 것으로 믿는다. 다만 그는 이 같은 분위기에 대해서 맥페일에 비해 보다 인지적인 용어로 묘사하는 것 같다. 인지적 발달상의 이론에 따르면 도덕적으로 자극적인 학급 환경은 역할 채택을 할 수 있는 풍부한 기회를 제공한다. 역할 채택이란 다른 사람의 관점을 취해보는 것을 의미한다. 오직 한두 가지의 관점만 주어지거나 격려되는 수업이라면 교육적으로 메마른 수업이라는 게 콜버그의 주장이다. 아동들은 상이한 관점들에 의해 도전받음으로써 다른 사람들을 염두에 두는 것을 배운다. 다르다는 게 없다면 도전도 없으며 따라서 발달도 없게 마련이다. 콜버그는 아동이 자신의 사회적 세계를 넘어서 뜻을 알아들으려는 필요성을 가질 때, 그것이 다른 이들에 대하여 주의하기를 추진시킨다고 암시한다. 이 같은 견해에서 보면 아동은 서로 모순된 관점들 간에 균형을 이루고자 노력할 내재적인 필요성-교사가 잘 활용해야 할 필요성-을 갖는 셈이다. 맥페일은 교사들로 하여금 아동의 호의 갖는 일에의 필요성을 존중하도록 재촉하며, 콜버그는 우리의 주의를 아동의 생각하는 일에의 필요성에로 향하게 하고 있다.

생각할 필요성이나 호의 갖기의 욕구가 심리적 발달에 있어서 보다 강요성 있는 요인인지 아닌지는 매혹적인 이론상의 질문이다. 다만 실천적인 수준에서 볼 때 분명한 것은 주의하기가 지적 요인들과 감정적 요인들의 결합에 의해서 촉진된다는 점이다. 학생들은 동정심 있는 격려와 지적인 도전을 필요로 한다. 어떻게 하면 아동으로 하여금 사랑받고 있음과 도전받고 있음을 동시에 느끼게 만들 수 있을까 하는 점은 누구도 명확하게 답변할 수 없는 문제이다. 더 큰 대답은 가르침의 과학에 있기보다 가르침의 기술에 있다.

어쨌든 고려 모형과 인지적 도덕 발달 모형을 중심으로 이루어진 자료들이나 활동들에는 상당한 유사점이 있다. 확실히 콜버그의 프로그램들은 일반적으로 보다 탐측적인 질문들을 담고 있으며, 도덕의 '판단하기' 차원에 보다 명쾌하게 주목한다. 다만 차이점이 있다면 실체에 관한 것이 아니라 강조하는 바에 관한 것이다. 예를 들어, 맥페일의 '감수성 카드'는 그 안에서 어느 10대 소녀가 중요한 데이트를 기다리게 되는 상황을, 혹은 어느 소년의 부모가 등짐 여행을 걱정하면서 집에 머물러 있으라고 요구하는 상황을 나타낼 수 있다. 학생들에게는 이제 해당 이야기에서 역할을 맡고 있다고 상상해 보도록 질문이 주어진다. 인지 발달 접근법에서 상황 내지 딜레마의 한 예가 나무 오르기 사건이다. 이 수업에서 학생들은 홀리의 역할을 할 것인지 아니면 홀리 아빠의 역할을 할 것인지 선택하도록 질문되는데, 여기서 홀리는 나무에 올라가지 않겠다고 아빠에게 약속했음에도 불구하고 고양이의 목숨을 구하기 위해서 나무에 오를 것인지에 관한 결정에 직면하게 된다. 맥페일의 '상황'이든 콜버그의 '상황'이든 두 경우 모두, 목표는 학생들로 하여금 다른 사람의 입장이 되어보기를 권유하는 데 있다.

맥페일의 모형과 콜버그의 모형은 또한 아동들이 학교에서 협력할-공동의 목표를 향해 짝을 지어서 또는 소집단으로서 아니면 학급 전체로서 함께 작업할-수 있도록 많은 여러 가지 기회들을 제공해야 할 필요성에 대하여 강조한다는 점에서 상호 보완적이다. 이런 작업은 아동들이 다른 관점들을 고려할 필요성에 대하여 느끼고 또 생각하도록 도와준다. 집단적으로 문제를 해결하는 일의 성과는 교사를 통해서 많은 집단 프로젝트를 할당받은 유치원 아동들 집단의 반응에서 분명하다. 아동들은 협력에 대해서 이렇게 정의를 내렸다. "너는 사람들이 무엇인가를 하도록 돕는다. 사람들이 3이라는 것을 계산하지 못하면, 네가 그들에게 계산하는 방법을 보여주는 것처럼 말이다." "너는 말을 멋지게 해야 한다. 그렇지 않으면 아무도 네 말을 경청하려 하지 않을 것이다." "너는 너무 뻐기지 않는 게 좋다. 모든 사람은 순번을 가질 필요가 있다." "너도 알다시피 그건 꾀부리지 않고 일을 도와주는 것을 의미한다."[5]

인지적 도덕 발달 모형은 특별히 유익한 것으로서 집단적 문제 해결의 한 형태를 골라내고 있다. 그것은 학급회의로서, 이는 학생들에게 동료들 및 교사와 규칙을 정하고 갈등을 해결하는 데 있어서 서로 협력할 기회를 제공해 준다. 케임브리지 공립학교들에서의 '정의 공동체' 실험은 본질적으로 크게 보아 일종의 학급회의 개념이다. 전형적인 초등학교 환경에서는 학급회의가 모든 이들이 서로 바라볼 수 있도록 둥글게 앉은 형태로 매일 또는 매주 열린다. 어느 1학년 학급에서 아동들은 토론을 하기 위해 다음과 같은 규칙을 자발적으로 내놓아 정하였다. "원형으로 앉을 것, 말을 하고 싶을 때는 자신의 손을 들 것, 사람들의 차례가 되면 그들의 말을 경청할 것, 함께하는 경우가 아니라면 원형 밖의 의자에 앉을 것."[6] 1학년 학생들은 그들의 회의에서 대청소의 세부 사항들을 어떻게 가장 잘 계획할 것인지, 집단 내의 누군가가 자신의 일을 하지 않을 때에는 어떻게 할 것인지, 병원에서는 동료 학생에게 어떻게 위로를 표할 것인지 등과 같은 쟁점들에 대하여 토론을 하였다. 정의 공동체의 고등학교에서는 교육과정 계획에 대한 보다 적극적인 관심은 물론 도둑질, 수업 결손, 숙제에 대한 태만 등과 같은 쟁점들이 제안될 수 있을 것이다.

교육의 의사 결정에 있어서 학생의 역할을 넓히는 문제는 우리를 도덕의 다음 영역, 즉 판단에로 이끌어 준다. 학급회의는 확실히 학생들로 하여금 경쟁하는 대안들 사이에서 판단을 내리도록 강요한다. 다만 깊이 생각해 보면 어떤 문제에 대하여 주의한다는 일이 그 문제를 해결하기에 충분한 것은 아니다. 의식적이고 신중하게 숙고하는 일이 요구되는 것이다.

2. 판단

도덕적 판단은 도덕적 의무에 대한 문제, 또 도덕적 가치에 대한 문제를 다룬다. 어떤 행위가 도덕적으로 옳다, 그르다 혹은 행해져야 한다, 행해져서는 안 된다고 말할 때, 우리는 도덕적 의무에 대하여 판단을 내리고 있는 셈이다.[7] '아동들은 선생님을 존경해야 한다', '사람들은 약속을 지켜야 한다', '학교에서의 인종 차별은 도덕적으로 나쁘다' 등은 이 같은 판단의 예이다. 우리가 의무 혹은 도덕적으로 옳고 그른 것에 관하여 말할 때, 우리는 서로에 대해서 어떻게 행동해야 하는지를 말하고 있다. 그런데 옳은 혹은 그른 담화가 우리가 도덕적 언어를 사용하는 유일한 방법은 아니다. 이를테면 우리는 종종 어떤 사람에 대하여 반드시 옳은 행동이나 그릇된 행동을 가리키지 않은 채로 그를 '좋은' 사람 내지 '도덕적인' 사람이라고 말한다. 우리가 행동이나 실천에 대하여 판단을 내리는 것과 반대되는 바로서의 사람, 동기, 인품의 특성에 대하여 판단을 내릴 때, 우리는 사람에 대한 좋은 것, 나쁜 것, 훌륭한 것, 부끄러운 것을 놓고 스스로의 견해를 표현하고 있는 셈이다. 우리는 보통 자신이 해야 할 '의무가 있는' 것을 말하기보다 '값을 매겨 존중하는' 것을 진술한다. '내 누이는 좋은 여자이다', '복수심은 야

비한 동기이다', '자기완성은 교육의 유일하게 정당한 목표이다' 등은 도덕적 가치에 대하여 판단을 내린 것들의 예이다. 결국 도덕적 가치에 관한 진술이란 좋은 삶을 구성하는 것, 근본적으로 훌륭한 것, 추구되고 소중히 여겨져야 하며 다음 세대에로 전달되어야 하는 것에 대하여 주장하는 바를 이른다.[8]

사람들이 '좋은' 것에 대하여 갖가지의 비교할 수 없는 신념들을 갖고 있기 때문에, 우리는 '옳은'이라는 개념을 생각한다. 의무, 즉 옳은 것에 대한 판단은 우리가 그 안에서 도덕적 가치들에 있어서의 갈등을 해결하려고 노력하는 방법이다. 의무에 대한 판단이 사람들 사이에 공정한 것을 설정하고자 시도하는 이상, 의무 판단은 가치 판단이 개인에 관한 일이라는 것과 동일한 의미에서의 개인에 관한 일이 아니다. 예를 들면 수잔이 개인의 쾌락을 소중히 여기는지의 여부는 다른 사람들의 복리와는 아무런 직접적 관계가 없다. 그녀가 쾌락을 '좋은 것'으로 믿는 점이 원래 그 자체로서 정의(正義)나 부정(不正)에 관한 문제는 아니다. 그런데 만일 어느 토요일 아침에, 수잔이 개인의 쾌락을 소중히 하고(이는 그녀로 하여금 늦잠자기를 원하도록 이끈다) 반면에 그녀의 어머니는 근면함과 청결함을 소중히 하는 경우(이는 그녀로 하여금 수잔이 주방을 깨끗하게 손질하기를 요구하도록 이끈다), 어떤 도덕적 갈등이 나타날 수 있다. 왜냐하면 문제는 더 이상 수잔이나 그녀의 어머니가 무엇을 소중히 하는가에 있지 않으며, 모녀간 가치의 차이를 제거하기 위해서 무엇이 가장 공정한 방법인가에 있기 때문이다. 공정함이란 우리가 편협한 사리사욕의 단계를 넘어서서 공평하고 객관적인 관점을 채택하고자 노력하는 것을 의미한다.

많은 사람들이 도덕적 의무라는 관념 전반에 대하여 마음 편한 느낌을 갖지 못한다. 이 사람들에게 '당위'에 대하여 말할 필요성은 거의 없어 보인다. 필자들 가운데 두 명이 재직하는 대학의 상담 부서에는 '내게 강요하지 마세요.'라는 표지판이 있다. 표지판의 요점은 선의로 해석된다. 아무도 다른 이의 '옳은' 것에 관한 설명에 지배당하고 있다고 느끼기를 바라지 않으며, 그에 관하여 다시 말하건대 우리는 우리 자신의 내면적인 양심의 목소리에 사로잡히게 되기를 희망한다. 누구든지 부모, 교사, 고용주, 배우자, 심지어 자신에 의해서 '강요되어' 죽음에 이를 수는 있다. 도덕교육의 목표가 도덕적 의무에 관한 문제들을 놓고서 자신과 다른 사람들을 괴롭혀대는 감정적으로 수축된 사람을 만드는 데 있는 것은 아니다. 그럼에도 불구하고 많은 이들의 경우 이런 문제들을 전적으로 피하는 경향－일종의 도학자(道學者)의 강박 관념처럼 강요될 수 있는 도피 현상－이 있다. 필자의 친구 중 하나(그는 우연히도 감정적으로 잘 균형 잡혀있는 사람이다)가 상담 부서의 표지판을 보고 이렇게 말하는 것이었다. "그래요, 당위들이란 일종의 감정적인 폐물이죠." 그렇지만 우리가 제안하고자 하는 것은, 어떤 맥락에서 볼 때 '당위'란 피할 수 없을 뿐만 아니라 무척 중요하다는 점이다.

복(Sissela Bok)은[9] 그녀의 저서 『거짓말 : 공적 및 사적 생활에서의 도덕적 선택』에서 의료, 법률, 정치, 가족 내 인간관계에 대하여 극적인 함의를 갖는 복잡한 도덕적 문제들을 제기하고 있다. 이 책의 처음 몇 쪽을 훑어보는 즉시 독자들은 한 무리의 어려운 '당위' 문제들에 직면한다.

> 의사는 진실이 가져다줄 공포와 불안을 지연시키기 위해서 죽어가는 환자에게 거짓말을 해야 할까? 교수는 빈틈없는 취업 시장에서 제자에게 더 좋은 기회를 주기 위하여 추천장에다가 제자의 우수성을 과장해야 할까? 부모는 자녀가 입양되었다는 사실을 아이에게 비밀로 해야 할까? 정부의 법률가는 많은 금액이 요구되는 복지 법안에 대하여 반대할지도 모를 의회 의원에게

거짓말을 해야 할까? 신문 기자는 부정부패를 폭로할 목적으로 정보를 얻으려는 상대방에 대하여 거짓말을 해야 할까?[10]

'당위' 문제가 미래에 사라져버릴 가망성은 거의 없다. 우리가 자신과 자녀들을 위하여 더 많은 선택 사항을 만들어냄에 따라, 우리가 직면하는 도덕적 쟁점들의 복잡성은 증가하는 것으로 보인다. '당위 이야기'를 청교도적 엄격함의 불필요한 잔재라고 생각하는 것이 마음에 들 수도 있겠지만, 실상은 그렇지 않은 것 같다. 왜냐하면 도덕적 의사 결정에 대한 도전이 워터게이트, 배키 판결, 퀸란 사건[11] 등의 흔적을 따라 격렬해졌기 때문이다.

다시 아동과 학교에로 돌아가 보자. 아동들은 물론 청년들조차도 살아가면서 위의 복(Sissela Bok)이 제기하는 문제들에 직면하는 경우는 흔치 않다. 물론 이러한 단언에 대한 하나의 반응은, 만일 학생들이 학급에서 이런 쟁점들에 노출되어 있지 않으며 따라서 그것들을 통하여 지적으로 조사해 보도록 도움 받지 않는 경우, 어떻게 그들이 후에 성인이 되어 그런 쟁점들을 효과적으로 다룰 수 있을까? 하고 주장하는 일이다. 이 같은 미래 지향의 이론적 근거와는 별문제로 하더라도, 아이들이 자신들만의 도덕적 관심사들－중요한 학급 토론이나 활동의 기초를 이룰 수 있는 관심사들－과 더불어 해결하려고 노력하는 중요한 고려 사항이 있다. 예컨대 초등학교 학생들은 변함없이 가족이나 또래 관계에서의 공정성에 대한 문제들을 품고 있다. 가족 합창이 '오락 시간' 전에 나와야 할까? 어떤 텔레비전 쇼를 시청할 것인지에 대해 누가 결정하게 되어야 할까? 나는 설사 자기의 부모가 아이스크림을 먹지 말라고 말했다 하더라도 내 친구의 사분의 일에게 아이스크림을 주어야 할까? 나는 친구가 수학 시험에서 커닝을 했다고 선생님께 말씀드려야 할까? 놀이터에서의 주먹다짐이나 연필 찌르기에 대하여 어떤 일이 이루어져야 할까? 등등. 어린 아동들은 도덕적 문제들과 씨름하게 마련이다. 교사는 아동들이 보다 확고한 기초에 입각하여 이런 문제들에 직면하도록 도와줄 수 있을 것이다.

우리는 아동들의 도덕적 갈등에 관련된바 가장 광범하고 초점 맞춰진 자료들을 콜버그의 프로그램에서 찾아볼 수 있다. 인지 발달상의 전통이라는 점에서 효과적인 수업의 한 가지 예로, 다음 「학교 규칙 단원」의 발췌문을 고찰해 보라. 이 단원은 타코마 공립학교들의 교사들 및 교육과정 직원들에 의해 개발된 것으로서 규칙과 법률에 관한 다학문적 프로그램의 일부이다. 대부분의 딜레마들처럼 이 수업 역시 역할놀이나 토론을 통해서 진행될 수 있으며 서면으로 응답하게 할 수도 있을 것이다.

그건 내 것이 아니야

패트와 크리스는 식당에서 점심 식사 쟁반을 들고 함께 테이블에 앉는다. 패트의 자리에는 누군가 직전의 식사에서 떨어뜨린 땅콩버터 샌드위치 찌꺼기 하나가 있다. 패트가 "웩!" 소리하며 샌드위치 찌꺼기를 크리스의 자리로 밀친다. 크리스 또한 "그건 내 것이 아니야."하고 찌꺼기를 패트의 쟁반 쪽으로 도로 밀친다. 샌드위치가 패트의 으깬 감자요리에 떨어진다. 패트는 일어나서 크리스를 떠밀어 제치며 그를 넘어뜨린다. 크리스는 넘어지면서 테이블에 코를 부딪치고 피를 흘리기 시작한다. 크리스가 일어나 패트의 얼굴을 쳐서 눈언저리를 멍들게 한다. 무리의 아이들이 둘의 주위로 몰린다. 아이들은 큰소리를 질러대며 광경을 보기 위해 서로 밀고 있다.

이해력 질문 :

1. 싸움은 어떻게 시작되었니? 논쟁은 무엇에 관한 것이었니? 패트와 크리스는 무엇에 대하여 싸우고 있었니?

2. 패트가 처음 자리에 앉았을 때 샌드위치를 가지고 무슨 행동을 하였니?
3. 크리스의 반응은 어떠했니?
4. 누가 다치게 되었니?
5. 식당 안에서 다른 학생들은 어떻게 행동하였니?

역할 채택 질문 :

1. 너는 패트가 샌드위치를 밀칠 때 화가 나 있었다고 생각하니? 왜 그렇게 생각하니?
2. 너는 크리스가 샌드위치를 도로 던졌을 때 화가 나 있었다고 생각하니? 왜 그렇게 생각하니?
3. 네가 만일 크리스라면 너도 샌드위치를 도로 던졌을 거니? 던졌을 거면 왜, 던지지 않았을 거면 왜?
4. 패트는 크리스가 샌드위치를 으깬 감자요리에 던져 넣을 의도가 있었다고 생각할까?
5. 만일 네가 패트라면 그리고 샌드위치가 너의 으깬 감자요리에 떨어진다면, 너는 어떻게 할 거니? 왜?
6. 크리스는 패트가 그를 떠밀어서 다치게 할 의도가 있었다고 생각할까? 너의 생각을 설명해 보렴.

의사 결정 질문 :

1. 패트의 경우 샌드위치가 자신의 으깬 감자요리에 떨어질 때 크리스를 넘어뜨리는 일 외에 할 수 있는 일들로 어떤 것들이 있을까? 그런 일들 중 최선의 것은 무엇일까? 왜?
2. 크리스는 넘어진 다음에 어떻게 행동해야 할까? 왜? 그가 할 수 있는 다른 모든 일로 어떤 것들이 있을까(그의 대안들)?
3. 그가 그것들 각각을 행한다면, 어떻게 될까(결과들)?
4. 그의 최선의 대안은 무엇일 수 있을까?
5. 너는 이 사건을 막을 수 있었을 어떤 규칙을 생각할 수 있니?
6. 몇몇 학교의 경우 식사 후에 각자 자기 자리를 치우는 규칙이 있다. 여기서 적용할 수 있는 한 가지 이상의 규칙들이 있을까? 어떤 것들이 있을까? (유의 사항 : 교사는 칠판에 아이들이 안출해 내는 규칙들을 목록으로 적을 수 있을 것이다.)

a. 각자는 식사 후에 자기 자리를 치워야 한다.
b. 학생들은 식당에서 음식을 던지지 말아야 한다.
c. 식당에서는 싸우지 않는다.
d. 학생들은 식사 중에는 자기 자리에 머물러야 한다.
이 규칙들을 너에게 중요한 순서대로 적어보라. 가장 중요한 것이 ①번이다. 이 규칙들 가운데 어떤 것이 가장 그럴 듯하니? 어떤 규칙이 가장 도움이 되니? 어떤 규칙이 가장 많이 동조를 얻니? 왜?[12]

「그건 내 것이 아니야」같은 딜레마를 놓고 뭔가 생산적인 토론을 만들어 보고자 시도하는 중에 교사는 종종 학생들이 진지한 토론을 위해 '준비되어' 있지 않다는 점을 알게 된다. 7학년을 담당하는 어느 교사가 근래에 필자들 중 한사람에게 말한 적이 있다. "내가 담당하는 아이들의 경우 나는 그들이 서로 욕설하기를 그친 점에 대해서 대성공이라고 생각하고 있어요. 그들이 높은 수준의 역할 채택과 토론에 최대한 관여하는 점은 말할 것도 없고요." 토론은 확실히 쉬운 과정이 아니고 '자연스러운' 과정도 아니다. 우리가 정의 공동체의 토론에서 지적한 바와 같이(제7장 참조), 교사들은 일반적으로 토론이 요구하는 커뮤니케이션 기술을 본받도록 보여줄 필요가 있다. 학생들에게 자유로우면서도 초점 맞춰진 토론하기를 보여주는 영화는 그들로 하여금 훌륭한 토론이 무엇을 수반하는지 알도록 도와줄 것이다. 우리는 이 같은 일련의 영화들을 극서교육연구개발연구소(FWL)를[13] 통하여 마련된 주요 논쟁적 토론에 관한 미니코스(minicourse)에서 활용할 수 있다. 학급 토론에 대한 영상 테이프가 제작될 수 있으며, 특별한 기술에 초점을 두고 분석하기 위하여 재생될 수도 있다. 아울러 학생들은 학급 토론 내지 문제 해결 수업의 관찰자로서 교대로 활동할 수 있을 것이다. 끝으로 뉴만의 사회 행위 모형에서 알 수 있는 바와 같이, 전체의 미니코스는 정치적 변호 및 설득에 관한 기술을 개발하는 데 헌신할 수 있다. 학생들이 토론 방법에 있어서 능력을 얻음에 따라, 도입될 수 있는 쟁점들의 범위 내지 복잡성도 팽창하게 마련이다. 아론(Israela Aron)의[14] 글에 따르면,

> 토의의 경험이 별로 없는 학생들에게 제한된 수의 가능한 해결책을 포함하여 비교적 명확한 문제들이 제시되고, 그들에게 각 대안의 결과들에 대해서 꽤 완전한 정보가 덧붙여질 수 있을 것이다. 그런데 학생들이 점점 더 연습을 쌓게 되면서, 문제의 복잡성은 증대될 수도 있다. 즉 문제가 막연하게 진술될 수 있고 그것을 규정하는 데 다툼이 있을 수 있으며, 가능한 해결책들이 광범하게 생길 수 있고, 제안된 해결책들의 결과에 관한 정보는 부족하거나 아니면 학생들에게 뭔가 연구하도록 요구할지도 모른다.[15]

그것은 명확하게 규정되고 비교적 간단한 쟁점으로부터 시작하는 데 도움이 될 뿐만 아니라 학생들로 하여금 토론에서의 특정한 기능들을 수행하도록 연습하게 하는 데 도움이 될 수 있다. 예를 들어 어느 학생은 '요약해 주는 사람'의 역할을 시도할 수 있으며, 그는 이제 집단이 해당 문제에 대하여 다시 집중할 수 있도록 여러 아이디어들을 합쳐 모으게 된다. 다른 학생은 '의견을 내는 사람'으로서 체험할 수 있으며, 이제 그는 집단을 위하여 업무 내지 쟁점을 제안하고 그것을 명확히 한다. 또 다른 학생은 토론의 감정적 분위기를 지켜보며 '지키는 사람'의 역할을 맡을 수 있는데, 그는 다른 사람들에게 토론에 참여하도록 또 의사소통의 수단을 계속해서 열어두도록 요구하게 된다. 집단 구성원들 사이의 갈등을 명료화하고 조정하는 일이라든지 불안함의 수준을 줄이는 일은 '화합시키는 사람'의 몫으로 될 것이다.

물론 각 역할이 갖는 성질은 토론이 지니는 성질에 크게 달려있다. 만일 토론이 하나의 합의를 필요로 하는 문제 해결 수업이라면(예컨대,

집단은 카터 대통령이 제안한 조세 개혁에 대하여 한 가지 정책 의견을 안출해내야 하는 경우), 타협하기 · 흥정하기 · 합의 검사하기(집단을 점검하여 그들이 하나의 결정에 이르고 있는지 여부를 알아보기)에 관한 기술들이 결정적이다. 그러나 도덕적 딜레마에 대한 자유 토론에 있어서는 일치를 이루는 것이 목표는 아니며, 화합시키기의 역할이나 합의 검사하기의 역할은 훨씬 적게 관련된다. 다만 몇 가지 표준의 역할들은 두 종류의 토론 모두에 공통적인데, 표준의 역할들이란 명료화하는 사람, 요약해 주는 사람, 격려하는 사람, 정보를 제공하는 사람, 중재하는 사람, 기준을 정하는 사람을 이른다. 또 흔히 토론을 훼방하는 움직임들이 있게 마련인데, 학생들은 이것들에 대하여 방심하지 않아야 한다. 그런 움직임들은 다음과 같은 것을 포함한다.

1. **인정받으려고 애쓰기** : 신상 이야기 늘어놓기, 자랑하기, 큰소리로 말하기 등 별난 행동을 함으로써 자신에게 주의를 끌게 하는 것
2. **빗나가기** : 화제 혹은 집단 업무로부터 벗어나 지엽으로 흐르는 것
3. **현장에서 빠지기** : 토론으로부터 이탈하는 것
4. **방해하기** : 지나치게 논쟁을 벌임으로써 또는 '폐기된' 쟁점을 계속 해서 끄집어냄으로써 집단의 업무를 방해하는 것[16]

우리가 특히 유용하다고 알아낸바 효과적인 학급 회의를 개최하기 위한 일단의 지침과 과업은 다음과 같다.

학급 회의에 있어서 학생들의 관여를 위한 역할

1. **의장** 의장(학년이 시작되는 시기에는 교사가 맡을 수 있음)의 역할은 진행할 회의를 소집하는 일이다. 다른 역할을 할당해 주거나 아니면 지원자에게 그런 역할을 맡아달라고 청한다. 회의를 계속하여 과업으로 삼는다. 회의가 질서정연하게 잘되고 있는지 살핀다. 발언자에게 발언을 허가한다. 진행 절차에 관한 규칙을 정밀하게 음미하고 준수한다. 발언자의 사고를 탐측한다. 회의를 마무리한다. 필요하다고 생각되는 경우 의장은 절차상의 결정권을 갖는다.
2. **기록자** 기록자의 역할은 학급 회의의 일지를 유지하는 일이다. 기록할 것과 찾아보아야 할 것을 목록으로 적어둔다.
3. **의장 협조자** 의장 협조자의 역할은 특히 학생들이 이 역할을 맡기 시작하면서 절차상의 문제들에 대하여 의장을 돕는 일이다. 의장은 절차 등의 문제에 관하여 의장 협조자와 의논할 수 있으며, 협조자는 의장을 위하여 가능한 결정을 제의할 수 있다.
4. **의사일정 서기** 의사일정 서기의 역할은 미완성의 화젯거리를 위하여 일지 장부를 점검하고 그것을 칠판에 적는 일일 것이다. 의사일정 서기는 또한 다른 화젯거리들을 목록으로 적어두어야 하는지를 알기 위해 교사와 협의할 수 있다. 의사일정을 위한 화젯거리들은 게시판에 제의될 수 있다.

   선택 사항 : 학생들은 교사가 그들이 준비되어 있다고 생각할 때 이 역할을 맡을 수 있을 것이다.
5. **게시판 관리인** 게시판 관리인의 역할은 완결된 쟁점들을 게시판에서 지우는 일 및 게시판을 산뜻하게 정리해두는 일이다. 만일 게시판에 제의되어 있는 화젯거리가 아무 것도 없다면, 관리인은 학생들 사이에 토론을 위한 화젯거리에 대하여 관심을 일으키도록 시도해야 한다.
6. **부연 설명자** 부연(敷衍)하여 설명하는 사람의 역할은 다른 학생들이 토론 중에 강조하는 바를 고쳐 말해주는 일이다. 좀처럼 학급 회의에 대하여 마음 편하게 공헌하고 있음을 느끼지 못하는 학생에게 부연 설명자의 역할을 맡아달라고 부탁할 수 있을 것이다.
7. **요약인** 요약해 주는 사람의 역할은 회의의 끝 혹은 도중에 중요한 결론이나 의견을 달리하는 관점을 고쳐 말해주는 일이다.

8. **침묵시키는 이** 침묵시키는 사람의 역할은 집단으로 하여금 다시 계속해서 경청하게 하는 데 있어 미리 결정된 신호를 사용하는 일이다.
예 : 귀 뒤로 두 손을 대기, 입 위쪽으로 손을 대기, 불을 끄기, 깃발이나 신호판을 위로 쳐들기.

9. **발언자들의 순서** 발언자들의 순서에 관한 역할은 발언하기를 원하는 학생들의 이름을 칠판에 기록하는 일이다. 학생들은 자신의 이름이 기록되도록 하기 위해서는 손을 들어야 하며, 한 발언자의 말이 끝날 때까지 기다려야 한다.

10. **투표 계산인** 투표 계산인의 역할은 비밀 투표를 필요로 하는 쟁점을 위해 무기명 투표 용지를 나누어 주는 일이다. 그는 투표 총수를 세고 결과를 고시한다. 투표 계산인은 또한 임무를 요구하거나 찬성, 반대, 출석 등의 표결을 기록할 수 있다. 학생들은 쟁점을 놓고 표결하기 위하여 두세 개의 색깔 있는 공깃돌을 이용할 수 있을 것이다. 또 신속한 투표를 위해서 앞이 빨갛고 뒤가 초록빛인 카드를 사용할 수도 있겠다. (5×7인치 크기의 카드 양면에 빨간 작도 종이와 초록빛 작도 종이를 바른다.)

11. **배당인** 학생들이 화젯거리에 계속 집중하도록 돕기 위해 포커칩[17] 배당인의 역할을 정해줄 수 있다. 배당인은 회의나 토론이 계속되는 동안 발언자들에게 포커칩을 돌리는 일을 할 것이다. 배당인은 어떤 화젯거리에 대하여 발언하는 학생에게 하얀색 칩을, 비슷한 주제에 대해 발언하는 학생에게는 빨간색 칩을, 그 화젯거리를 지속시키는 학생에게는 푸른색 칩을 준다. 배당인은 회의가 끝날 무렵 칩들을 모으게 된다.
주의 사항 : 교사나 의장은 (a) 누가 자주 발언을 하였는지, (b) 누가 해당 화젯거리를 견디어낼 수 없었는지, (c) 누가 때때로 화젯거리를 지속할 수 있었지만 이따금씩 헤맸는지에 관해서 결정하기 위하여 칩들을 재음미할 수 있다.[18]

토론에서의 역할을 분배하는 일 외에 많은 교사들이 필요한 것으로 알고 있는 더 상세한 기법은 사회적, 법적, 정치적 관계에 관한 기초 개념들에 있어서 어휘 수업 한두 개를 혼합하는 일이다. 많은 학생들이 토론에 있어서 불리한 위치에 처하는 이유는, 그들이 자신의 관심사를 전달할 언어상의 지식을 가지고 있지 않기 때문이다. 토론에서의 진전을 보기 위해서 교사는 사실과 가치, 의견과 추론, 법과 관습 등의 개념들 간의 차이를 설명해줄 필요가 있다. 많은 학생들은 규칙, 역할, 권위, 의사 결정, 딜레마, 쟁점과 같은 낱말들을 정의내리는 데 있어서 도움을 필요로 한다. 물론 학생들이 계속 생산적인 토론을 해내기 위하여 정교한 철학적 내지 사회학적 범주들을 사용할 필요는 없다. 사실 교사라면 '사실'과 같은 핵심 개념의 의미 그리고 사실이 어디에서 나온 것인지에 관하여, 또는 '추론'과 같은 개념의 의미 그리고 추론이 사실과 어떻게 구별되는지에 관하여 하나의 유익한 탐구(探究)지향적 토론을 인도할 수 있다. 이런 개념들은 또한 설명(說明)식으로도 교육될 수 있는데, 설명식은 만일 교사가 어떤 쟁점이 지니는 도덕적 본질에로 신속하게 움직이기를 원하는 경우 보다 적절한 방법이다. 달리 말해서 만일 학생들이 도덕적 토론에 관한 기본 용어들에 익숙하다면, 그들은 대안의 관점들을 분석하는 데에 보다 많은 시간을 쓰는 반면에, 정의를 내리도록 요구하거나 낱말들을 더듬어 찾는 데에는 시간을 덜 쓰려고 할 것이다.

각각의 개념들이 학생들에게 비교적 직접 교육될 수 있는 것과 꼭 마찬가지로 복잡한 도덕 문제들을 분석하는 방법 또한 그렇게 될 수 있다. 이런 방법을 제공하는 것이 가치 분석이다. 가치 분석 모형은 철저한 심의를 강조하는 점에서는 인지적 도덕 발달 모형과 유사하지만, 명확한 표현에 있어서 콜버그의 전략에 비해 보다 착실한 절차를 보인다. 가치 분석이 사실과 판단을 구별하기, 사실을 모으고 평가하기, 결과를 예측하기 등과 같은 기술에 전념하기 때문에, 그것은 학생들로 하여금 의사 결정 과정을 다루기 쉬운 일로 분류할 수 있게 해 준다. 가치 분석이 중등학교 사회과 교사들에 의해 널리 사용되는 이유는, 그것이 학생들로 하여금 자료의 신중한 사용과 결과에의 엄격한 평가에 따라 정해지는 도덕적 결정들을 효과적으로 처리하도록 도와주기 때문이다. 우리는 계속해서 항공 산업에 대하여 단속을 억제해야 할까? 지역사회 안에서 우리는 제안된 핵발전소를 놓고 투표로 결정해야 할까? 등과 같은 쟁점들은 가치 분석의 틀로써 잘 다루어지고 있다.

가치 분석이 지적인 절차에 대하여 일종의 빈틈없이 구조화된 계열을 보이기 때문에, 몇몇 교사들은 그것을 약간 메마르고 자연스럽지 못하다고 여긴다. 가치 분석에 유사한 접근법에 관해서 아론이 경고하는 바를 들어보자.

> 이 접근법을 따르는 교사들에 대한 커다란 유혹은 심의의 과정을 많은 보다 소형의 구성요소들로 해체하는 것, 그리고 그것들로부터 일련의 기계적인 훈련을 만들어내는 것이다. 듀이(John Dewey)에 의해 그의 저서 『우리가 사고하는 방법』에서 요약된바 탐구의 과정은 한결같게도 별 성과 없이 이런 방식으로 셀 수 없을 만큼 여러 번 다루어졌다. 이러한 환원주의적이고 지리멸렬한 전략은 심의 과정에 관한 유기적 통일성을 파괴하며 심의를 추상적이고 진부하게 만든다.[19]

확실히 도덕 문제를 해결한다는 것은 단지 기교 내지 지적인 재치에 관한 문제에 그치지 않는다. 이를테면 컴퓨터가 하나의 도덕 문제를 결코 해결할 수는 없을 것이다. 그 어떤 기계도 누군가가 낙태를 해야 하는지, 혹은 자기 아이에게 입양되었다는 점을 말해야 하는지에 대해 결정할 수는 없다. 우리의 도덕적 판단은 결국 인간의 본성 그리고 사회생활의 목표에 대한 우리의 신념에 달려 있는 셈이다. 이런 신념들로 하여금 우리의 인지, 사고, 감정에 영향을 미치게 하는 방법들이 하나의 공식이나 공리를 통해서 적절하게 강요될 수는 없다. 달리 말하면 우리가 학생들에게 하나의 체계적 내지 도덕적 분석을 가르침으로써 그들을 향해서 도덕을 '프로그램대로 진행하여 집어넣을' 수는 없는 것이다. 프랑케나(William Frankena)에[20] 따르면 "도덕이 인간을 위해서 생긴 것이지, 인간이 도덕을 위해서 생긴 것은 아니다." 마찬가지로 가치 분석은 마치 그것이 그 자체로서 도덕적 선함에 해당하는 것처럼 기계적으로 내면화되어서는 안 된다. 그것은 일종의 학습 보조자로서 창조적으로 활용되어야 한다.

중등학교 교실에서 가치 분석을 활용하는 일에 관하여, 우리는 그것이 활동들의 순서를 바꾸는 데 도움이 된다는 점을 알게 되었다. 우리는 늘 가치 문제 확인하기와 주장된 사실들 모으기로부터 시작하기보다 때때로 단계 5, 즉 '잠정적인 가치 결정에 도달하기'를 향하여 뛰어넘기도 한다. 이런 경우에 우리는 학생들로 하여금 그들의 직관적인 반응에 입각하여 순식간에 문제를 해결하도록, 그리고 그 반응을 간단한 논설로 적어보도록 격려한다. 이제 적어본 논설들을 옆에 두게 하고, 학생들에게 가치 분석 과정을 단계 1부터 끝까지 진행하도록 요구한다. 끝으로 그들에게 직관과 문제 해결에로 가는 분석적 행로를 비교하면서 간략한 에세이를 쓰도록 요구한다. 후속 활동으로서 '우뇌(右腦)'적[21] 의사 결정과 '좌뇌(左腦)'적 의사 결정에 대한 읽을거리를 주고 학급에서 토론하게 한다. 이와 같은 편차는 학생들로 하여금 가치 분석에 숙달하도록 도울 뿐만 아니라 그에 대해서 비판적으로 사고하도록 돕는다.

'판단'을 다루는 또 다른 모형은 가치 명료화이다. 이 접근법은 의무에 대한 판단보다는 도덕적 (및 도덕에 관계없는) 가치에 대한 판단에 전념한다. '당위' 문제는 가치 명료화 수업에서 발견되지 않는다. 초점은 학생들이 '좋다'고 믿는 것에 맞춰져 있다. 그럼에도 불구하고 판단하기가 이루어지기 시작하는 이유는, 동 모형이 가치가 '자유롭게, 대안들로부터, 결과들에 대하여 사려 깊게 고려한 후에' 선택되도록 요구하기 때문이다. 이를테면, 가치 명료화 연습은 학생들을 상대로 육체적 아름다움 · 직업상의 성공 · 긴밀한 우정이 자신에게 가장 중요한 가치인지 여부를 결정하도록 요구할 수 있을 것이다. 교사는 일반적으로 학생들에게 자신의 선택에 대한 이유를 생각하도록 묻는다. 교사가 이유에 대하여 묻는 일은 학생들로 하여금 자신의 신념 체계에 관해 깊이 또는 비판적으로 탐측하도록 도우려 하거나 다른 사람들의 관점을 채택하도록 하려는 데 의도가 있지 않다. 교사의 역할은 학생들로 하여금 더욱 신중하게 생각하도록 촉구하기보다는 그들이 자신의 감정을 표현하도록 격려하는 데 있다. 가치 명료화는 이처럼 학생들이 자신의 개인적인 신념에 대해 서로 이야기하는 경우 솔직하게 터놓고 얘기하는 데에, 또 그들이 편안함을 느끼게 하는 데에 가장 적절하게 사용되고 있다. 그러므로 인지적 도덕 발달 모형이나 가치 분석과 같은 보다 지적으로 생산적인 모형들이 보다 용이하고 효과적으로 활용될 수 있겠다.

3. 행위

교사들로서 우리는 우리가 교실 안에서 행하는 것이 '바깥세상의 삶'에 영향을 준다고 생각하고 싶다. 만일 우리가 학생들에게 가치를 분석하고 도덕적으로 판단을 내리도록 가르치는 경우, 우리는 이것이 장차 '현실 세계'에서 그들의 행동에 영향을 미치게 되길 희망하는 셈이다. 우리가 학생들로 하여금 자신의 생각을 행위로 나타내도록 도울 수 있는 한 가지 방법은 교실이나 학교에서 그들에게 일정량의 의사 결정에 관한 책임을 허용하는 일이다. 학급 회의, 학생 주도의 고충 처리 회의 등등은 아이들에게 자신의 도덕적 신념을 시험해볼 수 있는 기회를 제공한다. 이 같은 실습이 중요함에도 불구하고 그것이 '현실 세계'의 의사 결정과 동일한 것은 아니다. 이런 이유로 말미암아 뉴만 같은 교육자들이 젊은 사람들로 하여금 지역사회 내에서 현실적인 정의 관련 쟁점들을 다루어 보도록 돕는 프로그램을 개발했던 것이다. 사회 행위 모형은 그 명칭이 암시하는 것처럼 학생들을 학교라는 공동체의 구성원으로서 뿐만 아니라 크게는 지역사회의 시민으로서 바라본다.

뉴만은 시민 행위 프로젝트를 도덕 추론 및 가치 분석 프로그램과 통합시키는 하나의 강력한 사례를 만들고 있다. 왜냐하면 학생들이 의미 있는 도덕적 담론에 필요한 환경적 능력을 획득할 수 있는 것은 오직 시민 행위 코스를 통해서만 이루어지기 때문이다. 뉴만이 강조하는 바에 따르면, 사람은 자신이 속한 사회에 영향을 미칠 수 있는 능력 없이는 '내가 무엇을 행해야 하는가?'라는 문제에 대하여 언급조차 하기 어렵다. 뉴만은 만일 현실의 대안이 없다면 사람들은 무엇 때문에 도덕적 심의에 관여해야 하는지 묻고 있다. 만약에 어느 학생이 도덕적 결과에 대하여 영향을 미치는 데 무력하다면, 이해관계나 대안을 중시하는 일은 완전히 적절치 못한 것처럼 생각될 수 있다. 효과적인 도덕적 사고가 일어나려면 학생들의 경우 반드시 자신의 환경에 대하여 일정량의 통제력을 느껴야 한다. "해리 트루먼은[22] 일본에 원자 폭탄을 투하했어야만 했는가?"라든지 "배키에게[23] 의학전문대학원의 입학이 허가되었어야만 했는가?" 등과 같은 딜레마는 공공 정책에 영향을 미치는 일에 대하여 아무런 기대도 없는 학생들에게 거의 의미 없을지도 모른다. 그러나 만일 학교가 학생으로 하여금 바로 이웃의 공동체 안에서 영향력을 발휘하도록 도울 수 있다면, 보다 큰 사회적 · 정치적 쟁점에 대한 관심이 발달할 수 있을 것이다.

뉴만의 모형은 6가지의 독립된 코스들을 담고 있다. 그것들은 정치적-법적 과정, 커뮤니케이션, 지역사회 봉사 인턴십, 시민 행위, 문학 행위, 공공 메시지에 전념한다. 명백히 말하건대 하나의 사회 행위 프로그램을 관리하고 가르친다는 것은 복잡한 일이다. 또 제8장에서 지적하였듯이, 뉴만은 동 프로그램에 관한 차질 문제나 한계점에 대해서 솔직하게 논의하고 있다. 다만 우리를 고무시키는 것은 뉴만이 지역사회 행위 프로그램을 설정하기 원하는 사람들에게 하나의 생존하는 매뉴얼을 제공하고 있는 점이다. '시민 행위에 있어서의 기술'을[24] 갖춘 교사라면 뉴만의 여섯 코스짜리 프로그램을 소규모로 각색하여 실험해볼 수 있을 것이다. 이런 저런 형태의 도덕 행위 프로젝트들이 대부분의 중등학교 교사들의 손이 닿는 곳에 잘 갖춰져 있다.

이 책에서 우리는 도덕교육이 도덕 자체만큼이나 다방면에 걸친 노력이라는 점을 보여주고자 하였다. 도덕교육에 대한 생각이나 기법들은 우리의 감정적, 이성적, 행동적 자아에게 말을 걸고 있다. 그것들은 우리로 하여금 스스로를 다른 사람들에게 베풀도록, 다른 사람들과의 갈등을 해결하거나 용인하도록, 그리고 행위 안에서 스스로의 신념을 실현하도록 돕는다. 도덕교육이란 학급이 매주 목요일 오후 1시 45분에 행할 무엇인가를 가르치기 위해 하나 더 실행하는 과목이 아니다. 그것은 학문적 주제와 교실의 사건들이 갖는 도덕적 의미에 대하여 학생들과 더불어 전진하는 방식으로 탐구하기 위해 전념하는 일이다. 그것의 목표는 도덕을 학생들의 생생한 관심사로 만드는 데에, 도덕적 활기를 그들이 공부하는 교재에로 또 그들이 형성하는 관계에로 불어넣는 데에 있다. 도덕교육이 도덕적 해답을 전해 주거나 도덕적 실천을 명령하지는 않는다. 그것이 하는 일은 젊은이들을 상대로 도덕적 감수성을 기르는 것 그리고 도덕적 추론을 예리하게 하는 것이다. 결국 그것은 젊은이들로 하여금 보다 올바른 사회를 건설하도록 도와주는 일일 것이다.

9장 주의, 판단, 행위 미주

1 Suzanne Smither, "A Reconsideration of the Developmental Study of Empathy", *Human Development*, 20 (1977), p.256.

2 Thomas Lickona(1943~)는 미국의 발달심리학자로서 뉴욕주립대학교(SUNY Cortland) 교수이다. 최근의 인격교육 운동을 선도하는 주자의 하나이며, 주요 저서로 『Raising Good Children』(1983), 『Character Education』(2004) 등이 있다. - 역자 주

3 Thomas Lickona, "Creating the Just Community with Children", *Theory into Practice*, 16, no.2 (April 1977), p.103.

4 Peter McPhail, *Learning to Care* (Niles, Ill. : Argus Communications, 1975), p.9.

5 Judi Kur, "Love Is Working Together", *Mini-Book*, Project Change, vol.5, no.1 (Cortland, N.Y. : State University of New York, April 1977), p.6.

6 Ruth Giese, "Responsibility : the 4th 'R'", *Mini-Book*, p.21.

7 William Frankena, *Ethics* (Englewood Cliffs, N.J. : Prentice-Hall, 1973), p.9.

8 Dwight Boyd, "The Moralberry Pie : Some Basic Concepts", *Theory into Practice*, 16, no.2 (April 1977), p.69.

9 Sissela Bok(1934~)은 스웨덴 출신의 철학자로서 미국 브랜다이스대학교 교수를 지냈다. 주요 저서로 『Common Values』(1995), 『Exploring Happiness』(2010) 등이 있다. 그녀의 아버지는 노벨경제학상 수상자인 Gunnar Myrdal, 어머니 역시 노벨평화상 수상자인 Alva Myrdal이다. - 역자 주

10 Sissela Bok, *Lying : Moral Choice in Public and Private Life* (New York : Pantheon, 1978), pp.xv-xvi.

11 Watergate 사건은 미국의 제37대 대통령 Richard M. Nixon(재임 1969~1974)을 둘러싸고 그의 1972년 재선 직후부터 1974년 8월에 탄핵으로 대통령직을 사퇴하기까지 일어났던 일련의 사건들을 총칭하는 말이다. 닉슨 행정부가 베트남 전쟁 참전에 반대하는 야당 민주당을 저지하려는 과정에서, 대통령 측의 워터게이트호텔(민주당 선거운동 지휘본부가 있었다) 도청을 비롯하여 음모와 사건 은폐 등 권력 남용으로 얼룩졌던 정치 스캔들이다; Bakke decision은 1978년 6월 미국 대법원이 소수 집단에 대하여 고용이나 교육의 기회를 증대하기 위해 노력하는 일은 합헌이지만 인종별 쿼터제도의 활용은 무효라고 판결한 것을 말한다. 백인 청년 Allan Bakke는 UC Davis의 의학전문대학원 입시에서 두 번 실패하자 자신보다 점수가 낮음에도 불구하고 흑인 수험생이 합격한 데 대하여 학교를 상대로 소송을 제기하였다. 그는 100명의 입학생 중 16명을 비백인 수험생 몫으로 정한 학교 측의 처사로 말미암아 자신이 인종차별의 희생자가 되었다고 항의하였다. 대법원은 배키의 불합격은 부당하다고 하면서도, 학교 측 또한 인종을 입학 사정의 한 요인으로 고려할

권리가 있다고 판결하였다. 이후 많은 주들이 인종에 근거하는 소수 우대 프로그램을 금하였다; Karen Ann Quinlan 사건은 미국에서 안락사 논쟁을 본격적으로 유발시킨 사례이다. 1975년 4월 뉴저지 주에 사는 21살의 여성 퀸란은 친구의 생일파티에 참석하여 술을 몇 잔 마신 뒤 쓰러졌으며 집에 도착한 직후 혼수상태에 빠졌다. 후에 그녀는 술을 마시기 직전 발륨이라는 다이어트 약을 복용했던 것으로 드러났다. 인공호흡기에 의존하여 식물인간 상태로 연명하던 중 부모는 딸이 품위있게 죽을 수 있도록 호흡기 제거를 요청하였으나, 병원과 지방법원은 이를 거부하였다. 이후 주 대법원은 인공호흡기를 제거해도 된다고 판결하였으며, 장치가 제거된 후에도 그녀는 9년을 더 식물인간 상태로 있다가 1985년 6월에 폐렴으로 숨졌다. - 역자 주

12 Tacoma Public Schools, *The Ethical Quest in a Democratic Society* (funded by the National Endowment for the Humanities, School Rules Unit, 1978), p.26.

13 극서교육연구개발연구소(Far West Laboratory for Research and Development in Education, 약칭 FWL)는 미국 의회의 후원을 받아 1966년에 설립된 전국 20개의 지역교육연구소 가운데 하나이다. 1966~1976년 중에 교사를 위한 미니코스(minicourses)를 개발하였는데, 이는 각 미니코스마다 교실에서의 전략 내지 행동에 관한 모형을 제시하고 교사에게 전략 실행의 기회를 부여한 후에 피드백까지 제공하는 프로그램이다. 1986~1995년 중에는 교실에서의 효과성을 높이기 위한 교사 사례를 개발하기도 하였다. 미국 캘리포니아주 샌프란시스코에 설치되어 있는 FWL은 1995년에 남서지역연구소(SWRL)와 통합되었다. - 역자 주

14 Israela Aron(1949~)은 미국의 교육학자이며, Albert Einstein College of Medicine 등에서 연구하였다. - 역자 주

15 Israela Ettenberg Aron, "Moral Philosophy and Moral Education : A Critique of Kohlberg's Theory", *School Review*, 85, no.2 (February 1977), p.527.

16 K. R. Benne & P. Sheats, "Functional Roles of Group Members", *Journal of Social Issues*, 4, no.2 (1948).

17 포커칩(poker chip)은 작은 원반 형태를 지닌 색깔 있는 토큰 종류의 물건으로서 일종의 게임용품이다. 카지노 등에서 통화 대신으로 사용되며 카지노 토큰 등으로 알려져 있다. - 역자 주

18 Tacoma Public Schools, *Ethical Quest*, p.21.

19 Aron, "Moral Philosophy and Moral Education", p.528.

20 William K. Frankena(1908~1994)는 미국의 도덕철학자이다. 미시간대학교 교수를 지냈으며, 주요 저서로 『Ethics』(1963), 『Thinking about Morality』(1980) 등이 있다. - 역자 주

21 뇌의 기능에 대한 학자들의 연구에 의하면 우뇌(right-brained)는 주로 직관적, 감성적, 주관적인 업무에 강하며, 좌뇌(left-brained)는 주로 논리적, 분석적, 객관적인 업무에 강하다고 알려져 있다. - 역자 주

22 Harry S. Truman은 미국의 제33대 대통령(1945~1953)이다. 그의 재임 첫해에 일본의 나가사키와 히로시마에 원자 폭탄이 투하되었다. - 역자 주

23 의학전문대학원 입학을 둘러싸고 벌어진 백인 청년 Allen Bakke의 사건에 대해서는 주 11 참조. - 역자 주

24 뉴만은 1977년에 Thomas Bertocci와 함께 『Skills in Citizen Action』이라는 160쪽짜리의 매뉴얼을 펴냈다. - 역자 주

참고문헌

Applegate, T. P.; W. K. Evans; G. G. Casper & R. W. Tucker, *Rational Value Decisions and Value Conflict Resolution : A Handbook for Teachers*, Salt Lake City, Utah : ESEA Title III Office, n.d.

☞ 이는 교사가 Metcalf의 가치 분석 프로그램을 실행하도록 도움을 주는 안내서이다. 교실에서 사용할 수 있게 실제적인 수업 단원들이 제시되어 있다.

Fenton, Edwin & Lawrence Kohlberg, *Teacher Training in Values Education*, New York : Guidance Associates, 1977.

☞ 이것은 콜버그의 접근법을 갖춘 교사 연수용 음향 영상 슬라이드 모음집이다. 교실에서의 토론 기술을 개발하는 데 주된 초점을 두고 있다.

Fraenkel, Jack, *How to Teach About Values : An Analytic Approach*, Englewood Cliffs, N. J. : Prentice-Hall, 1977.

☞ 저자는 가치 명료화 및 콜버그 이론과 함께 가치 분석을 가치교육에의 한 접근법으로 소개한다.

Harmin, Merrill, et al., *Clarifying Values Through Subject Matter : Applications for the Classroom*, Minneapolis, Minn. : Winston, 1973.

☞ 가치 명료화가 사회과, 생물학, 지구과학, 수학, 보건, 미술, 음악 등 다른 과목 영역들과 어떻게 관련될 수 있는지에 대하여 설명하고 있다.

Hersh, Richard; Diana Paolitto; and Joseph Reimer, *Promoting Moral Growth : From Piaget to Kohlberg*, New York : Longman, 1979.

Kirschenbaum, Howard, *Advanced Values Clarifications*, La Jolla, Calif. : University Associates, 1977.

☞ 커센바움은 가치 명료화에 대한 몇몇 비판에 응답한다. 또한 가치 명료화에 있어서 교사 훈련의 워크숍을 위한 제안들이 포함되어 있다.

Kohlberg, Lawrence, *Collected Papers on Moral Development and Moral Education*, Cambridge, Mass. : Harvard Graduate School of Education, Spring 1973.

☞ 콜버그의 논문들을 모아놓은 책이다. 이론적 내용을 강조하지만, 실제적인 적용들도 논의되어 있다.

Kohlberg, Lawrence & Robert Selman, *First Things : Values*, New York : Guidance Associates, 1972.

☞ 초등학교 교실용의 딜레마들을 소개하는 음향 영상 슬라이드 세트이다. 교사 연수를 위한 영상 슬라이드와 지침도 포함되어 있다.

Ladenburg, Thomas; Muriel Ladenburg; and Peter Scharf, *Moral Education : A Classroom Workbook*, Davis, Calif. : Responsible Action, 1978.

☞ 교실에서 사용할 수 있는 도덕적 딜레마들의 모음집이다. 모형 수업 계획들이 제공되어 있다.

Mattox, Beverly A., *Getting It Together : Dilemmas for the Classroom*, San Diego, Calif. : Pennant, 1975.

☞ 초등 및 중등학교 수준을 위한 딜레마들의 세트이다.

McPhail, Peter; J. R. Ungoed-Thomas & Hilary Chapman, *Lifeline*, Niles, Ill. : Argus Communications, 1975.

☞ 이 책은 '고려하기 학습'(Learning to Care)이라는 표제의 교사 지침에 덧붙여 '다른 사람의 입장 되어보기'(In Other People's Shoes), '규칙 시험하기'(Proving the Rules), '당신은 무슨 일을 했었겠는가?'(What Would You Have Done?)라는 세 개의 구성물들을 포함한다. 많은 분량의 자료가 자유롭게 대답할 수 있는 상황에 대한 토론에 이바지하는바 색깔 있는 큰 작업 카드들에 표시되어 있다. 7~12학년생들을 위해 고안된 것이지만 몇몇 자료들은 더 어린 학생들 용으로 활용될 수 있다. '고려하기 학습'은 라이프라인 프로그램의 이론적 근거를 약술하고 동 프로그램을 상세하게 묘사하며, 교사가 그것을 어떻게 실행할 수 있는지에 대하여 논의한다.

Metcalf, Lawrence, ed., *Values Eduction : Rationale, Strategies, and Procedures*, Washington, D.C. : National Council for the Social Studies, 1971.

☞ 이 책은 가치 분석의 목적과 절차를 약술하는 네 개의 글을 싣고 있다. 가치 분석에 대하여 완전하게 제시하고 있으며, 교실에서의 절차가 상세하게 그려져 있다.

Meux, Milton, et al., *Value Analysis Capability Development Programs : Final Report*, Salt Lake City, Utah : Granite School District and the Value Analysis Capability Development Programs University of Utah, 1974.

☞ 이 책은 학생들로 하여금 합리적인 가치 분석 능력을 발달시키도록 돕기 위해 교육과정 자료들을 제시하고 있다.

Newmann, Fred, *Education for Citizen Action : Challenges for Secondary Curriculum*, Berkeley, Calif. : McCutchan, 1975.

☞ 이 책에서 뉴만은 중등학교 수준에서의 사회 행위 프로그램을 위하여 강력한 사례를 제시한다. 동 프로그램의 이론적 근거 및 맥락을 강조하며, 운영 중에 있는 프로그램 하나에 대하여 개괄적으로 기술하고 있다.

Newmann, Fred; Thomas A. Bertocci; and Ruthanne M. Landsness, *Skills in Citizen*

Action, Skokie, Ill. : National Textbook, 1977.

☞ 저자들은 시민 행위 프로그램에 대하여 보다 상세하게 윤곽을 그리며, 하나의 프로그램이 학교 환경에서 실행될 수 있는 방법에 대하여 묘사하고 있다. 이 책은 위의 Education for Citizen Action과 함께 동 프로그램을 시작하는 데 관심 있는 학교 교직원들에게 충분한 정보를 제공하고 있다.

Pagluiso, Susan, *Understanding Stages of Moral Development : A Programmed Learning Workbook*, New York : Paulist Press, 1976.

Piaget, Jean, *Moral Judgement of the Child*, New York : Collier, 1962.

Raths, Louis E., et al., *Values and Teaching : Working with Values in the Classroom*, Columbus, Ohio : Merrill, 1978.

☞ 이는 가치 명료화를 다룬 첫 번째 교재의 제2판이다. 교실에서 가치 명료화 접근법을 사용할 경우의 이론 및 지침들을 담고 있다.

Scharf, Peter, *Moral Education*, Davis, Calif. : Responsible Action, 1978.

☞ 도덕 발달 이론들과 그것들이 교육과정의 설계 및 교실에서의 실제에 주는 함의에 대하여 개관하고 있다.

Selman, Robert, et al., *First Things : Social Reasoning*, New York : Guidance Associates, 1974.

Shaver, James & William Strong, *Facing Value Decisions : Rationale Building for Teachers*, Belmont, Calif. : Wadsworth, 1976.

☞ 이 책은 이론적 근거 정립 접근법을 묘사하고 있으며, 교사로 하여금 가치 교육자로서의 역할을 숙고하게 하는 일을 촉진할 목적으로 설계되었다. 이 방법을 활용하는 교사를 돕기 위해 특별한 연습 내용들이 포함되었다.

Simon, Sidney, et al., *Values Clarification : A Handbook of Practical Strategies for Teachers and Students*, New York : Hart, 1972.

☞ 교사들에게 인기 있는 교재로서 초등 및 중등 수준에서 사용될 수 있는 79개의 가치 명료화 전략들을 담고 있다.

• 관련된 읽을거리

Curwin, Gerre & Richard Curwin, *Search for Values*, Dayton, Ohio : Pflaum/Standard, 1972.

☞ 다양한 주제(예컨대 경쟁)에 따라 조직된 가치 명료화 활동들의 모음집이며 9~12학년용으로 의도되었다.

Durkin, Mary C. & Anthony H. Durkin, *McNaughton Toba Program in Social Science*, Menlo Park, Calif. : Addison Wesley, 1974.

☞ 이것은 가치 관련 쟁점들에 관하여 분석적 기술을 발달시키도록 설계된 초등학교 수준의 프로그램이다.

Elder, Carl, *Making Values Judgements : Decisions for Today*, Columbus, Ohio : Merrill, 1972.

☞ 이 책은 약물, 인종 관계, 범죄 등과 같은 문제들에 초점을 맞춘 것으로 중등학교 학생용으로 설계되어 있다.

Erikson, Erik H., *Identity : Youth and Crisis*, New York : Norton, 1968.

Flavell, J. H., *The Development of Role Taking and Communication Skills in Children*, New York : Wiley, 1968.

Fraenkel, Jack R., series ed., *Perspective in World Order*, New York : Random House, 1973, 1975.

☞ 이 시리즈는 가치 분석 접근법을 쓰는 8~12학년용의 교육과정 자료들이다. 소책자들이 평화 유지, 인권 등등의 쟁점들을 다루고 있다.

Harmin, Merrill, *Making Sense of Our Lives*, Niles, Ill. : Argus Communications, 1974.

☞ 중등학교 학생들을 위한 것으로서, 가치 명료화 및 의사소통 기술을 촉진하기 위한 작은 상자, 포스터, 가치지의 모음이다.

Harmin, Merrill, *People Projects*, Menlo Park, Calif. : Addison Wesley, 1973.

☞ 4~8학년용이며 가치 명료화 기술 및 창조적 사고를 발달시키는 학생 프로젝트를 전수하기 위한 카드들이 설계되어 있다.

Jones, W. Ron, *Finding Community : A Guide to Community Research and Action*, Palo Alto, Calif. : James E. Freel, 1971.

Kaye, B. & I. Rogers, *Group Work in Secondary Schools*, London : Oxford University Press, 1968.

Lockwood, Alan, "A Critical View of Values Clarification", in *Moral Education : It Comes with the Territory*, ed., David Purpel & Kevin Ryan, Berkeley, Calif. : McCutchan, 1976.

National Commission on the Reform of Secondary Education, *The Reform of Secondary Education : A Report to the Public and the Profession*, New York : McGraw-Hill, 1972.

Newmann, F. M. & D. W. Oliver, *Clarifying Public Controversy : An Approach to Teaching Social Studies*, Boston : Little, Brown, 1970.

Oliver, D. W. & J. P. Shaver, *Teaching Public Issues in the High School*, Logan, Utah : Utah State University, 1974.

Raths, Louis E., *Exploring Moral Values*, Pleasantville, N.Y. : Warren Schleat, 1969.

☞ 2~6학년을 위하여 설계된 프로그램으로서 학생들에게 가치 명료화를 용이하게 하는 삶의 경우들을 토론해볼 기회를 제공한다.

Report of the Panel on Youth of the President's Science Advisory Committee, *Youth : Transition to Adulthood*, Chicago : University of Chicago Press, 1974.

Shaftel, Fannie & George Schaftel, *Role Playing for Social Values : Decision Making in the Social Studies*, Englewood Cliffs, N.J. : Prentice-Hall, 1967.

Shaver, J. P., *Instructor's Manual : The Analysis of Public Issues Program*, Boston : Houghton Mifflin, 1973.

Shaver, James P. & A. Guy Larkins, *Decision Making in a Democracy*, Boston: Houghton Mifflin, 1973.

Shaver, James P. & A. Guy Larkins, *The Analysis of Public Issues Program*, Boston : Houghton Mifflin, 1973.

☞ 원래 올리버, 셰이버, 뉴만에 의해서 개발된 공공 쟁점 프로그램은 중대한 사회 쟁점들을 분석하고 토론함에 있어서 학생들의 기술을 발전시키는 데 초점을 맞추고 있다. 이 연구에 관한 처음의 저작물이 나온 후, 동 프로그램의 저자들은 다소 색다른 관심사를 전개시켰다. 특히 올리버와 뉴만이 다른 방면으로 관심을 갖게 되었는데, 올리버는 공동체의 의미와 발전에 보다 흥미를 갖게 되었으며, 뉴만은 이 책의 제8장에 묘사된 시민 행위 프로그램에 집중하였다.

Simon, Sidney B., *Meeting Yourself Halfway : 31 Values Clarifications*, Niles, Ill. : Argus Communications, 1974.

☞ 청년 및 성인용으로 설계된 가치 전략들의 또 다른 모음집이다.

찾•아•보•기

●●● ㄹ

●●● ㅁ

●●● ㅂ

●●● ㅅ

●●● ㅇ

●●● ㅈ

●●● ㅊ

●●● ㅋ

●●● ㅌ

••• ㅍ

••• ㅎ

지은이 ▮ **허쉬 · 밀러 · 필딩**

대표 저자인 허쉬(Richard H. Hersh)는 미국의 도덕교육 전문가로서 하버드대학 교수 시절에 동대학 부설 도덕교육센터의 책임자로 있었다. 이후 뉴햄프셔대학, 오리건대학에서 부총장, 호바트앤윌리엄스미스대학, 트리니티대학에서 총장을 각각 역임하였다. 그의 저작 가운데 널리 알려진 것으로는 이 책 외에 『We're Losing Our Minds』(2011), 『Promoting Moral Growth : From Piaget to Kohlberg』(1990) 등이 있다.

공동 저자의 한 사람인 밀러(John P. Miller)는 캐나다 토론토대학 교수로서 오랫동안 특히 전인교육에 관심을 기울여 왔다. 여러 언어로 번역된 그의 저작물 중 대표적인 것으로 『Whole Child Education』(2010), 『Education and the Soul』(1999), 『Holistic Learning』(1990) 등이 있다. 또 다른 공동 저자인 필딩(Glen D. Fielding)은 미국 오리건주 몬머스 소재 웨스턴오리건대학 교수이다. 그의 저작으로는 『Promoting the Professional Development of Teachers and Administrators』(1985) 등이 있다.

옮긴이 ▮ **강두호**

전북 임실 출생으로 전주고등학교를 졸업하고, 서울시립대학교 법정대학(학사) 및 서울대학교 대학원 윤리교육과(석사, 박사)를 마쳤다. 로마(산타크로체대학교, 사피엔차대학교)와 미국(조지타운대학교, 노트르담대학교)을 방문 연구하였으며, 현재 전북대학교 사범대학 윤리교육과 교수이다. 단독 저 / 역서로 『도덕교육의 6가지 모형』(2013), 『도덕교육의 교과교육학적 탐구』(2009), 『도덕과 인간의 선』(2008), 『자연법 사회 윤리』(2003), 『사회 윤리의 기초』(1997) 등, 공동 저 / 역서로 『도덕윤리과교육학 개론』(2013), 『인격교육과 덕교육』(1995), 『현대 이데올로기』(1991) 등이 있다.

도덕교육의 6가지 모형•

인 쇄 2013년 6월 4일
발 행 2013년 6월 12일
지은이 허쉬 · 밀러 · 필딩
옮긴이 강두호
펴낸이 이대현
편 집 박선주
디자인 이홍주
펴낸곳 도서출판 역락
서울시 서초구 동광로 46길 6-6(문창빌딩 2F)
전화 02-3409-2058(영업부), 3409-2060(편집부)
팩시밀리 02-3409-2059
이메일 youkrack@hanmail.net
등록 1999년 4월 19일 제303-2002-000014호
ISBN 978-89-5556-048-0 93370

정 가 20,000원

■ 이 도서의 국립중앙도서관 출판시도서목록(CIP)은 e-CIP홈페이지(http://www.nl.go.kr/ecip)와 국가자료공동목록시스템(http://www.ml.go.kr/kolisnet)에서 이용하실 수 있습니다.
(CIP제어번호 : CIP2013008110)